SPEKTRUM DER NATUR

Einhard Bezzel

Vögel

Band 3:
Taucher, Entenvögel, Reiher, Watvögel, Möwen u. a.

Büchergilde Gutenberg

Bildnachweis

Becker: 41, 107
Danegger: 39u, 43u, 45r, 49u, 58, 63, 64, 83, 103u
Diedrich: 37, 54, 73u, 99u, 110, 139, 146, 151u
Fünfstück: 123u
Hinz: 100
Limbrunner: 43o, 49o, 62, 84o, 105, 109, 113, 121, 128, 144, 147, 152
Moosrainer: 39o, 47, 52, 124, 135, 157, 171u, 173u, 183o
Pforr: 23, 127
Plucinski: 45l, 61, 129r, 145u, 149u
Pott: 56, 59, 78, 84u, 95, 103o, 117u, 119, 160l, 173o, 179u
Quedens: 30, 71, 73o, 74, 75, 96, 97, 101o, 131, 148, 156, 163, 165o, 170o
Seitz: 106, 126
Synatzschke: 35o, 53, 129l, 178, 183u
Trötschel: 21, 35u, 69, 72, 120, 123o, 130, 136, 138, 140, 141, 150, 153, 179o
Weber: 155
Wiesniewski: 67, 68, 94, 102, 114, 117o, 125o, 125u, 172
Wothe: 33, 46, 77, 81, 86, 87, 89, 90/91, 99o, 159, 169, 185
Zeininger: 31, 36, 55, 57, 137, 143o, 143u, 145o, 149o, 151o, 160r, 165u, 174
Ziesler: 26, 32, 115, 118, 161, 175, 177
Alle anderen Fotos stammen vom Autor

Titelbild: Günter Ziesler (Weißbartseeschwalbe)
Zeichnung S. 29: Franz Lechner

Farbzeichnungen: Wilfried Weigel

Lizenzausgabe für die Büchergilde Gutenberg, Frankfurt am Main, Olten, Wien, mit freundlicher Genehmigung der BLV Verlagsgesellschaft mbH, München

Satz und Druck: Appl, Wemding
Bindung: Großbuchbinderei Monheim
Printed in Germany · ISBN 376323165x

Inhalt

Allgemeiner Teil

Spezieller Teil

Einführung

Dieser 3. Band schließt einen Überblick über die Vögel Mitteleuropas ab. Band 1 behandelt mit den Singvögeln eine systematisch gut abgegrenzte Ordnung. In Band 2 mit Spechten, Eulen, Greifvögeln, Tauben, Hühnervögeln und vielen anderen Arten sind Vertreter ganz verschiedener Vogelordnungen zusammengefaßt, die jedoch alle nicht zu den Singvögeln zählen und außerdem überwiegend als Landbewohner zu betrachten sind. Hier folgen nun Vogelgruppen, die sich mehr oder minder eng an das Leben in oder am Wasser angepaßt haben. Auch sie gehören zu vielen verschiedenen Ordnungen.

Die Skala der Möglichkeiten des Lebens am Wasser ist sehr breit und reicht von reinen Wasservögeln, die wie manche Hochseevögel oder Taucher nur zum Brüten ans Land kommen, bis hin zu Arten, die schon mit etwas Feuchtigkeit im Boden zufrieden sind. Waldschnepfe, Kiebitz, Kranich oder Wachtelkönig sind Beispiele aus Verwandtschaftsgruppen von Wasser- und Sumpfvögeln, die eigentlich fast zu Landvögeln geworden sind. Wieder einmal demonstrieren damit Vogelarten eindringlich, daß die Biotope, aus denen sich die Landschaft zusammensetzt, nicht beziehungslos nebeneinander angeordnet, sondern durch übergreifende Vernetzungen miteinander verbunden sind.

Viele Wasser- und Sumpfvögel lassen sich nicht leicht bestimmen, da manche Arten einander nicht nur sehr ähnlich sind, sondern zudem auch oft noch in ganz unterschiedlichen Kleidern auftreten. Selbst ein Intensivführer kann, wenn er handlich sein und praktisches Format nicht sprengen will, nicht alle Arbeiten abbilden und beschreiben, die sich vielleicht einmal in unsere Breiten verirren. Für einige besonders schwierige Gruppen, die vor allem am Meer in großer Artenzahl auftreten, gibt es daher längst spezielle Werke, die dem fortgeschrittenen Vogelbeobachter helfen können, harte Nüsse zu knacken. Unser Literaturverzeichnis gibt wie auch in anderen Bänden einige spezielle Hinweise auf Möglichkeiten des Einstiegs in schwierigere Probleme der Vogelkunde. Den oft zu lesenden Reklame-Slogan »Vogelbeobachten – leicht gemacht« wollen wir grundsätzlich für unsere Führer nicht in Anspruch nehmen, denn ein Taschenbuch kann nun einmal nicht alle Probleme lösen. Doch keine Angst! Auch viele der oft dem Naturfreund etwas ferner stehenden Wasservögel lassen sich mit raschem Blick erkennen, wenn man etwas Erfahrung gesammelt hat. Jeder wird auch schon beim ersten Durchblättern dieses Bandes gute Bekannte treffen.

Hoffentlich kann der Intensivführer auch dazu beitragen, all denen Rat zu geben, die für das Schicksal des Wassers in unserer Umwelt und seines Tierlebens besonders verantwortlich sind, z. B. Ingenieure, Juristen, Naturschützer, Jäger oder Fischer. Manche Vorurteile gilt es noch auszuräumen; viele Wasservögel tragen z. B. immer noch das Brandmal der »Fischereischädlichkeit« und werden aus Unkenntnis verfolgt. Aber auch der Freizeitbürger wird sich der Erhaltung der Gewässer und ihres Lebens zuliebe Beschränkungen auferlegen müssen. Das Schicksal der Wasservögel ist mit der Zukunft unseres Wasserhaushaltes untrennbar verbunden.

Bestimmen und Beobachten der Vögel

Die wichtigsten Hinweise und Anleitungen für das Vogelbeobachten finden sich in Band 1 (S. 7–9), ergänzt durch einige spezielle Tips für Eulen, Greifvögel, Spechte und Hühner in Band 2 (S. 7–8).

Die meisten Sumpf- und Wasservögel trifft man in offenem Gelände, z. B. weit draußen auf einem großen Binnensee, auf der großen Fläche des Watts verteilt oder auf einer baumlosen Feuchtwiese. Mit dem üblichen Feldstecher von 8–10facher Vergrößerung, der im Park oder Wald ein unverzichtbarer Begleiter des Vogelbeobachters ist, wird man daher oft nicht auskommen. Viele Beobachter ergänzen deshalb ihre optischen Hilfsmittel durch ein stärker vergrößerndes Fernrohr. Besonders günstig haben sich Vergrößerungen von 20–40fach erwiesen. Noch stärkere Vergrößerungen führen, abgesehen von besonders teuren Geräten, oft zu Lichtschwäche und vor allem zu kleinen Bildausschnitten. Die Erwärmung bodennaher Luftschichten macht sich dann auch sehr oft in störender Schlierenbildung bemerkbar; das Bild wird unscharf. Die Stärke der Vergrößerung ist also nicht unbedingt ein Gradmesser für die Brauchbarkeit eines Instruments!

Zwei Typen von Fernrohren sind derzeit auf dem Markt, nämlich ausziehbare Linsenfernrohre (Spektive) und feste Prismenfernrohre. Manche Modelle liefern mehrere Vergrößerungen. Das kann oft sehr nützlich sein. Wichtig ist aber vor allem neben der Vergrößerung die Schärfe und die Größe des Blickfeldes. Einige durchaus leistungsfähige Fernrohre zur Beobachtung von Wasservögeln sind heute auch für annehmbaren Preis zu haben. Aus Kosten- und Gewichtsgründen verwendet man am häufigsten einäugige (monokulare) Geräte. Vor allem an feststehenden Beobachtungstürmen haben sich auch fest montierte binokulare Fernrohre sehr gut bewährt.

Fernrohre lassen sich aber in der Regel nicht ruhig genug halten; auch das Abstützen auf einer festen Unterlage ist meist nur ein Notbehelf. Man braucht also zu dem Fernrohr ein festes Stativ, das man möglichst bis zur Höhe des bequem stehenden Beobachters ausziehen kann. Fernrohr und Stativ sollten durch einen geeigneten Kinoneiger oder Kugelkopf miteinander verbunden sein, so daß man das Rohr in alle Richtungen drehen kann. Relativ hohe Anschaffungskosten sollen aber nicht abschrecken: Für viele Gelegenheiten ist auch der normale Feldstecher völlig ausreichend.

Am besten beginnt man mit dem Studium der Wasservögel im Winter. Jetzt tragen z. B. alle Männchen der Enten ihr Prachtkleid und sind daher leicht kenntlich. Zudem können wir mit manchen Wintergästen rechnen, die sonst im Sommer nicht zu beobachten sind. Auch während der Brutzeit versteckt lebende Arten zeigen sich z. B. auf Parkgewässern oder an Futterstellen oft in größerer Nähe; dies gilt z. B. für Teichhuhn und Zwergtaucher. Weitere Arten, die man im Winter regelmäßig an Futterstellen beobachten kann, sind z. B. Stock-, Tafel- und Reiherente, Höckerschwan, Lachmöwe, Bläßhuhn, vielleicht auch noch Sturmmöwe und in Küstenstädten Silbermöwe. Auf größeren Gewässern sind zahlreiche Enten und andere Schwimmvögel zu beobachten. Schon ab Vorfrühling kommen neue Arten dazu, die aus südlicher gelegenen Winterquartieren zurückwandern, z. B. Löffel- oder Knäkente. Auch die auffallende Balz der Haubentaucher, die jetzt das volle Prachtkleid tragen, ist leicht zu beobachten. Über Wiesen und Mooren balzen Kiebitze, Brachvögel oder Bekassinen.

Während der Beobachter an der Wattenküste das ganze Jahr über ein reiches Vogelleben erwarten kann, unter denen vor allem die zahlreichen Strand- und Wasserläufer, Austernfischer, Pfuhlschnepfen, Brachvögel eine dominierende Rolle spielen, empfiehlt es sich für den Binnenländer vor allem im Frühjahr und im Herbst Schlammflächen, überschwemmte Wiesen, halbvolle Fischteiche oder sonstige flache stehende Gewässer aufzusuchen. Einige der an der Küste zu Zehntausenden rastenden Watvogelarten lassen sich nämlich regelmäßig auf ihrem Durchzug in kleiner Zahl auch im Binnenland beobachten. Dies gilt vor allem für einige Wasserläufer, aber auch Kampfläufer, Alpenstrandläufer oder Sandregenpfeifer. An besonders günstigen Stellen des binnenländischen Durchzuges ist der Artenreichtum an Watvögeln oft erstaunlich hoch. Mit seltenen Gästen ist immer wieder zu rechnen.

Im Mai kann man Flußseeschwalben und Flußregenpfeifer an ihren Brutplätzen im Binnenland beobachten. Großer Betrieb herrscht auch in den Lachmöwenkolonien. Die Haubentaucher balzen noch oder führen bereits kleine Junge, wie auch Stockenten oder Bläßhühner. Manch seltener Durchzügler oder Gast stellt sich im Mai an den Gewässern ein, wie z.B. Trauerseeschwalben oder gar seltene Reiher.

Gegen den Sommer zu wird das Wasservogelleben an den meisten Binnengewässern zwangsläufig ruhiger oder verschwindet ganz, denn jetzt hat der Erholungsbetrieb mit all seinen Folgeerscheinungen vom Lebensraum Besitz ergriffen. In stillen Buchten, in besonderen Schutzgebieten oder auch auf Gewässern, die zum allgemeinen Badebetrieb nicht freigegeben sind, schließen sich im Hochsommer viele Enten zu Mausertrupps zusammen. Jetzt sind die Erpel der Schwimmenten oft nur noch sehr schwer zu erkennen; bei Tafel- und Reiherente tut man sich da wesentlich leichter. Bis in den Herbst hinein müssen wir damit rechnen, daß viele Enten-Männchen ein weibchenähnliches Schlichtkleid tragen und daher schwer zu bestimmen sind. Dabei kommt es vor allem mehr auf die Beobachtung der Gestalt und des Verhaltens an. Die bunten Farben als leichte Bestimmungsmerkmale fallen weg. Auch Möwen tragen während des Jahres verschiedene Kleider. Im Spätsommer und Herbst muß man vor allem mit vielen bräunlich gefärbten Jungvögeln bei allen Arten rechnen.

Auch bei vielen Watvögeln (Limikolen) gibt es unterschiedliche Kleider, so daß man mit einzelnen Merkmalen oft nicht zum Ziel kommt. Im Schlichtkleid bilden auch See- und Lappentaucher gewisse Bestimmungsprobleme. Grundsätzlich muß man immer bedenken, daß man oft gezwungen ist, bei Wasservögeln aus größeren Entfernungen Arten anzusprechen. Die Beachtung der Lichtverhältnisse, durch die Farben sehr stark subjektiv verändert werden können, spielt daher eine große Rolle.

Wie grundsätzlich beim Vogelbeobachten sollte man sich aber nie auf ein einzelnes Merkmal allein verlassen. Bei sehr ähnlichen Arten kann mitunter ein Kennzeichen allein den Ausschlag geben, doch im allgemeinen läßt sich eine Bestimmung an mehreren Merkmalen sichern. Größe, Gestalt und ganz besonders auch das Verhalten sind wichtig, für manche Arten auch Stimmäußerungen (z.B. Wasserläufer, Seeschwalben und viele Enten).

Systematischer Überblick

Ordnung Gaviiformes – Seetaucher

Nur 5 im Norden der Nordhalbkugel (Nordamerika, nördliches Eurasien) brütende, etwa gänsegroße, aber schlanke Tauchvögel, deren Körper beim Schwimmen tief im Wasser liegt, gehören zu dieser Ordnung (S.30/31). 3 Arten sind regelmäßige Wintergäste bei uns, davon 2 auch im Binnenland. Als hervorragende Taucher erbeuten sie ihre Nahrung (meist Fische) fast ausschließlich unter Wasser; die Vorderzehen sind durch Schwimmhäute miteinander verbunden. Zum geradlinigen, kraftvollen Flug starten die Vögel in einem oft relativ langem Anlauf von der Wasseroberfläche; von Land können sie meistens nicht auffliegen. Da die Beine weit hinten am Körper eingelenkt sind, vermögen sich Seetaucher an Land nur wenige Schritte aufrecht zu halten; sie bewegen sich oft auf der Brust rutschend vorwärts. Die einfachen Nester stehen daher immer nahe am Wasser, im Unterschied zu den Lappentauchern aber auf festem Boden.
Bei uns sieht man die Vögel meist nur im Ruhekleid (Schlichtkleid); zur Brutzeit wird ein auffällig gemustertes Prachtkleid angelegt. Während der Schwingenmauser im Herbst und Winter fallen alle Schwungfedern gleichzeitig aus, so daß die Vögel vorübergehend flugunfähig werden. Die Geschlechter sind gleich gefärbt.

Ordnung Podicipediformes – Lappentaucher

20 Arten, davon eine erst vor kurzem in Südamerika entdeckt, leben auf Süßwasser in allen Kontinenten. In Mitteleuropa brüten 4 Arten; der Ohrentaucher ist bei uns nur Wintergast (S.32–39). Ihre Größe reicht von etwa Drossel bis Ente. Der Name bezieht sich auf die Form der Schwimmapparate: Lappentaucher besitzen keine Schwimmhäute, die zwischen den Zehen ausgespannt sind, sondern jede Zehe ist vielmehr mit einem eigenen Schwimmlappen ausgestattet. Als Antriebsorgan und Steuerruder sitzen die Beine wie bei den Seetauchern weit hinten am Körper. Das Kleingefieder ist an Brust und Bauch besonders dicht und fühlt sich wie ein Pelz an.
Im Sommer tragen alle Arten ein recht buntes Brutkleid (Prachtkleid), vielfach auch einen auffallenden Kopfschmuck (z.B. Hauben- und Schwarzhalstaucher); im Herbst wird das meist schwarz-/braun-weiß gefärbte Ruhekleid (Schlichtkleid) angelegt. Während der Schwingenmauser werden die Vögel vorübergehend flugunfähig. Die Geschlechter sind völlig gleich gefärbt und lassen sich nicht unterscheiden.
Lappentaucher sieht man so gut wie nur auf dem Wasser. Die Nahrung (vor allem kleine Fische und Wasserinsekten) wird im Tauchen erbeutet. Auf dem Land bewegen sich alle Arten sehr unbeholfen fort. Die Nester schwimmen im Wasser oder sind an Wasserpflanzen verankert bzw. auf einer Unterlage im Wasser errichtet. Die weißlichen Eier werden beim Verlassen des Nestes meist zugedeckt. Sie erhalten im Laufe der Bebrütung durch das verrottende Pflanzenmaterial, aus dem das Nest gebaut ist, meist eine bräunliche Färbung.
Die Jungen, deren Dunenkleid mit einer auffälligen Streifenzeichnung versehen ist, verlassen zwar schon am ersten Tag das Nest und schwimmen geschickt, sind aber keine eigentlichen Nestflüchter. Sie

halten sich in den ersten Tagen häufig im Gefieder oder in den Flügeltaschen der Eltern auf, um sich zu wärmen. Oft sehen bei einem schwimmenden Taucher nur die Köpfe der winzigen Jungen aus dem Rückengefieder heraus. Sie werden dann noch lange von den Eltern geführt und gefüttert.
Alle Lappentaucher der Welt werden in 1 Familie zusammengefaßt.

Ordnung Procellariiformes – Sturmvögel

Von diesen 39 reinen Hochseevögeln, die nur zum Brüten an Land kommen und nur ganz gelegentlich einmal ins Binnenland verschlagen werden (S. 40/41), brüten die meisten auf der Südhalbkugel. 3 Familien werden unterschieden, nämlich Albatrosse (Diomedeidae), Sturmtaucher (Procellariidae) und Sturmschwalben (Hydrobatidae). Die kleinsten sind kaum größer als ein Mauersegler; Albatrosse dagegen mit maximal über 3 m Flügelspannweite zählen zu den größten flugfähigen Vögeln unserer Tage. Alle Arten legen nur 1 Ei in Höhlen oder Felsspalten; große Arten auch ungeschützt auf den Boden. Die Jungen sind Nesthocker. Die individuelle Lebensdauer ist sehr lang; erst nach mehreren Jahren wird die Geschlechtsreife erreicht. Die meisten Arten sind hervorragende Segelflieger und benützen den Aufwind über den Meereswellen, um dicht über den Wellenzügen entlang zu segeln.

Ordnung Pelecaniformes – Ruderfüßler

Unter diesen fischjagenden Wasservögeln ist nur der Kormoran (S. 42/43) regelmäßig im mitteleuropäischen Binnenland zu beobachten. Unter den 6 Familien kommen von 3 auch Arten in Europa vor. Allen gemeinsam ist, daß im Unterschied zu allen anderen Vögeln nicht nur zwischen den drei Vorderzehen Schwimmhäute aufgespannt sind, sondern auch die 4. Zehe durch eine Schwimmhaut mit den anderen verbunden ist. Die Nester werden auf dem Boden, auf steilen Klippen oder auch auf Bäumen angelegt. Die Jungen sind Nesthocker.
Kormorane (Phalacrocoracidae) sind Schwimmtaucher, die von der Wasseroberfläche abtauchen und im Schwimmen unter Wasser Fische ergreifen. Sie liegen tief im Wasser; ihr hakig gebogener Schnabel bildet ein wichtiges Werkzeug für das Ergreifen der Fische. Einen ähnlichen Schnabelhaken besitzen die Säger (S. 102–106), die aber mit den Enten nahe verwandt sind. Etwa 30 Kormoranarten kommen an Meeresküsten und auf Binnengewässern der ganzen Erde vor. Manche Meereskormorane bilden auf der Südhalbkugel riesige Brutkolonien, unter denen die an der Westküste Südamerikas als Guanoproduzenten auch eine wirtschaftliche Rolle spielen. Als Guano bezeichnet man getrocknete Kotablagerungen, die als Dünger verwendet werden. In Europa brüten 3 Arten, Kormoran, Krähenscharbe und Zwergscharbe. Die beiden letztgenannten Arten sind in Mitteleuropa sehr seltene Gäste.
Tölpel (Sulidae) sind große Seevögel mit kräftigem, spitzem Schnabel, die aus größerer Höhe im Sturzflug ins Wasser tauchen, um nach Ergreifen der Beute gleich wieder aufzusteigen. An den Küsten Europas brütet der Baßtölpel (S. 41). Weltweit gibt es 9 Arten.
Abweichend von Tölpeln und Kormoranen können Pelikane (Pelecanidae) nicht tauchen (nur 1 Art fischt im Stoßtauchen). Sie schwimmen hoch auf dem Wasser sitzend und schöpfen mit ihrem gewaltigen Schnabel Fische aus dem Wasser. Ein stark

dehnbarer Hautsack zwischen den Ästen des Unterschnabels dient dabei als Kescher. Oft beteiligen sich mehrere Vögel gemeinsam am Fischfang und kreisen Fischschwärme regelrecht ein. In Südosteuropa brütet noch der Rosapelikan *(Pelecanus onocrotalus)* in wenigen Kolonien. Der sehr ähnliche Krauskopfpelikan *(P. crispus)* ist nur noch auf wenige Brutplätze um das Schwarze Meer beschränkt und hat noch letzte Rückzugsgebiete auf der Balkanhalbinsel. Weltweit gibt es 9 Pelikanarten.

Zu den Ruderfüßlern zählen noch die merkwürdigen Schlangenhalsvögel (Anhingidae), die Fregattvögel (Fregatidae) und die einer Seeschwalbe ähnelnden Tropikvögel (Phaetontidae). Alle brüten in warmen Zonen.

Ordnung Ciconiiformes – Schreitvögel

Große, langbeinige Stelzvögel, die meist gemächlich schreiten und in der Regel nicht schwimmen, werden 5 Familien zugeordnet, von denen allerdings 2 tropische (Schuhschnäbel und Schattenvögel) nur je 1 Art umfassen.

Familie Ardeidae – Reiher

S-förmig gekrümmter Hals und gerader, spitzer Dolchschnabel sind die gemeinsamen Merkmale dieser Familie, von der 69 Arten über alle Erdteile verbreitet sind. In Mitteleuropa sind 5 Arten regelmäßige Brutvögel; 4 weitere kommen als Gäste vor (S. 44–55). Viele Arten tragen zur Brutzeit an Kopf, Hals und Rücken Schmuckfedern. Die Nahrung besteht aus Fischen und anderen kleinen Wirbeltieren (auch Landbewohner). Häufig lauern Reiher auf ihre Beute oder schleichen sich behutsam an, um dann blitzschnell mit dem Schnabel zuzustoßen.

Die Nester stehen entweder auf Bäumen oder Büschen, oder auch im Schilf. Ausgesprochene Schilfbewohner, die man selten in völlig offenem Gelände stehen sieht, sind die Rohrdommeln (S. 52–55). Die Jungen sind Nestflüchter, verlassen aber das Nest meist schon längere Zeit bevor sie flügge werden und klettern in der Umgebung herum. Das Futter bringen die Altvögel im Magen oder im Schlund zum Nest; es wird dann ausgewürgt. Sind die Jungen noch klein, wird das Futter direkt in den Rachen übergeben; später würgen es die Reiher einfach auf den Nestrand.

Im Flug tragen Reiher im Unterschied zu Störchen oder Kranichen den Kopf immer zwischen den Schultern; der Hals wird S-förmig gekrümmt, also nicht gerade vorgestreckt. Reiher sind auch keine ausgesprochenen Segelflieger.

Familie Ciconiidae – Störche

Im Unterschied zu den Reihern ist der lange Hals der Störche nicht abzuknicken; er wird im Flug gerade getragen. Störche sind ausgesprochene Segelflieger; ihr spitzer Schnabel ist kräftig und lang. Die meisten Arten leben von Gliederfüßlern (Insekten, Tausendfüßler usw.) und kleinen Wirbeltieren, die sie im Schreiten auf dem Land oder im Seichtwasser erbeuten. Die Marabus der Tropen sind Aasfresser. Storchennester sind meist große Reisigburgen auf Bäumen oder in Felswänden.

Die Familie umfaßt 17 Arten, von denen die meisten in Afrika leben. In Europa brüten 2 Arten (S. 56–61). Bei den meisten Arten herrschen die Farben Schwarz und Weiß vor; viele sind stimmlos, klappern aber mit den Schnäbeln.

Familie Threskiornithidae – Ibisse

2 Vogeltypen zählen hierzu, nämlich einmal Stelzvögel mit sehr langem,

sichelförmig abwärts gebogenem Schnabel (eigentliche Ibisse) und solche mit geradem, abgeplattetem löffelförmigen Schnabel (Löffler). Von beiden brütet je 1 Art in Europa, der Sichler und der Löffler.
Sichler *(Plegadis falcinellus)* sind gedrungen wirkende, dunkle Vögel, die heute in Mitteleuropa nur als ganz seltene Gäste auftreten. Sie erinnern etwas an übergroße Brachvögel. Ihr Brutbestand in Süd- bzw. Südosteuropa hat sehr stark abgenommen. Einzelne Paare brüten auch noch in Ungarn. Die weißen Löffler *(Platalea leucorodia)* brüten noch in den Niederlanden und am Neusiedler See im Burgenland; sonst sind sie bei uns kaum zu sehen (Abb. S. 61).

Ordnung Phoenicopteriformes - Flamingos

5 Flamingo-Arten gibt es auf der Welt; nur 1 brütet in Südeuropa. Bei uns in Freiheit zu beobachtende Flamingos sind in der Regel Gefangenschaftsflüchtlinge.

Ordnung Anseriformes - Entenvögel

Die Ordnung enthält nur 1 Familie (Anatidae - Entenvögel), obwohl die darin zusammengefaßten Arten auf den ersten Blick recht unterschiedlich aussehen. Gans, Schwan, Ente, Säger sind einige der wichtigsten Typen der Entenvögel, die in 144 Arten fast auf der ganzen Welt verbreitet sind. 4 Arten wurden zu Haustieren: Hausgans (Stammart Graugans), Höckergans (Stammart Schwanengans), Hausente (Stammart Stockente) und Türkenente (Stammart Moschus- oder Warzenente).
Gemeinsame Merkmale dieser bunten Vogelordnung sind Schwimmhäute zwischen den Vorderzehen sowie relativ kurze aber kräftige Beine. Die meisten Arten besitzen einen recht langen Hals. Der im einzelnen sehr unterschiedlich geformte Schnabel trägt an der Spitze eine harte Hornplatte, den sog. Nagel; sowohl am Ober- als auch am Unterschnabel sitzen an den Rändern Reihen von Hornlamellen. Sie wirken bei den Enten in Verbindung mit der fleischigen Zunge als Seihapparat, mit dessen Hilfe Nahrungspartikel aus dem Wasser herausgefiltert werden. Beim »Schnattern« öffnet und schließt sich der Schnabel fortwährend. Beim Öffnen zieht die Zunge wie ein Stempel das Wasser durch die Schnabelspitze ein. Wenn sich der Schnabel dann schließt, wird das Wasser zwischen den Rändern des Ober- und Unterschnabels ausgepreßt. Die zahlreichen feinen Hornlamellen halten die Nahrungsteilchen fest. Diese Art des Nahrungserwerbs hat einen großen Vorteil: Da das Auge nicht benötigt wird, können Enten auf diese Weise auch nachts Nahrung suchen. Schnabel und Zunge sind reich mit Sinneszellen besetzt. Gänse sind überwiegend Grasfresser. Bei ihnen ist der Schnabel hochkantiger und nicht so breit und löffelförmig wie bei den Enten. Die äußere Reihe der Hornlamellen an den Schnabelrändern ist besonders kräftig. Sie hat keine Bedeutung mehr als Sieb, sondern die einzelnen Lamellen wirken wie Zähne beim Abbeißen von Grashalmen und -blättern. Dabei halten die Gänse ihren Schnabel seitlich und rupfen mit kräftiger Bewegung des Halses das Gras ab. Bei den fischjagenden Sägern sind die Hornlamellen zu scharfen kleinen Hornzähnchen umgebildet; mit ihnen werden die Fische festgehalten (Abb. S. 105).
Alle Entenvögel verlieren während der vollständigen Mauser im Sommer oder Herbst die Schwungfedern gleichzeitig, so daß sie vorübergehend flugunfähig werden. Viele Arten verlassen vor der Mauser ihr Brutge-

biet, um geschützte und nahrungsreiche Mauserquartiere aufzusuchen. Da solche Gebiete mitunter weit vom Brutplatz entfernt liegen, oft auch schon in Richtung auf das spätere Winterquartier, müssen die Enten und Gänse einen regelrechten Mauserzug durchführen.

Zum Bau der Nester werden nur Materialien aus der unmittelbaren Umgebung verwendet. Bei allen europäischen Arten setzt kurz vor der Vollendung des Geleges, das meist aus relativ großen Eiern besteht, eine Mauser auf der Bauchseite des Weibchens ein. Damit stehen Nestdunen zur Auskleidung der Nestmulde oder für die Bedeckung der Eier während der Brutpausen zur Verfügung. Die Eier werden in der Regel nur vom Weibchen bebrütet. Die Jungen sind Nestflüchter, die meist gleich nach dem Schlüpfen aufs Wasser gehen und selbständig Nahrung suchen. Sie besitzen ein besonders dichtes Dunenkleid.

Durch eine besondere Feinstruktur und durch Einfetten mit Sekreten der Bürzeldrüse ist das Gefieder der Altvögel wasserabweisend und wird nicht nass. Umfassende Gefiederpflege ist aber eine wichtige Voraussetzung und nimmt einen beachtlichen Teil der täglichen Tätigkeit ein.

Schwäne (S. 62–67) sind die größten Entenvögel mit besonders langem Hals. Von den 6 Arten der Welt sind 4 im Alter weiß. Die Geschlechter tragen gleiches Gefiederkleid und sind nur an der Größe und beim Höckerschwan an der Ausbildung des Schnabelhöckers zu unterscheiden. Die Paare halten meist ein Leben lang zusammen. Das Männchen brütet zwar nicht, bleibt aber bei den Jungen. Die Jungvögel halten sich oft bis in den Winter hinein bei der Familie.

Gänse (S. 68–73) sind auch zur Brutzeit ausgesprochen gesellig und verteidigen meist nur ganz kleine Nestreviere. Die Geschlechter sind ebenfalls gleich gefärbt, die Partner halten meist ein Leben lang zusammen. Wenn das Weibchen brütet, steht das Männchen meist in Nestnähe auf der Wache. Es beteiligt sich dann auch an der Führung der Jungen. Alle Gänse sind Vegetarier und nehmen ihre Nahrung überwiegend an Land auf.

Unter den Enten unterscheidet man grob zwei ökologische Typen, nämlich die Gründelenten (S. 76–89) und die Tauchenten (S. 90–101). Gründelenten tauchen als erwachsene Vögel in der Regel nicht und nehmen Nahrung vom Land auf (z. B. Gras), von der Wasseroberfläche oder vom Schlamm des Seichtwassers. Ihre Reichweite unter Wasser ist gering, da sie nur Kopf und Hals bzw. den nach vorne gekippten Vorderkörper ins Wasser eintauchen. Tauchenten sind vorzugsweise Kleintierfresser. Sie liegen beim Schwimmen meist tiefer im Wasser als Gründelenten. Tauchfähigkeit und -tiefe sind bei den einzelnen Arten sehr unterschiedlich ausgebildet. Die Säger (S. 102–105) sind als einzige Tauchenten ausgesprochene Fischjäger.

Bei den meisten der typischen Enten tragen die Männchen ein buntes Prachtkleid, das nach der Mauser im Herbst oder im Frühjahr angelegt wird. Vor dem Abwurf der Schwungfedern im Sommer allerdings wird es gegen ein Schlichtkleid eingetauscht, das meist dem Jahreskleid der Weibchen sehr ähnlich ist. Entenpaare bilden sich häufig schon im Herbst, bei einigen Arten (z. B. Tafelente) erst im Frühjahr. Nur die Weibchen brüten und kümmern sich auch in der Regel allein um die Jungen. Die Männchen suchen während der Zeit des Jungeführens meist schon die Mauserplätze auf. Daher dürften Dauerehen bei Enten im Unterschied zu Schwänen und Gänsen recht selten sein.

Ordnung Gruiformes - Rallen und Kranichvögel

Hierher zählt eine sehr unterschiedliche Gruppe von meist langhalsigen und langbeinigen Sumpf- und Steppenvögeln. Die Jungen sind Nestflüchter, aber nicht von Anfang an so selbständig wie junge Enten oder Hühner. In Mitteleuropa sind Vertreter aus 3 Familien anzutreffen.

Familie Gruidae - Kraniche

Die großen, langbeinigen und langhalsigen Kraniche erinnern oberflächlich an Störche oder Reiher. Der Schnabel des Kranichs ist aber nur etwas über kopflang. Im Flug werden Hals und Beine wie bei Störchen gestreckt. Eine Besonderheit der Kraniche ist die starke Verlängerung der Luftröhre, die in einer lufthaltigen Kammer des Brustbeins mehrere Schlingen bilden kann. Die kräftigen und schmetternden Stimmen der Kraniche sind auf diese anatomische Besonderheit zurückzuführen. Bei der Mauser im Sommer verliert auch der Kranich alle Schwungfedern auf einmal und wird vorübergehend flugunfähig.

Familie Rallidae - Rallen

Kleine bis mittelgroße Laufvögel, die oberflächlich betrachtet kleinen Hühnervögeln gleichen und daher auch seit altersher in der deutschen Sprache häufig die Silbe »-huhn« am Ende des Namens tragen. Hühnerähnlich sind vor allem die kräftigen Beine, der gedrungene Körper, die gebogenen Schwungfedern und der kurze Schwanz. Eine bewegliche Wirbelsäule, seitlich zusammengedrückter Körper und langzehige Füße sind u.a. hervorragende Voraussetzungen zur Fortbewegung in dichter Vegetation. Viele Rallen sind daher ausgezeichnete Dickichtschlüpfer.

Die meisten Arten leben bei uns in der Röhrichtzone, z.B. Wasserralle (S.108), das Tüpfelsumpfhuhn und seine Verwandten (S.110). Das Teichhuhn (S.113) ist noch ein ausgesprochener Dickichtvogel, der aber schon recht häufig, zumindest am Ufer, schwimmt. Das Bläßhuhn (S.116) ist zum ausgesprochenen Schwimmvogel geworden und heute einer unserer häufigsten Wasservögel. Im Gegensatz dazu ist fast ganz zum Landvogel der Wachtelkönig (S.112) geworden, der aber, wie seine Verwandten in der Röhrichtzone, sich äußerst geschickt in dichter Vegetation fortzubewegen weiß.

Mit Ausnahme des Bläßhuhns und, zumindest zeitweise, des Teichhuhns leben Rallen sehr versteckt und sind nicht leicht zu entdecken. Die Küken, die zunächst im Nest bleiben, tragen schwarze Dunenkleider. Sie werden zunächst noch von den Alten gefüttert und die meisten haben auffallend bunte Farbmerkmale am Kopf bzw. am Schnabel. Weltweit kennt man in der Gegenwart etwa 140 Rallenarten, von denen aber schon über 10 in neuester Zeit ausgestorben sind. Rallen haben sich als sehr gut geeignete Kolonisatoren abgelegener Inseln erwiesen und dort z.T. auch ihre Flugfähigkeit verloren. Solche Inselformen sind natürlich besonders gefährdet, wenn der Mensch auftaucht. Gegenwärtig zählen in Mitteleuropa alle schilfbewohnenden Arten als Folge von Lebensraumzerstörung zu den besonders gefährdeten Arten.

Familie Otididae - Trappen

Trappen sind Bodenvögel, die sich ökologisch sehr weit von den Wasser- und Sumpfbewohnern entfernt haben und heute sehr trockene Landschaftsformen besiedeln. In Mitteleuropa brütet noch die Großtrappe *(Otis tarda)* in kleinen Restbeständen in der DDR und in Österreich. Durch die Entwicklung der modernen Landwirtschaft sind die

Bestände aber äußerst gefährdet. Der Großtrappenhahn, der über 11 kg Gewicht erreichen kann, ist wohl der schwerste flugfähige Vogel der Welt. Die Hennen erreichen meist nur etwa 4–5 kg. In West-und Südeuropa lebt, meist auf Rückzugsgebiete beschränkt, die Zwergtrappe *(Tetrax tetrax)*. Beide Trappenarten gehören zu den gefährdetsten Brutvögeln Europas.

Ordnung Charadriiformes – Schnepfen-, Möwen-, Alkenvögel

In dieser großen Ordnung wird eine in Aussehen und Lebensweise sehr vielseitige Gruppe von Vögeln zusammengefaßt, die überwiegend am Wasser oder in Feuchtgebieten leben. Viele Arten unternehmen weite Wanderungen und sind vor allem am Meer in großer Zahl anzutreffen. Die meisten von ihnen sind Bodenbrüter und legen relativ große, oft sehr vielseitig gefleckte Eier. Die Jungen besitzen bereits beim Schlüpfen ein dichtes Dunenkleid; viele sind Nestflüchter, die schon vom ersten Tage an selbständig Nahrung aufnehmen können.

Viele Arten aber sind auch mehr oder minder ausgesprochene Platzhocker; die Jungen schlüpfen mit einem Dunenkleid ähnlich den Nestflüchtern, bleiben aber zunächst noch im Nest oder zumindest in dessen unmittelbarer Nähe und werden von den Alten gefüttert. Ausgeprägte Platzhocker sind natürlich vor allem die Jungen der Arten, die auf steilen Felsklippen brüten.

Familie Haematopodidae – Austernfischer

Von den 4–6 sehr ähnlichen Arten mit kräftigen, bunten Schnäbeln und Beinen ist 1 auch auffälliger und nicht seltener Brutvogel an den Küsten Mitteleuropas (S. 120/121).

Familie Charadriidae – Regenpfeifer

Diese Familie umfaßt kleine bis mittelgroße Watvögel (Limikolen), deren Beine meist relativ kurz oder höchstens mittellang sind, verglichen mit anderen Gruppen. Der Schnabel ist meist deutlich kürzer als die Kopflänge und an der Spitze oft etwas verdickt. Regenpfeifer sind daher nicht in erster Linie Sondierer, die in den weichen Untergrund bohren. Sie pikken vielmehr ihre Nahrung von der Oberfläche ab.

Die größten Arten mit runden Flügeln zählt man zur Unterfamilie der Kiebitze, die in 24 Arten mit Ausnahme von Nordamerika in allen Erdteilen leben. In Mitteleuropa brütet nur 1 Art (S. 122); 1 weitere Art, der Spornkiebitz, ist auf wenige Plätze in Südosteuropa beschränkt, jedoch in Vorderasien sehr weit verbreitet.

Die Regenpfeifer im engeren Sinn (S. 124–129) sind meist kleine Vögel mit ausgesprochenen spitzen Flügeln. Die meisten Arten haben nur 3 Zehen; die Hinterzehe ist verkümmert. Etwa 70 Arten leben auf der ganzen Welt. In Mitteleuropa sind 3 sehr ähnliche Arten Brutvögel, davon See- und Sandregenpfeifer von Ausnahmen abgesehen nur an der Küste und der Flußregenpfeifer im Binnenland. 2 weitere Arten, Kiebitz- und Goldregenpfeifer, sind regelmäßige Durchzügler. Ein sehr seltener Brutvogel in tundrenählichen Hochlagen der Ostalpen ist der Mornell, dessen eigentliche Heimat Skandinavien ist. Auch auf dem Durchzug erscheint er bei uns selten.

Familie Scolopacidae – Schnepfen

Überwiegend langbeinige und langschnäblige Watvögel (Limikolen) mit spitzen Flügeln zählen zu dieser in 86 Arten weltweit verbreiteten Familie. In manchen Gebieten fehlen allerdings Schnepfen als Brutvögel, z. B. im westlichen Nordafrika, in weiten Teilen der Tropen Afrikas und Asiens und in Australien. Doch hier spielen zur Zugzeit und im Winter viele Arten an Flachküsten und Binnengewässern mit flachen Ufern eine wichtige Rolle. An geeigneten Küstenabschnitten, wie z.B. im Wattenmeer der Nordsee oder vor der Küste Westafrikas, konzentrieren sich zu bestimmten Zeiten Hunderttausende.

Die meisten Arten benützen ihren langen Schnabel dazu, um in dem weichen Boden zu stochern und Kleintiere aus den obersten Schichten des Bodens herauszuholen. Die Schnabelspitze ist mehr oder minder reichhaltig mit kleinsten Tastsinnesorganen versehen, so daß die Beute mit Hilfe von feinsten Berührungsreizen wahrgenommen werden kann. Besonders spezialisierte Sondierer sind die langschnäbeligen Sumpf- und Waldschnepfen. Fast alle Arten sind Bodenbrüter. Das Gelege besteht wie bei den Regenpfeifern in der Regel aus 4 variabel gefleckten und meist hervorragend getarnten Eiern. Wie bei den Regenpfeifern sind auch hier die Jungen ausgesprochene Nestflüchter.

Verschiedene Typen lassen sich unterscheiden. Einen langen und geraden Schnabel und relativ kurze Beine besitzen die Sumpfschnepfen (S.130/131) und die Waldschnepfen, die sich in ihrer Lebensweise vom offenen Wasser weitgehend unabhängig gemacht haben (S.132/133). Zu den Wasserläufern leiten über die langbeinigen Brachvögel mit gebogenem Schnabel (S.134–137) sowie die Pfuhl- und die Uferschnepfe (S.138/139) mit langem, geradem Schnabel. Meist deutlich kleiner sind die typischen Wasserläufer, die vor allem im Schlichtkleid einander oft recht ähnlich sind (S.140–147). Die meisten Arten verfügen jedoch über sehr typische und auffällige Rufe, an denen sie gut zu bestimmen sind.

Klein bis mittelgroß und meist sehr viel gedrungener und kurzbeiniger als die Wasserläufer sind die typischen Strandläufer (S.148–153). Ihre Bestimmung ist oft noch schwieriger, weil sie sich im Schlichtkleid sehr ähnlich sehen und häufig auch laute und auffällige Rufe, wie etwa bei den Wasserläufern, fehlen. Wie bei vielen Wasserläufern, aber auch bei Ufer- und Pfuhlschnepfe, muß man bei den Strandläufern zwischen Brutkleid und Ruhekleid unterscheiden. Zu den Strandläufern zählt auch der merkwürdige Kampfläufer (S.154/155), der abgesehen von seinem relativ kurzen Schnabel bei oberflächlicher Betrachtung mehr einem Wasserläufer gleicht; zumindest das Männchen ist größer als alle der bei uns vorkommenden Strandläuferarten.

Abweichende Gestalten dieser Familie sind z.B. der Steinwälzer (S.158) und die merkwürdigen Wassertreter (S.159).

Familie Recurvirostridae – Säbelschnäbler

2 auffällig langbeinige und dünnschnäblige Watvögel werden dieser kleinen Familie zugerechnet, nämlich der an den Küsten Mitteleuropas brütende Säbelschnäbler und der langbeinige Stelzenläufer Südeuropas (S.156/157). Wie bei den Schnepfenvögeln handelt es sich auch hier um Bodenbrüter, deren Dunenjunge Nestflüchter sind.

Familie Burhinidae – Triele

Zu dieser Familie zählen 9 Arten großer, besonders dickköpfiger und kurzschnäbliger Watvögel mit kräftigen Beinen. Ähnlich den Trappen sind sie auf trockene, steppenartige Lebensräume ausgewichen und leben heute vor allem in den wärmeren Gebieten der Erde. Der europäische Triel ist bei uns als Brutvogel so gut wie ausgestorben (S.158).

Familie Glareolidae - Brachschwalben
Typische Brachschwalben sind kurzbeinig und sehr langflügelig, mit gegabeltem Schwanz. 2 Arten erscheinen als seltene Gäste auch in Mitteleuropa. Sie sind ähnlich dem Triel Brutvögel von Steppen und Trockengebieten, aber häufig auch in der Nähe von Wasser anzutreffen. Zu dieser Familie zählen auch die Rennläufer, die in ausgesprochenen Wüstengebieten vorkommen und der merkwürdige Krokodilwächter.

Familie Stercorariidae - Raubmöwen
6 Arten von mittelgroßen bis großen Meeresvögeln, die gewisse Ähnlichkeit mit den Möwen haben, zählen zu dieser Familie. Im Binnenland sind Raubmöwen nur ganz außergewöhnliche Gäste (S. 160/161). Der deutsche Namen der Familie bezieht sich auf die Angewohnheit fast aller Arten, zumindest zeitweise anderen Seevögeln die Nahrung im Flug abzujagen.

Familie Laridae - Möwen
Als Bewohner der Meere und Küstengebiete aber auch vieler Binnengewässer sind die typischen Möwen in 48 Arten weltweit verbreitet. Lange Flügel und elegante Flugweise sind für die meisten Arten charakteristisch. Die kleinsten von ihnen erreichen die Größe einer Taube bei weitem nicht, die größten jedoch fast die Spannweite eines Reihers. Grau und weiß herrschen bei den Altvögeln als Farben vor; manche Arten besitzen schwarze Gesichtsmasken, viele dunkle Oberflügel oder zumindest schwarze Flügelspitzen. Bei den Jungen und noch nicht voll geschlechtsreifen Vögeln herrschen oft Brauntöne vor.
In der Regel tauchen Möwen nicht, sondern schwimmen hoch auf dem Wasser. Ihre Nahrung lesen sie von der Wasseroberfläche auf; manche Arten sind auch ausgesprochene Abfallsammler. Während der Brutzeit wird zumindest von den kleineren Arten auch geschickt Insektenjagd in der Luft betrieben. Die vielseitige Ernährung hat dazu geführt, daß eine Reihe von Möwenarten sehr häufig geworden ist und offenbar auch von den Abfällen der Zivilisationsgesellschaft profitiert. Fast alle Arten brüten in mehr oder minder großen Kolonien, meist auf dem Boden. Abweichend davon ist die Dreizehenmöwe ein ausgesprochener Felsbrüter an Steilküsten. Die Jungen sind Platzhocker (s. S. 169). Im Binnenland ist bei uns nur die Lachmöwe häufig und verbreitet. Als Gäste treten auch Sturm- und Zwergmöwe auf, seltener die Großmöwen, die für die Küste typisch sind (S. 162–173).

Familie Sternidae - Seeschwalben
In mancher Hinsicht sind Seeschwalben den Möwen sehr ähnlich, im allgemeinen jedoch kleiner und schlanker. Ihre Schnäbel sind spitz zulaufend, ihre Flügel schmal, spitz und lang. Mit ihren kurzen Beinen laufen Seeschwalben in der Regel nicht auf dem Boden. Ihre Nahrung gewinnen sie fast ausschließlich im Flug. Viele Arten sind ausgesprochene Stoßtaucher, die sich von größerer Höhe ins Wasser herunterstürzen und auch kurzfristig untertauchen. Die Tauchtiefe ist aber meist gering, so daß in der Regel nur Fische und Wassertiere von den Oberflächenschichten erbeutet werden. Manche Arten, vor allem die Trauerseeschwalbe und ihre Verwandten (S. 174/175), fangen auch Insekten im Flug oder lesen von der Wasseroberfläche Nahrungsteilchen auf.
Wie die Möwen sind auch Seeschwalben Koloniebrüter. Die meisten Arten sind weiß mit schwarzen Abzeichen am Kopf (S. 176–183). Allerdings sind wie bei den Möwen

auch hier verschiedene Kleider zu unterscheiden. Im Unterschied zu Möwen sind Seeschwalben ausgeprägte Zugvögel, die in den Tropen, ja sogar auf der Südhalbkugel überwintern. Einige Arten, wie Küsten- und Flußseeschwalben, unternehmen die weitesten von Zugvögeln bisher bekannten Wanderungen.
Auf der Erde gibt es 43 Arten. Im mitteleuropäischen Binnenland brütet nur die Flußseeschwalbe und an wenigen Plätzen heute noch selten die Trauerseeschwalbe. Küsten-, Brand- und Zwergseeschwalben haben sich dank intensiven Seevogelschutzes als Brutvögel der deutschen Küste halten können.

Familie Alcidae - Alken
Äußerlich weichen diese Hochseevögel von den übrigen Gruppen der Ordnung ab. Doch dies ist großenteils als Anpassung an die besondere Lebensweise zu verstehen. Alken (S. 184) sind tauchende Seevögel, die ihre Flügel unter Wasser zu Hilfe nehmen. Die Beine sind, wie auch bei anderen Tauchvögeln (z. B. Lappen- und Seetaucher) sehr weit hinten eingelenkt, so daß die Alken an Land aufrecht sitzen, ähnlich Pinguinen (mit denen sie aber nicht näher verwandt sind!). Meist ist die Oberseite schwarz und die Unterseite weiß gefärbt. Die Flügel sind meist relativ klein, daher ist der Flügelschlag rasch. Während der Mauser werden bei den meisten Arten die Schwungfedern gleichzeitig abgeworfen, so daß die Vögel vorübergehend flugunfähig werden.
22 Arten leben heute auf den Meeren der Nordhalbkugel meist in den nördlichen Zonen. Der flugunfähige Riesenalk ist im vorigen Jahrhundert ausgerottet worden. Die meisten Arten brüten in mehr oder minder großen Kolonien, entweder in selbstgegrabenen Höhlen, zwischen Steinen und Blöcken oder auf Simsen steiler Felsküsten. In der Regel kommen Alken nur zum Brüten an Land und sind daher nur in unmittelbarer Meeresnähe zu beobachten. Der einzige Brutplatz in Mitteleuropa ist der berühmte Lummenfelsen auf Helgoland (S. 184/185).

Bedrohter Lebensraum

Wasser bietet eine Vielzahl von Lebensmöglichkeiten, und so ist die Artenzahl der im Buch als Wasser- oder Sumpfvögel zusammengefaßten Gruppen oft erstaunlich groß. Hochsee, Wattenmeer, Binnensee, Fischteich, Fluß, Altwasser, Moor, Feuchtwiese - das sind nur einige der Lebensräume mit besonders an sie angepaßten Vogelformen.
Doch viele Wasser- und Sumpfvögel sind heute in ihrem Fortbestand bedroht, denn der Mensch springt mit dem Lebensgut Wasser sehr rücksichtslos um. Moore sind nur noch in kümmerlichen Resten vorhanden und oft nichts weiter als ein Name auf der Landkarte. Viele Flüsse und Bäche sind zu toten Abflußrinnen für eine Suppe aus Abfallstoffen und Giften geworden. Empfindliche Ufersäume von Binnengewässern haben Verbauungen zerstört. Auf der Nordsee droht ständig die Ölpest. Das einmalige Wattenmeer ist so stark gefährdet, daß jetzt endlich auch die internationale Politik wenigstens Notiz davon genommen hat.
Aber auch dort, wo die Chemie des Wassers noch in Ordnung scheint, ist der Platz für Wasservögel zu eng geworden. Viele Gewässer sind heu-

Oft ist das Oberflächenwasser nur noch an der Quelle klar und sauber, doch auch dieser Quellsee ist bedroht durch Trinkwasserentnahme für eine Großstadt.

te dem konzentrierten Ansturm der erholungssuchenden Menschen ausgesetzt. Immer neue Entwicklungen der Freizeitindustrie haben eine immer intensivere Erholungsnutzung zur Folge, zum Schaden der Gewässer und ihrer Lebewesen. Allein die »Erfindung« des Surfsportes kommt für viele Wasservögel einem Todesurteil gleich. »Ordnung am Wasser«, wie sie vor Jahrzehnten schon von vorausschauenden Naturschützern gefordert wurde, ist heute nötiger denn je, sollen die Gewässer überleben und damit uns auch weiterhin mit einem lebensnotwendigen Grundstoff versorgen oder uns zur Erholung dienen.

Wasser- und Sumpfvögel bilden besonders wichtige Indikatoren für die Lebensqualität unserer Umwelt. Wasservögel waren die ersten, die durch ihren Tod auf die lebensbedrohende Gefahr langlebiger Pestizide aufmerksam machten. Pelikane in Nordamerika oder Brandseeschwalben an der Küste der Niederlande haben möglicherweise vielen Menschen das Leben gerettet.

Gegenwärtig sind einige Sumpfbewohner, die sich in unserer Agrarlandschaft als Wiesenbrüter angesiedelt haben, zum Symbol für gefährliche moderne Entwicklungen in unserer Agrarlandschaft geworden. Brachvogel, Uferschnepfe, Bekassine oder Wachtelkönig haben ihren Namen gesetzlichen Verordnungen zum Schutz naturnaher und feuchter Wiesen geliehen. Ob solche Maßnahmen wirklich Erfolg haben, hängt nicht zuletzt vom Verständnis aller Beteiligten ab. Dieses wiederum baut darauf auf, daß nicht nur die einzelnen Arten bekannt sind, sondern auch ihre Lebensansprüche und ihr Verhalten.

Das Bemühen des internationalen Vogel- und Naturschutzes gilt in erster Linie zahlreichen Naß- und Feuchtgebieten, die für die Vogelwelt Europas und Asiens besondere Bedeutung haben. Dabei handelt es sich sowohl um Brutgebiete als auch um Rastplätze, die außerhalb der Brutzeit aufgesucht werden. Viele nordische Wasser-und Sumpfvögel verbringen nur einen kleinen Teil des

Jahres an ihren Brutplätzen. Zur Mauser oder während des Zuges und vor allem im Winter sind sie auf ruhige Rastplätze angewiesen, die Tausende von Individuen aufnehmen und vor allem ernähren können. So geraten viele Arten, die in den einsamen Weiten des hohen Nordens brüten und vom Menschen dort nicht behelligt werden, mit der verschärften Umweltsituation in Mittel- und Westeuropa in Berührung. Das Schicksal mancher nordischen Gänse- und Watvogelarten wird an der Küste Schleswig-Holsteins und Niedersachsens oder auf den Weideplätzen in den Niederlanden entschieden, nicht in der Tundra.

Das Wattenmeer

Einer der gewaltigsten Wasservogelplätze auf der Welt überhaupt ist das Wattenmeer der Nordsee, das in seiner Art einmalig ist. Es erstreckt sich entlang einer Küste von rund 450 km Länge und umfaßt rund 10000 km² Wattfläche, die bei Ebbe mehr oder minder trockenfällt. Dänemark (Westküste) und Schleswig-Holstein (Westküste), Niedersachsen und die Niederlande haben an diesem Lebensraum wesentlichen Anteil.
Die Brut- und Rastbestände von Wasservögeln sind in der Tat einmalig. So schätzt man allein an Brutpaaren z. B. 3000–4000 Brandgänse, 16000–20000 Austernfischer, Zehntausende von verschiedenen Seeschwalben und wahrscheinlich an die hunderttausend Möwenpaare. Die Bestände zur Zugzeit sind um ein Vielfaches größer. Bis zu über 100000 Brandgänse mausern im Sommer im Wattenmeer. Die Zahl der Austernfischer im Herbst mag an einem Tag rund 500000 erreichen, für Knutt und Alpenstrandläufer wurden je etwa 400000 als Tagessummen geschätzt. Weitere Arten erreichen mindestens die Hunderttausendgrenze, wie z.B. Rotschenkel, Uferschnepfe, Brachvogel. Auch in den Wintermonaten ist das Wattenmeer für viele Brutvögel des Nordens ein wichtiger Lebensraum. So überwintern z.B. über 20000 Ringelgänse dort.
Die Ursachen des Vogelreichtums liegen im hohen Nahrungsangebot und in der Produktivität der täglich aufs neue vom Meer überspülten Wattflächen. Natürlich bilden Vögel nicht den alleinigen biologischen Reichtum dieses einmaligen Lebensraumes. Er ist z.B. auch Laich- und Aufwuchsgebiet vieler wichtiger Nordseefische und der Lebensraum einer noch ansehnlichen Population des Seehundes.
Alles spricht dafür, daß zumindest große Teile des Wattenmeeres als Nationalpark ausgewiesen werden, nachdem der erste Anlauf, ein solches großes Schutzgebiet zu schaffen, aus rein politischen Gründen auf Eis gelegt wurde. Jetzt sind die Bedrohungen so groß geworden, daß die Zunkunft der ganzen Nordsee auf dem Spiel steht. Ein Nationalpark zur Rettung des Pflanzen- und Tierlebens ist ein Beitrag zur Sicherung der Zunkunft des für viele europäische Staaten wichtigen Meeres.
Eine der Gefahren für das Wattenmeer ist die Eindeichung. Man schätzt, daß heute allein an der norddeutschen Nordseeküste von Deichen 200 km² Land bedeckt werden. Sowohl seewärts als auch landwärts am Fuß der Deiche gehen Artenzahl und Menge an Pflanzen und wirbellosen Tieren zurück. Man rechnet, daß jeder Hektar Salzwiese, der durch einen Deich vom Meer getrennt wird, die Rastplatzkapazität des Watts um 100–150 Vögel pro Tag verringert. Die 32 km² Salzwiesen an der dänischen Küste sind bereits um 25% reduziert worden, hauptsächlich durch Eindeichung. An der schleswig-holsteinischen Küste soll ein

9 km langer Deich einen großen Teil der Nordstrander Bucht absperren und ein 12 km langer Deich von der Küste zur Insel Pellworm führen. 1200 ha sind bereits verlorengegangen. Wenn die 100 ha Salzwiesen der Nordstrander Bucht durch Eindeichung zerstört werden, bedeutet das Rastplatzverlust für täglich maximal 10000–15000 Vögel. Weitere Eindeichungspläne in Schleswig-Holstein, in Niedersachsen (z.B. Leybucht) und in den Niederlanden würden den Verlust von über 5000 ha Salzwiesen und über 230 km^2 von den Gezeiten bespültem Außendeichgelände bedeuten.
Eine weitere Bedrohung des Wattenmeeres entsteht durch die großen Hafenanlagen und die Konzentration von Industrie an der Wattenküste. Das Projekt eines Ems-Dollart-Hafens mit insgesamt 1000 ha weiterer Industriefläche würde einen der wichtigsten Lebensräume rastender und brütender Watvögel zerstören. Viele bestehende Häfen oder Zufahrten sollen vertieft werden. So plante man einen Tiefwasserhafen auf wichtigen Wattflächen und die Vernichtung großer Teile der Wattflächen durch Abgrabungen.

Die Verschmutzung der Küste ist eine weitere tödliche Gefahr. Sie hat verschiedene Quellen. Da sind einmal die großen Ströme Ems, Weser, Elbe, Rhein, Schelde und Maas, die organisches Material an die Küste bringen, daneben aber auch Schwermetalle sowie Auswaschungen von Pestiziden und Biphenylen. Vom Meer her droht immer wieder Ölpest. Allein 90 Millionen Tonnen Öl werden durch die verschiedenen Zufahrten durch das Wattenmeer jährlich an die Häfen transportiert. Unfälle verursachen verheerende Schäden. Aber auch das Ablassen von Ölresten, das jetzt z.T. stärker überwacht wird als früher, wirkt sich gefährlich aus. Zwischen 50000 und 250000 verölter toter Vögel werden alljährlich allein an der deutschen Wattenküste angeschwemmt.

Fast das ganze Jahr über ernährt das Wattenmeer der Nordsee riesige Vogelscharen.

Seit 1977/78 rechnet man mit einem Zuwachs der Störung des Wattenmeeres durch Tourismus und Ferienbetrieb von 70%. Die Zerstörungen und Bedrohungen, die von der Freizeitaktivität an den Wattenküsten ausgehen, sind vielfältig: In Sanddünen wird die dürftige Vegetation niedergetrampelt; Brutplätze und Mausergebiete in den Salzwiesen und Dünen sowie auf den Watten selbst werden gestört durch Wattwanderer, Sportflugzeuge, die niedrig über das offene Land fliegen, Wassersport usw.; Campingplätze und Parkplätze expandieren und nehmen vor allem bisher noch nicht genutzte wichtige Flächen in Beschlag. Flachwasserbuchten werden durch Segeln und Windsurfen gestört.

Welche Unmengen an Störungen und Zerstörungen sich an der Grenze zwischen Land und Meer konzentrieren, können diese wenigen Bemerkungen kaum ausreichend darstellen. Militärische Flugübungen, Entnahme von Erdgas aus dem Wattenmeer, Krabben- und Muschelfischerei sowie weitere Materialentnahmen aus diesem empfindlichen Ökosystem laufen den großen Bedrohungen gewissermaßen nebenher. Die vorhandenen Schutzgebiete und die Bemühungen der Vogel- und Naturschutzverbände, von denen auf deutscher Seite vor allem der Verein Jordsand zum Schutz der Seevögel e.V. zu nennen ist, können gegen diese übermächtige Bedrohung nicht erfolgreich sein.

International wichtige Gewässer und Feuchtgebiete in Mittel- und Westeuropa

Ein großer Teil der im Wattenmeer brütenden oder vorübergehend rastenden Vögel verweilt auch den Winter über in diesem Gebiet, vor allem in seinen südwestlichen Teilen vor der Küste der Niederlande. Die überwiegende Masse der im Sommer und Herbst anwesenden Watvögel, Enten und Gänse wandert aber weiter nach Westen oder Südwesten. Ein Teil von ihnen gelangt in den Bereich der britischen Inseln, die auch Durchzugsgebiet und Winterquartier vieler nordischer Wasservögel sind, die direkt von Island über Spitzbergen, Skandinavien oder von der westsibirischen Küste dorthin ziehen. Vor allem die großen Flußmündungen (Ästuare) sind hier wichtige Rastgebiete. Das milde maritime Klima hält große Vogelscharen auch im Winter über dort.

Ein großer Teil der vom Wattenmeergebiet der Nordsee weiterwandernden Küstenvögel aber findet an der Atlantikküste Frankreichs wichtige Rastplätze, so z.B. im Golfe du Morbihan oder im Bassin d'Arcachon. Weiter im Süden ist vor allem die Atlantikküste Marokkos mit ihren Lagunen ein wichtiges Überwinterungsgebiet und vor der Westküste Mauretaniens die berühmte Banc d'Arguin (s. S. 141).

Aber auch im Binnenland gibt es bedeutende Brut-, Rast- und Überwinterungsplätze für Wasservögel. Die Masse machen hier vor allem verschiedene Gründel- und Tauchenten sowie Bläßhühner aus, weniger die Strand- und Wasserläufer. Rohr- und Schilfgebiete sind die Brutplätze für Rallen, Enten und Lappentaucher; Feuchtwiesen und Moore für Brachvogel, Bekassine, Uferschnepfe und viele andere Arten. Auch diese Naß- und Feuchtgebiete sind meistens aufs stärkste bedroht, nicht zuletzt durch die immer stärker anschwellende Belastung von erholungssuchenden Menschen aus nahegelegenen Ballungsräumen. Die Übersicht der international bedeutsamen Feuchtgebiete in der Bundesrepublik Deutschland und deren Zustand mag ein Beispiel für die Situation solcher Gebiete sein, aber auch für

Die Röhrichtzone am Flachufer von Seen und Teichen ist ein unersetzlicher Lebensraum.

die Bemühungen, zum Schutze der Tierwelt eines ganzen Kontinentes Bedrohungen abzuwenden.

Niederelbe zwischen Barnkrug und Otterndorf (Niedersachsen, Reg.-Bez. Stade): 11 760 ha; Naturschutzgebiete umfassen etwa 1550 ha. In diesem bedeutenden Brut- und Überwinterungsgebiet von Wat- und Rastvögeln brüten u.a. Säbelschnäbler, Zwergseeschwalbe, Kampfläufer, Uferschnepfe; die Menge rastender Scharen hat schon 1000 Zwergschwäne, 3000 Bläßgänse, über 10 000 Ringelgänse, 4000 Goldregenpfeifer erreicht. Große Teile des Landes hinter dem Deich sind entwässert und in Ackerland umgewandelt worden. Tiefflüge von Düsenmaschinen und Hubschraubern stören die Brutvögel und rastende Schwärme; Auswirkung von nahegelegenen Industriezentren und der Großschiffahrtsstraße Elbe sind im einzelnen noch nicht abzusehen. Eine Hochspannungsleitung erweist sich als Todesfalle für die Vögel. Unbefugtes Eindringen in Schutzgebiete und Befahren gesperrter Wege bilden die »Alltagsprobleme«.

Elbaue zwischen Schnackenburg und Lauenburg (Niedersachsen, Reg.-Bez. Lüneburg): 7560 ha; bis jetzt noch kein größeres Schutzgebiet ausgewiesen. Maximalzahlen rastender Wasservögel enthalten z.B. je über 500 Sing- und Zwergschwäne; über 1500 Pfeifenten, über 1200 Gänsesäger, Tausende von Gänsen. Brutvögel sind u.a. auch Kranich (10–12 Paare), Trauerseeschwalben (noch etwa 10 Paare), Brandgans, Graugans, Tafelente, Graureiher. Neuerdings sind im Zusammenhang mit einem teilweisen Neubau der Elbdeiche auch Biotoperhaltungsmaßnahmen durchgeführt worden. Unmittelbar neben Feuchtgebieten ist ein nukleares Entsorgungszentrum (Gorleben) geplant bzw. schon teilweise gebaut.

Dümmer (Niedersachsen, Reg.-Bez. Osnabrück, Hannover und Verwaltungsbezirk Oldenburg): 3600 ha; 2 Naturschutzgebiete von zusammen 820 ha. »Die 1953 abgeschlossene Eindeichung, die Einleitung von Abwässern, stark zugenommener Erholungsbetrieb und die Intensivierung der Landwirtschaft in der Um-

Auch heute noch auf der Tagesordnung: Zerstörung eines Moores durch Entwässerung.

gebung des Sees haben den Dümmer zu einem kranken Gewässer mit verarmtem Tier- und Pflanzenleben werden lassen.« So lautet das Ergebnis des jüngsten offiziellen Berichtes über den Zustand. Mühsam wird nun versucht, noch vorhandene Restnatur zu erhalten und neue natürliche Lebensräume zu schaffen. Die Resultate sind bis jetzt unbefriedigend. Noch brüten 170 Paare Haubentaucher am Dümmer sowie Krickente, Knäkente, Löffelente, Rohrdommel und Trauerseeschwalbe. Die Graugans ist erfolgreich eingebürgert worden.

Diepholzer Moorniederung (Niedersachsen; Reg.-Bez. Hannover): 15060 ha; Fläche der Naturschutzgebiete derzeit knapp 2000 ha. Die wichtigsten Lebensräume sind Hochmoor und Niedermoor mit Rotschenkel, Uferschnepfe, Bekassine, Brachvogel, Goldregenpfeifer, Wachtelkönig, Knäkente, Krickente usw. als Brutvögel. Immer noch wird jedoch im Hochmoor abgetorft. Man bemüht sich, einzelne Flächen durch Ankauf zu sichern.

Steinhuder Meer (Niedersachsen, Reg.-Bez. Hannover): 5730 ha; 814 ha stehen unter Naturschutz. Das Gebiet enthält mit dem Steinhuder Meer von rund 30 km² den größten Binnensee Norddeutschlands, dessen Wasserqualität durch moderne Klärmaßnahmen etwas verbessert werden konnte. Auch andere Schutzmaßnahmen sind neuerdings erfolgt. Das Gebiet ist vor allem ein großer Rastplatz von Schwimmvögeln; bis 10000 Stockenten, über 5000 Tafelenten, 1000 Gänsesäger und über 1000 Zwergsäger werden dort schon gezählt. Zur artenreichen Brutvogelwelt zählen u. a. Bekassine, Brachvogel, Uferschwalbe, Krick-, Knäk-, Löffelente.

Rhein zwischen Eltville und Bingen (Hessen, Rheinland-Pfalz): 475 ha; vollständig als Naturschutzgebiet ausgewiesen. Wichtiger Rastplatz von Enten, z. B. 5000 Tafelenten, und von Kormoranen. Die Vögel werden vor allem durch die ungehemmte Entfaltung des Wassersports im Sommerhalbjahr bedroht.

Bodensee (Baden-Württemberg, Schweiz, Österreich): Der Bodensee ist mit 539 km² einer der bedeutendsten internationalen Rastplätze, vor allem für Schwimmvögel, im mitteleuropäischen Binnenland. Wichtige Brutgebiete sind auf deutschem Boden das Wollmatinger Ried und der Mindelsee bei Radolfzell, die mit zusammen rund 1080 ha unter Naturschutz stehen und in denen vorbildliche Naturschutzarbeit durch den Deutschen Bund für Vogelschutz betrieben wird. Viele Naturschutzprobleme betreffen dieses als Erholungs-, aber auch als Industrieraum von allen Seiten bedrohte Gebiet. Österreichische, schweizer und deutsche Ornithologen arbeiten eng zusammen an der Erforschung der Vogelwelt und der Erhaltung wichtiger Schwerpunktsgebiete. Eine umfassende Darstellung der Vogelwelt, ihrer Lebensräume und der wichtigsten Schutzprobleme hat die Ornithologische Arbeitsgemeinschaft Bodensee veröffentlicht (s. Literaturverzeichnis).

Donauauen und Donaumoos (Bayern, Reg.-Bez. Schwaben): Die wichtigsten Schwerpunktsgebiete umfassen 8000 ha; erst etwa 420 ha stehen unter Naturschutz. Wichtige Rastplätze für Schwimmvögel sind vor allem die in diesem Gebiet liegenden Donaustauseen mit maximal über 30000 Individuen. Die reichhaltige Brutvogelwelt wird vor allem durch weitere Entwässerungen der letzten Moorreste gefährdet, aber auch durch geplante großangelegte Freizeitaktivitäten. Der Deutsche Bund für Vogelschutz und der Landesbund für Vogelschutz in Bayern haben in diesem Gebiet Teilflächen aufgekauft und wirksame Maßnahmen für den Biotopschutz eingeleitet.

Lech-Donau-Winkel (Bayern, Reg.-Bez. Schwaben und Oberbayern): 230 ha, davon ist neuerdings mit 90 ha der Feldheimer Stausee als Naturschutzgebiet ausgewiesen. Wichtiger Rastplatz für Schwimmvögel, z.B. 4000 Stockenten, über 3500 Tafelenten, über 1000 Krickenten. Viele wichtige Schutzmaßnahmen konnten bisher nicht verwirklicht werden; Bedrohung durch Fischer und Wassersport; die Auwälder werden durch Kiesgewinnung gefährdet.

Ismaninger Teichgebiet (Bayern, Reg.-Bez. Oberbayern): 900 ha. Dieses berühmte europäische Wasservogelgebiet wird bereits seit 1930 von der Ornithologischen Gesellschaft in Bayern intensiv betreut. Es befindet sich in Privatbesitz und ist daher der Öffentlichkeit nicht zugänglich. Eine einmalig reichhaltige Wasservogelwelt ist eine Folge dieses mehr oder minder unfreiwilligen Schutzes. Insbesondere im Hochsommer ist das Gebiet ein wichtiges Mauserzentrum von Zehntausenden von Reiher-, Tafel- und Kolbenenten, aber auch anderen Arten. Allerdings sind in letzter Zeit im Hochsommer mehrfach die Schwimmvogelbestände durch Botulismus (s. S. 80) dezimiert worden.

Ammersee (Bayern, Reg.-Bez. Oberbayern): 65170 ha, davon 47060 ha Seefläche. Die ersten Anträge für eine Ausweisung als Naturschutzgebiet des wichtigen Südufers gehen bereits auf das Jahr 1938 zurück; 1979 wurde das Schutzgebiet ausgewiesen, doch immer noch gibt es große Probleme, vor allem mit dem gewaltig angestiegenen Erholungs- und Freizeitbetrieb. Nur an ganz wenigen Stellen des Gebietes können seltene Wasservögel brüten, u.a. Kolbenente, Tafelente, Reiherente, Brachvogel, Flußseeschwalbe. Im Winterhalbjahr ist die Seefläche ein bedeutendes Rastquartier für Schwimmvögel.

Starnberger See (Bayern, Reg.-Bez. Oberbayern): 5720 ha; kein Naturschutzgebiet. Der See ist als Brutgebiet weitgehend wertlos geworden, da der Erholungsbetrieb des nahen Ballungsraumes München ihn im Sommerhalbjahr überflutet. 5350 Boote haben ihren ständigen Liegeplatz am See! Im Winterhalbjahr ist die Seefläche ein wichtiger Rastplatz für Schwimmvögel mit Tageshöchstsummen von über 20000.

Chiemsee (Bayern, Reg.-Bez. Oberbayern): 8500 ha; 570 ha Naturschutzgebiet. Derzeit nimmt die Verschmutzung des Sees bedrohliche Ausmaße an; fast alle Uferstellen sind durch Freizeit und Erholung so

Urwüchsige Auwälder und Flußaltwässer sind die reichhaltigsten Lebensräume Mitteleuropas, doch nur noch in winzigen Resten erhalten.

genutzt, daß nur noch an wenigen Plätzen sich eine artenreiche Brutvogelwelt halten kann. Im Winterhalbjahr ist die Seefläche immer noch ein bedeutender Rastplatz für Schwimmvögel. Entscheidend ist, die Wasserqualität des Sees zu verbessern (Ringkanalisation derzeit in der politischen Auseinandersetzung) und die Schutzziele im einzigen vorhandenen Naturschutzgebiet zu erreichen.

Unterer Inn mit Stauseen (Bayern, Reg.-Bez. Ober- und Niederbayern; Oberösterreich): Rund 2000 ha. Vier große Stauseekomplexe bilden einen der wichtigsten Brut- und Rastplätze für Wasser- und Sumpfvögel im mitteleuropäischen Binnenland. Erst ein kleiner Teil konnte unter Schutz gestellt werden. Bedeutsam sind vor allem große Auwaldgebiete mit Kolonien von Nachtreihern, eine artenreiche Brutvogelwelt und große Konzentrationen an Schwimm- und Watvögeln. Das Gebiet wird intensiv wissenschaftlich betreut und ist ein Modellfall für die biologischen Auswirkungen von Flußstauseen und die Möglichkeiten, die sich aus der Anlage solcher zunächst technischer Einrichtungen für die Erhaltung der europäischen Vogelwelt ergeben (ähnlich wie Ismaninger Teichgebiet).

Natürlich steht die Bundesrepublik nicht allein da mit wichtigen Rastplätzen für Wasservogelgebiete.

Die Masuren in Polen, die Mecklenburgische Seenplatte, zahlreiche Fischteiche in der Lausitz und in Böhmen und Mähren bilden wichtige Brutplätze für bedrohte Wasser- und Sumpfvogelarten. Einmalig für Mitteleuropa ist der Neusiedler See mit seinen Salzlaken, der vor allem unmittelbar durch großzügig geplanten Erschließungsrummel für Ferien- und Freizeitbetrieb, aber auch durch die Intensivierung der Landwirtschaft (Weinbau) heute aufs äußerste bedroht ist.

Weiter im Westen sind der Neuenburger See und der Genfer See in der Schweiz wichtige Durchzugsgebiete und Winterquartiere für große Entenmassen und schließlich in Fortsetzung der Linie ans Mittelmeer die berühmte Camargue, das Delta der Rhône. Im Unterschied zum Wattengebiet der Nordsee bilden an der Nordküste des Mittelmeers vor allem große Flußmündungen mit ihren Aufschüttungen die international bedeutsamen Überwinterungsgebiete großer Teile der Brutvögel von Westsibirien bis Nordeuropa; aber auch viele mitteleuropäische Wasser- und Sumpfvögel verbringen dort den Winter. Das Delta des Ebro oder an der Atlantikküste die Marismas des Guadalquivir sind besonders berühmte Rückzugsgebiete, ebenso wie in Italien die Küste der nördlichen Adria um die Mündung des Po. Weiter im Osten sind Lagunen und Flußmündungen an der West- und Nordküste Griechenlands oder das berühmte Donaudelta nahe der russischen Grenze in Rumänien weltberühmte Brut- und Rastgebiete für Wasser- und Sumpfvögel.

Vogelschutz

Viele Wasser- und Sumpfvögel können sich in den Landmassen der Kontinente nur auf bestimmte, in der Fläche oft nur eng begrenzte Gebiete stützen, um zu überleben. Solche Feuchtgebiete, wie Küsten-, Fließ- und Stillgewässer mit ihren Randbereichen, Mooren, Feuchtwiesen und heute auch viele vom Menschen künstlich geschaffene Gewässer (z. B. Talsperren, Stauseen, Fischteiche) werden, wie die kurze Zusammenstellung im vorigen Abschnitt andeutet, zunehmend bedroht. Viele sind auch längst verschwunden oder als Lebensräume für Wasservögel unbrauchbar geworden.

Internationale Abkommen

Schon früh sah man im Schutz der Wasservögel ganz richtig ein internationales Problem. Eine Konferenz der Regierungen vieler Staaten in Ramsar/Iran setzte bereits 1971 einen ersten wichtigen Akzent. Diese »Ramsar-Konvention« sah als Mindestverpflichtung vor, daß innerhalb eines Staates wenigstens ein Feuchtgebiet internationaler Bedeutung auszuweisen und für eine »Liste der international bedeutsamen Feuchtgebiete« zu benennen sei. Alle Staaten der Erde wurden zum Beitritt aufgefordert, doch bis jetzt sind erst 33 beigetreten, davon 21 europäische. Sanktionen gegen Länder, die trotz Beitritt den Bestimmungen zuwiderhandeln, kennt die Konvention leider nicht. Eine Verschärfung und Verbesserung der Situation wurde erst 1980 in Cagliari/Sardinien beschlossen.
Den Schutz sämtlicher wildlebender Vogelarten sieht die Richtlinie der Länder der europäischen Gemeinschaft vom 4. April 1979 vor. Diese EG-Vogelschutzrichtlinie bedeutet auch für den Schutz der Wasser- und Sumpfvögel einen wichtigen Fortschritt. Doch auch hier müssen die einzelnen Länder noch viele Anstrengungen unternehmen, um den Bestimmungen zu genügen. Immerhin setzt diese Richtlinie klare Vorstellungen und bietet vor allem auch die Möglichkeit, Verstöße und Mißachtungen gerichtlich zu ahnden.
Noch umfassender ist ein internationales Übereinkommen, zu dem sich 32 Regierungen 1979 in Bonn bekannten. Der volle Titel dieser sog. Bonner Konvention lautet: »Übereinkommen zur Erhaltung der wandernden wildlebenden Tierarten.« Hoffentlich kann sie bald in Kraft treten!

Die wissenschaftliche Erforschung der Wasservögel wird koordiniert durch das Internationale Büro für Wasservogelforschung (englische Abkürzung IWRB) mit Sitz in Slimbridge/England, das mit Experten in allen Ländern zusammenarbeitet, um die Erforschung der Lebensbedürfnisse der Wasservögel voranzutreiben, aber auch die Verbesserung der internationalen Abkommen.

Rote Listen

Der Überblick über die jeweils neuesten Fassungen der Roten Listen der Bundesrepublik Deutschland (D) und der Schweiz (CH) enthält alle in Betracht kommenden Arten dieses Bandes. Das Ausmaß der Gefährdung wird dabei in verschiedenen Kategorien klassifiziert (– bedeutet: Art brütet nicht in dem betreffenden Land).

	D	CH
Alpenstrandläufer	2	–
Bekassine	3	1
Brachschwalbe	6	–
Brachvogel	3	1
Brandseeschwalbe	5	–
Bruchwasserläufer	1	–
Doppelschnepfe	1	–
Dreizehenmöwe	5	–
Eissturmvogel	5	–
Flußregenpfeifer		3
Flußseeschwalbe	3	3
Flußuferläufer	2	3
Gänsesäger	3	3
Goldregenpfeifer	2	–
Graureiher	5	
Großtrappe	1	–
Kampfläufer	2	–
Krickente	4	5
Kolbenente	5	5
Kormoran	2	–
Kranich	2	–
Küstenseeschwalbe	4	–
Lachseeschwalbe	2	–
Löffelente	5	5
Löffler	6	–
Mittelsäger	5	–
Moorente	1	–
Mornell	1	5
Nachtreiher	5	5
Papageitaucher	1	–
Pfeifente	6	–
Purpurreiher	5	1
Raubseeschwalbe	1	–
Reiherente		5
Rohrdommel	2	5
Rosenseeschwalbe	1	–
Rothalstaucher	4	–
Rotschenkel	3	–
Schellente	5	–
Schnatterente	5	5
Schwarzhalstaucher	3	5
Schwarzkopfmöwe	5	5
Schwarzstorch	2	–
Seeregenpfeifer	5	–
Silbermöwe		5
Spießente	5	–
Steinwälzer	1	–
Stelzenläufer	6	–
Sturmmöwe		5
Sumpfhuhn, Kleines	5	5
Tafelente		5
Tordalk	5	–
Trauerseeschwalbe	2	–
Triel	1	–
Trottellumme	5	–
Tüpfelsumpfhuhn	3	5
Uferschnepfe	4	–
Wachtelkönig	3	16
Waldschnepfe	4	
Waldwasserläufer	5	–
Wasserralle	4	
Weißbartseeschwalbe	6	–
Weißflügelseeschwalbe	6	–
Weißstorch	2	1
Zwergdommel	2	2
Zwergmöwe	6	–
Zwergschnepfe	6	–
Zwergseeschwalbe	3	–
Zwergsumpfhuhn	6	5

Kategorie 1 D: Ausgestorbene Arten; CH: Arten, die durch Rückgang auf kritische Bestandsgrößen zusammengeschmolzen sind.
Kategorie 2 D: Vom Aussterben bedrohte Arten; CH: Arten, die seit der Jahrhundertmitte zurückgegangen und z.T. bereits verschwunden sind.
Kategorie 3 D: Stark bedrohte Arten; CH: Arten, deren Bestand klein und latent gefährdet ist (weniger als 300 Brutpaare).
Kategorie 4 D: Bedrohte Arten; CH: Arten, die in großen Gebieten seit der Jahrhundertmitte deutlich zurückgehen.
Kategorie 5 D: Potentiell bedrohte Arten (z.B. solche mit kleinen Beständen); CH: Arten mit ganz kleinen Beständen, die nie häufig waren (z.B. auch Einwanderer).
Kategorie 6 D: Vermehrungsgäste (=Arten ohne regelmäßige Brut).

Einteilung und Abkürzungen der Steckbriefe für die einzelnen Arten

K =Kennzeichen: Größe, Gestalt und Färbungsmerkmale ■ Rufe und Gesang ■ Typisches Verhalten. ♂ =Männchen; ♀ =Weibchen; juv. = erwachsener Jungvogel; immat. = nicht geschlechtsreif; ad. = Adultus, Altvogel (ab Geschlechtsreife); ± = mehr oder weniger.
V =Verbreitung und Vorkommen: Gesamtes Brutgebiet ■ Verbreitung und Vorkommen in Mitteleuropa (=Beneluxländer, Schweiz, Österreich, Bundesrepublik Deutschland, DDR, westl. Gebiete von Polen und Tschechoslowakei; der Kürze wegen oft einfach mit dem Ausdruck »bei uns« umschrieben); Zugverhalten in Mitteleuropa (Zugzeiten bzw. Dauer der Anwesenheit in Mitteleuropa) ■ Lebensraum.
Br. = Brutvogel; r. = regelmäßig; ur. = unregelmäßig.
F =Fortpflanzung: Nest ■ Brutzeit und Zahl der Bruten ■ Gelegegröße und Aussehen der Eier ■ Dauer des Brütens und der Jungenaufzucht bzw. des Flüggewerdens.
N =Nahrung.

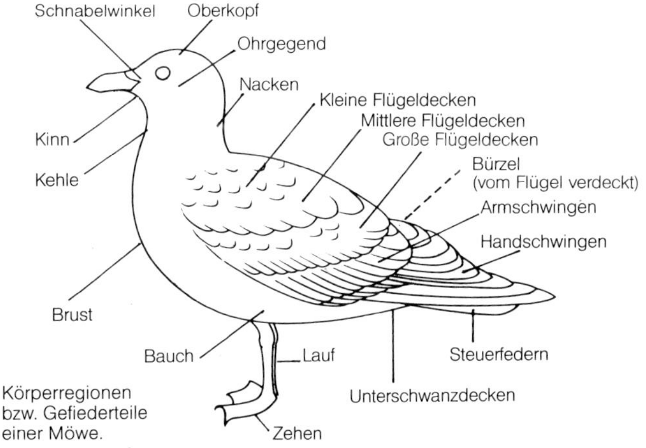

Körperregionen bzw. Gefiederteile einer Möwe.

Sterntaucher

Gavia stellata

K Größer als Stockente. Im Brutkleid (bei uns nur ausnahmsweise zu sehen) Kopf, Halsseiten und Rücken grau bis graubraun; Unterhals mit rotbraunem Feld (das auf Entfernung schwarz wirkt). In Ruhe- und Jugendkleid Rücken dunkelbraun, fein weiß bzw. gelbgrau gesprenkelt (schwer zu sehen). Alle Seetaucher sind sich im Ruhekleid sehr ähnlich! Schnabel des Sterntauchers jedoch relativ dünn, leicht aufgeworfen durch Abschrägung des Unterschnabels. Flacher Kopf im Schwimmen meist schräg aufwärts gerichtet. Oberkopf und Oberhals graubraun, Unterhals ± hellgrau. ■ Flugrufe gänseartig »gack-gack-gack . . .«. ■ Liegt beim Schwimmen tief im Wasser; wie alle Arten der Gattung hervorragende Taucher. Bei uns i. allg. nur im Schwimmen zu beobachten.

V Br. Im Norden der Nordhalbkugel von Island über den Norden Großbritanniens, Fennoskandien, Sibirien bis ins arktische Amerika. ■ Bei uns r. Durchzügler und seltener Wintergast; meist an der Küste, aber auch r. im Binnenland (September/Oktober bis April/Mai; im Sommerhalbjahr nur ausnahmsweise). ■ Hauptsächlich auf dem Meer in Küstennähe, aber auch auf langsam fließenden Flüssen, Seen, Fischteichen. Br. an stehenden Binnengewässern.

N Hauptsächlich Fische.

Sterntaucher im Schlichtkleid (= Winterkleid).

Prachttaucher

Gavia arctica

[K] Wenig größer als Sterntaucher. Im Brutkleid (bei uns kaum zu sehen) Rücken schwarz und auffällig weiß gefenstert, Oberkopf und Wangen grau, Unterhals schwarz, Halsseiten und Kropfgegend schwarzweiß längsgestreift. Im Ruhekleid (vgl. Sterntaucher) wichtigste Merkmale: Schnabel dicker als Sterntaucher, nicht aufgebogen; Kopf dicker, öfter horizontal gehalten; Oberkopf und Hals dunkelgrau, schärfer gegen hellen Unterhals und helle Wangen abgesetzt; Rücken dunkler als Oberhals; juv. mit hellem Schuppenmuster ■ Stimme wie bei Sternlaucher; im Winterhalbjahr sehr selten zu hören. ■ Verhalten sehr ähnlich Sterntaucher.

[V] Br. in Nordeuropa und Nordasien. ■ Bei uns r. Durchzügler und Wintergast; im Binnenland nur einzeln (Oktober bis April/Mai; im Sommerhalbjahr nur ausnahmsweise); meist überwiegen an Binnengewässern Beobachtungen im Spätherbst. ■ Außerhalb der Brutzeit vor allem auf dem Meer in Küstennähe, aber auch auf Binnengewässern.

[N] Hauptsächlich Fische.

Prachttaucher auf seinem Nest in Skandinavien; er trägt das Brutkleid.

Eistaucher

Gavia immer

[N] Größer als Prachttaucher. Hellgrauer Schnabel dick, wirkt keilförmig; Kopfhaltung meist horizontal. Im Brutkleid grünschwarzer Kopf, schwarzweiße Kehl- und Halsbänderung; schwarze Oberseite mit weißer Fensterung. Im Ruhekleid Oberkopf und Hals dunkel braunschwarz, Unterhals ± konstrastreich hell; Rükken graubraun, etwas heller als Oberhals; auffälliges, helles Schuppenmuster. Der nahverwandte und bei uns äußerst seltene Gelbschnabel-Eistaucher *(Gavia adamsii)* hat einen weißlich-gelben Schnabel.

[V] Brutvogel im arktischen Nordamerika, in Grönland und Island. ■ Bei uns r. Durchzügler und Wintergast (Oktober bis Mai), doch wesentlich seltener als Stern- und Prachttaucher; im Binnenland meist nur ausnahmsweise. ■ Besonders in Küstennähe auf dem Meer; Br. auf Binnengewässern.

[N] Hauptsächlich Fische.

Alle Seetaucher sind also bei uns fast nur im Winterhalbjahr im Schlichtkleid zu sehen; daher ist die Artbestimmung schwierig.

Haubentaucher

Podiceps cristatus

Schlichtkleid

K Etwa Stockentengröße, doch viel schlanker; dünner, langer Hals. Im Brutkleid Oberseite braun, Unterhals und Unterseite weiß. Auffälliger zweigeteilter schwarzer Schopf; Halskrause und Backenbart rost- und schwarzbraun. Roter, spitzer Schnabel. Im Ruhekleid Gesicht fast weiß; Kopfschmuck stark reduziert und meist nur angedeutet. Noch nicht erwachsene Junge mit schwarzweißer Längsstreifung. An den ausgewachsenen juv. sind noch 2 unterbrochene schwarzbraune Streifen auf den Kopfseiten zu erkennen. Im Flug mit lang vorgestrecktem Hals; weißer Flügelspiegel und z. T. weißer Flügelvorderrand mit weißer nach hinten reichender Binde am inneren Flügelansatz. ■ Rufe laut »gröck gröck« und tief »orrr« oder »rrra«; bei der Balz auch laut »äw äw« u. ä.; Junge betteln laut und durchdringend »bili bili …«. ■ Normale Schwimmhaltung mit flachem Rücken und geradem, langem Hals; taucht gut ausdauernd; meist nur auf dem Wasser zu sehen.

V Weit verbreiteter Br. in Eurasien; auch in Nordafrika und an wenigen Stellen südlich der Sahara, ferner Australien und Neuseeland. ■ Bei uns auf größeren Gewässern verbreiteter Br.; Bruterfolg durch Stö-

Haubentaucher füttert seine Dunenjungen mit kleinen Fischen.

rung von Freizeit und Erholung oft sehr gering. Kurzstreckenzieher und Strich-Vogel; in rauheren Gebieten oft Kälteflucht im Mittwinter. ■ Br. an stehenden Gewässern mit Uferbewuchs; neuerdings auch Besiedlung von kleinen Gewässern oder Stauseen ohne Ufervegetation und Anlage von ganz offenen Nestern; außerhalb der Brutzeit auf großen Flüssen und an der Meeresküste.

F Nest schwimmend oder auf Unterlage im Wasser; bevorzugt in der Ufervegetation versteckt, im Notfall auch offen. ■ Legezeit Ende April bis Ende Juni, bei fortgesetzter Störung auch später; 1–2 Jahresbruten. ■ 2–6, meist 4 weißliche, mit zunehmender Bebrütung durch das Pflanzenmaterial des Nestes bräunlich gefärbte Eier. ■ ♂ und ♀ brüten 27–29 Tage; Junge sind Nestflüchter, können schon ab dem 1. Tag schwimmen und tauchen, werden bis etwa 20 Tage z. T. in den Flügeltaschen oder auf dem Rücken der Altvögel getragen und insgesamt 10–11 Wochen lang von den Eltern gefüttert.

N Hauptsächlich kleine Fische (mittlere Länge 10–15 cm), aber auch Wasserinsekten, kleine Krebstiere, Kaulquappen, Frösche.

Bei kaum einem anderen heimischen Wasservogel ist das Balzverhalten so auffällig und daher leicht zu beobachten. Die sich äußerlich völlig gleichenden Geschlechter spielen dabei fast immer die gleiche Rolle. Mehrere auffällige Bewegungen sind zu unterscheiden, die sich zu regelrechten Zeremonien zusammenfügen. So schwimmen z. B. 2 Vögel mit horizontal vorgestreckten Hälsen und abgespreizten Halskrägen aufeinander zu. In dieser Drohstellung rufen sie meist laut bellend »rääа«. Sind sie sich nahe gekommen, werden die Hälse angehoben und die Schnäbel gesenkt, schließlich dicht voreinander bei gestrecktem Hals und aufgestelltem Schopf die Köpfe rasch geschüttelt, oft genau alternierend. Auch Einzelvögel schütteln nicht selten in der Balzzeit den Kopf mit gesträubten Schmuckfedern.

Viel seltener sind andere, ähnlich auffällige Zeremonien zu beobachten, z. B. der Pinguintanz. Dabei richten sich die Partner durch rasches Paddeln der Füße fast senkrecht voreinander aus dem Wasser auf, so daß sie sich an der Brust nahezu berühren. In der sog. Katzenpose zieht der Haubentaucher den Hals an, breitet die Flügel aus und schwimmt mit gewinkelten Flügeln auf den Partner zu. Während solcher oder ähnlicher Bewegungen wird auch Pflanzenmaterial heraufgetaucht und dem Partner präsentiert.

Haubentaucher im Schlichtkleid (Winter).

Alle diese Verhaltensweisen, die man in der Regel vom Spätwinter bis Frühsommer beobachten kann, tragen dazu bei, aggressive Tendenzen zu überwinden, um so die Paare zusammenzuführen. Eine weitere Aufgabe der Balz ist die genaue zeitliche Abstimmung der Partner zur Kopulation. Ihr dienen Verhaltensweisen auf der Nestplattform, z. B. die Begattungsaufforderung des Weibchens.

Rothalstaucher

Podiceps grisegena

[K] Etwas kleiner und kurzhalsiger als Haubentaucher. Im Brutkleid leuchtend rostroter Hals, schwarzbraune Oberseite, hellgraue Kehle und Wangen; auf dem Oberkopf 2 Federhörner nach hinten angedeutet. Im Ruhekleid ähnlich Haubentaucher; Hals jedoch grau bis bräunlich, Schwarz des Oberkopfes reicht bis zum Auge herunter; Schnabel gedrungener, Kopf runder. ▪ Außerhalb der Brutzeit sehr schweigsam. In der Paarbildungszeit lautes Keckern und vor allem durchdringendes Wiehern. Junge betteln hoch »bibibi . . .«. ▪ Verhalten im Schwimmen und Tauchen ähnlich Haubentaucher.

[V] Br. von Mittel- und Westeuropa bis Westsibirien; ferner Ostasien und Nordamerika. ▪ Bei uns nur im Osten der norddeutschen Tiefebene sowie in der DDR, in Polen und in der Tschechoslowakei r. Br.; einzelne Brutversuche auch in anderen Gebieten Mitteleuropas. Als Brutvogel in der Bundesrepublik bedroht, Gesamtbestand kaum mehr als 200 Brutpaare (meist Schleswig-Holstein); r., aber nur einzelner Durchzügler und Wintergast im Binnenland, in manchen Gebieten ausgesprochen selten. Strichvogel, Kurzstreckenzieher. ▪ Br. auf mittelgroßen bis kleinen und meist flachen Gewässern mit gut entwickelter Ufervegetation; Außerhalb der Brutzeit auch auf tieferen Seen ohne Vegetation und an der Meeresküste.

[F] Nest im Wasser in der Vegetation versteckt oder offen schwimmend. ▪ Legezeit Mai/Juni; 1 Jahresbrut, selten 2. ▪ Meist 4–5 Eier; ähnlich denen des Haubentauchers. ▪ ♂ und ♀ brüten 20–23 Tage; Junge werden mindestens 1 Woche lang auf dem Rücken der Eltern getragen; erst nach 8–10 Wochen löst sich die Familie auf.

[N] Fische, aber vor allem im Sommer auch viele Wasserinsekten und deren Larven, Mollusken, Krebstiere, Frösche.

Im Westen Mitteleuropas und in Westeuropa ist also der Rothalstaucher viel seltener als der Haubentaucher, auch als Durchzügler oder Wintergast. Sicher werden einzelne Rothalstaucher im Ruhekleid aber auch dort übersehen, wo sie regelmäßig rasten. Meist eröffnen Altvögel den Wegzug; sie mausern an Rastgewässern dann noch ihre Schwingen. Wie die Entenvögel verlieren auch alle Lappentaucher bei der Mauser im Spätsommer alle Schwungfedern gleichzeitig und werden vorübergehend flugunfähig, bis Arm- und

Handschwingen wieder nachgewachsen sind. Die Mauser im Frühjahr vom Ruhe- ins Brutkleid ist dagegen eine Teilmauser, bei der im wesentlichen das Kleingefieder gewechselt wird.
Als merkwürdige Besonderheit nehmen alle Lappentaucher regelmäßig Federn auf. Jeder Tauchermagen enthält eine mehr oder weniger große Menge davon; Junge werden schon in den ersten Lebenstagen damit »gefüttert«. So darf man sicher davon ausgehen, daß dieses »Federfressen« eine biologische Bedeutung besitzt. Doch welche? Vielleicht schützen die Federn Speiseröhre und Darm vor den spitzen Fischgräten. Weniger überzeugend ist die Deutung, die Federn würden die Magenwand auspolstern. Auch für die Annahme, sie würden wie Magensteinchen der Hühnervögel (z.B. Band 2, S.78) bei der Zerkleinerung der Nahrung helfen, spricht nicht viel. Ebenso ist nicht sicher, ob mangelhaft verdaute Nahrungsbestandteile zunächst noch zurückgehalten werden und daher den Darm nicht verletzen können. Am wahrscheinlichsten scheint manchem Experten, daß die verschluckten Federn bei der Gewöllebildung (Band 2, S.10) eine wichtige Rolle spielen: Harte Fischgräten werden eingebettet und können daher die Speiseröhre beim Hervorwürgen nicht verletzen oder sie werden vielleicht durch die Federn solange im Magen zurückgehalten, bis sie von der Magensäure stark angefressen sind.
Die durchschnittliche Tauchdauer von Rothals- und Haubentaucher beträgt etwa 18–25 Sekunden.

Im Schlichtkleid (Winter) sind Rothalstaucher nicht leicht zu erkennen.

Rothalstaucher auf dem Schwimmnest mit frisch geschlüpften Jungen.

Schlichtkleid

Schwarzhalstaucher

Podiceps nigricollis

K Viel kleiner als Bläßhuhn, doch größer als Zwergtaucher und vor allem längerer Hals. Im Brutkleid Hals schwarz, Kopf mit goldbraunem Federschopf in der Ohrgegend; hochstirniges Kopfprofil; Rücken schwarz, Körperseite rotbraun, Unterseite weiß. Im Ruhekleid sehr ähnlich Ohrentaucher, schwarzweiß. Oberkopf schwarz, Wangen weiß (Schwarz des Oberkopfes reicht bis unter das Auge); Rücken und Oberhals dunkel, Vorderhals weiß. Schnabel ist zarter als bei Ohrentaucher und etwas aufgeworfen. ▪ Rufe ansteigend »huit«.

V Br. von West-, Mittel- und Osteuropa bis Mittelasien; ferner Ostasien, Ost- und Südafrika, Nordamerika. ▪ Bei uns im Tiefland lückenhaft verbreiteter Br. mit auffallenden Bestandsschwankungen und wiederholten Arealvorstößen und -rückzügen in den letzten 100 Jahren; insgesamt in der Bundesrepublik stark bedroht; r. Durchzügler im Binnenland, im Winter selten. Hauptwinterquartier Süd- und Westeuropa, Nordafrika. ▪ Br. auf nährstoffreichen Seen und Teichen mit dichtem Uferbewuchs oder/und untergetauchten Pflanzen, besonders auf flachgründigen Fischteichen und anderen stehenden kleinen Gewässern; häufig Anschluß an Lachmöwenkolonien.

Auch Schwarzhalstaucher bauen ein Schwimmnest aus altem, oft verfaulendem Pflanzenmaterial, das die Eier schützt.

Außerhalb der Brutzeit auch auf großen offenen Seen sowie auf Brack- und Salzwasser.

F Nest schwimmend oder auf Unterlage im Wasser, meist in dichten Binsen; einzeln, aber auch in Kolonien. ▪ Legezeit Mai/Juni, 1 Jahresbrut. ▪ 3–4 (6) weiße, später bräunliche Eier. ▪ ♂ und ♀ brüten 20–21 Tage; Junge verlassen gleich das Nest und werden in den ersten Tagen auf dem Rücken getragen; nach 4–5 Wochen selbständig.

N Wasserinsekten und deren Larven, Wasserflöhe, Mollusken; Fische spielen untergeordnete Rolle.

Schwarzhalstaucher zeigen bei uns ein sehr unstetes Verbreitungsbild. Sowohl großflächige Veränderungen als auch regionales Auftauchen und Verschwinden nach wenigen Jahren sind für diese Art recht typisch. Mitteleuropa liegt nahe dem Westrand des Verbreitungsgebietes. Bei vielen Arten dürfen wir uns eine Verbreitungsgrenze nicht als eine feste Linie vorstellen, etwa wie politische Grenzen auf der Landkarte. Arealränder fluktuieren vielmehr häufig; Zu- und Abnahme an lange besiedelten Brutplätzen, aber auch vorübergehende Ansiedlungen in neuen Gebieten sind die Regel. Oft sind Populationen am Arealrand in suboptimalen Gebieten gar nicht aus eigener Kraft lebensfähig und bedürfen »Nachschub« aus den Zentren. Wenn der ausbleibt, werden oft große Randbereiche wieder aufgegeben. Bestandsrückgänge nahe der Verbreitungsgrenze können also durchaus Anzeichen einer Verschlechterung der Situation sein.

Im Unterschied zu anderen Lappentauchern brüten Schwarzhalstaucher häufig in Kolonien, die bis über 100 Brutpaare erreichen können. Auffallend oft bilden sich solche Kolonien in nächster Nachbarschaft von oder sogar in Lachmöwenkolonien. Offenbar profitieren dabei die Schwarzhalstaucher von den wachsamen Möwen, deren Warnrufe sie kennenlernen. Die Zerstörung von Lachmöwenkolonien, an Fischteichen wegen des angeblichen Überhandnehmens leider gelegentlich praktiziert, trifft natürlich auch die bedrohten Schwarzhalstaucher. Die Bindung der beiden Arten ist allerdings nicht obligatorisch; Schwarzhalstaucher brauchen bei geeigneten Nistbiotopen nicht unbedingt auf Lachmöwen zu warten.

Ohrentaucher

Podiceps auritus

K Größe etwa wie Schwarzhalstaucher. Im Brutkleid (bei uns selten zu beobachten) schwarzer Kopf mit

Ohrentaucher im Brutkleid.

gelbroten Ohrbüscheln, rotbrauner Hals und ebenso gefärbte Körperseiten; Rücken braunschwarz. Im Ruhekleid sehr ähnlich Schwarzhalstaucher; wichtigste Merkmale: gedrungener, gerader (nicht aufgeworfener) Schnabel; dunkler Oberkopf reicht bis zum Auge, Kopf etwas kontrastreicher gefärbt.

V Br. Nordeuropa, Nordasien und arktisches Nordamerika. ▪ Bei uns r., aber spärlicher, gebietsweise seltener Durchzügler und Wintergast.

Zwergtaucher

Podiceps ruficollis

K Gut drosselgroß, rundliche Gestalt, kurzhalsig. Im Brutkleid Oberseite schwarzbraun, Oberhals und Oberkopf schwarz; Kehle, Wangen, Halsseiten und Unterhals kastanienbraun; grünlichgelber Schnabelwinkel. Im Ruhekleid recht unauffällig gefärbt; Oberseite dunkelbraun, Gesicht weißlich, Unterhals und Brust hellbraun, Unterseite weiß. ■ Rufe im Winterhalbjahr hoch »bi-ib« oder kurz 1silbig; im Frühjahr und Sommer auffallender langer Triller, oft 2stimmig im Duett. ■ Zur Brutzeit sehr versteckt; im Winter einzeln oder in kleinen Trupps auf der offenen Wasserfläche; taucht oft mit einem Spritzer; bei Gefahr wird mitunter nur der Kopf und Hals aus dem Wasser gestreckt. Beim Auffliegen hastige Flügelschläge und Wassertreten.

V Br. in Eurasien, Afrika. ■ Bei uns verbreiteter Br. und häufiger Wintergast. ■ Br. auf kleinen, meist dicht bewachsenen, stehenden und langsam fließenden Gewässern, aber auch in der Verlandungszone von großen Seen; mitunter einzelne Brutpaare an kleinen Tümpeln oder Wasserlöchern. Im Winter auch auf vegetationsfreien Gewässern und langsam fließenden Flüssen, nicht selten mitten in der Stadt.

F Nest im Wasser, meist in dichter Vegetation gut versteckt. ■ Legezeit April bis Juni; 1–2 Jahresbruten. (4)5–6(8) weißliche Eier. ■ ♂ und ♀ brüten 20–22 Tage; beim Verlassen wird das Gelege, wie auch bei anderen Lappentauchern, meist mit Pflanzenmaterial abgedeckt; Junge werden mindestens 40 Tage von den Eltern geführt; oft teilt sich auch die Familie.

N Meist Insekten und deren Larven; ferner Mollusken, Kaulquappen u. a. kleine Wassertiere; kleine Fischchen vor allem im Winter.

Zwergtaucher sind zwar verbreitet, werden jedoch oft übersehen. Im Winter fallen die kleinen schlicht gefärbten Vögel wenig auf, auch wenn sie z. B. auf einem kleinen Stausee oder einem Teich völlig frei selbst mitten in der Stadt zu beobachten sind. Der Spaziergänger weiß mit den kleinen »Tauchhühnchen« wenig anzufangen und auch manche Vogelbeobachter rätseln zunächst herum, zumal die Gestalt des kleinen Vogels sich je nach Situation etwas ändern kann. Werden in ruhiger Schwimmhaltung die Federn, vor allem die der Hinterseite, etwas aufgestellt, wirkt der Körper rundlich, vom Hals ist nicht viel zu sehen. Bei Gefahr wird der Hals lang gestreckt und der Rücken liegt dem Wasser flach auf, ja er kann sogar ganz verschwinden. Der Taucher geht regelrecht auf »Sehrohrtiefe«; auf der Flucht taucht sogar mitunter nur die obere Kopfhälfte bis zum Schnabel aus dem Wasser. Dabei können Zwergtaucher die Seichtwasservegetation hervorragend ausnützen.

Bereits ab Anfang März sind die ersten wieder im Brutkleid und unterscheiden sich damit deutlich von den schlichten Wintervögeln; ab Februar werden oft schon die Brutplätze aufgesucht, doch kann man an den Überwinterungsplätzen meist noch bis April einige Vögel beobachten.

Während des Sommerhalbjahres sind Zwergtaucher meist schwer zu entdecken, da sie sich in der Ufervegetation der oft dicht bewachsenen Brutteiche geschickt verbergen können. Eine besonders typische Lautäußerung ist ein rasches Trillern, das bei der Balz, aber z. B. auch bei Auseinandersetzungen im Revier zu hören ist. Nicht selten klingt dieses Trillern wie zweistimmig. Das ist nicht etwa eine akustische Täuschung: Zwergtaucher können im Duett trillern. Ein Partner beginnt und der andere setzt im gleichen Rhythmus ein. Solche Gesangsduette sind in unserer heimischen Vogelwelt sehr selten und außer vom Zwergtaucher z. B. auch beim Tüpfelsumpfhuhn bekannt (möglicherweise hier jedoch eine Echotäuschung). In den Tropen sind Duette viel weiter verbreitet und offenbar besonders häufig bei Arten, die in dichter Vegetation leben. Dies würde für den Zwergtaucher ja zutreffen.

Vor dem Wegtauchen legt der Zwergtaucher sein Gefieder fest an. Dadurch wird ein Teil der im Federkleid festgehaltenen Luft ausgepreßt; das spezifische Gewicht des Vogelkörpers steigt. Auch bei den ersten Schwimmstößen unter Wasser sieht man noch Luftblasen entweichen. Gelegentlich verschwindet der Taucher mit einem kleinen Kopfsprung unter Wasser. Wird er erschreckt, schlagen beim Wegtauchen die Füße nach hinten, so daß Wasser emporspritzt.

Dieses Spritztauchen bei plötzlicher Überraschung hat vermutlich sowohl für den bedrohten Vogel, als auch für seine Artgenossen (oder vielleicht auch andere Wasservögel) eine nicht zu unterschätzende Bedeutung: Ein möglicher Feind wird erschreckt oder zumindest kurze Zeit der deutlichen Sicht beraubt; Artgenossen werden durch diese auffällige Spritzerei gewarnt und könnnen sich

Beunruhigt drückt sich der Zwergtaucher (hier im Schlichtkleid) tief ins Wasser.

selbst in Sicherheit bringen. Die Tauchtiefe beträgt wohl meist weniger als 1,5 bis 2 m; in Fischernetzen sind Zwergtaucher bis über 6 m Wassertiefe gefunden worden. Haubentaucher wurden als Opfer in Fischernetzen sogar schon aus 30 m heraufgeholt.

Zwergtaucher im Brutkleid.

Eissturmvogel

Fulmarus glacialis

K Erinnert auf den ersten Blick an eine Möwe, doch Kopf und Hals dikker, Flügel stärker gestreckt im Flug; größer als Lachmöwe. Oberseite einfarbig weiß bis grau; Flügel dunkler als Schwanz und Kopf, jedoch verschieden helle Färbungstypen. Kräftiger Schnabel, Schwanz gerundet. ■ An den Brutkolonien schnatternde und gackernde Rufe; sonst wenig ruffreudig. ■ Hochseevogel, der häufig Schiffen folgt; fliegt im eleganten Gleitflug mit steif gehaltenen Flügeln, von ein paar langsamen Flügelschlägen von Zeit zu Zeit unterbrochen.

V Br. im Nordatlantik und Nordpazifik, z. B. im Bereich der britischen Inseln über 300000 Brutpaare. ■ Bei uns nur auf Helgoland Br.; erster Brutnachweis 1972, 1980 bereits 13 Brutpaare. Sonst an der Nordseeküste r. Gast, im Bereich der Ostsee selten und im Binnenland nur Irrgast, meist durch Stürme verschlagen. ■ Hochseevogel, der außerhalb der Brutzeit oft weitab von der Küste auf dem Meer zu beobachten ist. Brutplätze sind Felsküsten und Inseln.

F Koloniebrüter auf Felsklippen; Eier werden auf Felsbänder, in seichte Mulden am Boden oder auf alte Steinmauern gelegt. ■ Legezeit Mitte Mai bis Juni; 1 Jahresbrut. Erste Brut wird erst im Alter von 6–12 Jahren begonnen. ■ 1 rauhschaliges, weißliches Ei. ■ ♂ und ♀ brüten meist über 50 Tage; ♂ und ♀ füttern 42–51 Tage das Junge im Nest.

N Tintenfische, Fische, Plankton (Krebstiere); ferner Fischereiabfälle, Öl und Fett.

Eissturmvogel brütet in einer Burgruine (Schottland).

Vor allem bei Schiffsreisen kann man im Atlantik und im Mittelmeer weitere Arten der Sturmtaucher beobachten, die als hervorragende Gleiter oft dicht über den Wellen fliegen, mitunter in größeren Trupps, am häufigsten Gelbschnabel- *(Calonectris diomedea)* und Schwarzschnabel-Sturmtaucher *(Puffinus puffinus)*.

Gelbschnabel-Sturmtaucher sind etwas größer als Sturmmöwen, oberseits graubraun; oft ist ein schmaler hufeisenförmiger Halbring am Schwanz zu erkennen. An den Kopfseiten geht die dunkle Oberseitenfärbung ohne scharfe Grenze in die weiße Unterseite über. Sie brüten vor allem an Küsten und auf Inseln des Mittelmeeres, aber auch z. B. auf den Azoren, Kanaren, Madeira usw. und folgen mitunter dicht aufgeschlossen den Schiffen.

Schwarzschnabel-Sturmtaucher sind etwas kleiner (etwa Lachmöwengröße), oberseits meist dunkler als die vorige Art. Am Kopf ist die dunkle Oberseite meist ± scharf von der weißen Unterseite abgesetzt. Schnabel, wie der Name sagt, schwarz.

Sturmtaucher (gelegentlich begegnet man auf dem Atlantik auch noch anderen Arten) sind schwer zu bestimmen (Spezialliteratur s. S. 186). Schwarzschnabelsturmtaucher brüten z. T. in großen Kolonien auf Island und an der Nord- und Westküste Irlands und Großbritanniens. Eine etwas hellere Unterart kommt im Mittelmeer vor. Beide Arten sind seltene Gäste an der Nordseeküste.

Sturmschwalbe *(Hydrobates pelagicus)* und Wellenläufer *(Oceanodroma leucorrhoa)* sind deutlich kleiner als Sturmtaucher. Sie bewegen sich meist im flatternden Flug niedrig über der Meeresoberfläche. Auch sie sind Hochseevögel, die nur zur Brut an Felsküsten oder felsige Inseln kommen.

Ein gänsegroßer, im Alterskleid überwiegend weißer Meeresvogel ist der Baßtölpel *(Sula bassana),* der in Mitteleuropa nur vor der Nordseeküste als r. Gast vorkommt. Die nächsten Brutplätze, Kolonien auf Felsen, liegen an den Küsten Nordwestfrankreichs und Großbritanniens. Den Brutbestand der Welt schätzte man um 1975 auf rund 220 000 Brutpaare, davon 40% auf den Inseln um Schottland. Der Name des eleganten Stoßtauchers, der aus 30–40 m steil ins Wasser stößt, leitet sich ab vom Bass Rock in Schottland.

Nur einmal am Tag wird der junge Eissturmvogel gefüttert.

Kormoran

Phalacrocorax carbo

K Knapp gänsegroß, überwiegend schwarz. Im Brutkleid Oberseite mit grünem Metallschimmer; Kopf und Hals häufig mit zahlreichen feinen weißen Federn besetzt; am Hinterkopf Federschopf; Kopfseiten und Kinn weiß; an der Seite etwa über den Füßen großer runder weißer Fleck. Im Ruhekleid fehlen die weißen Abzeichen an Kopf, Hals und Flanken. Juv. meist ± braun, Unterseite oft weißlich; Kehle dunkel. ▪ Rufe meist nur an der Brutkolonie zu hören. ▪ Schwimmt mit tief eingetauchtem Körper und oft schräg nach oben gehaltenem Kopf. Flugbild durch relativ langen Hals und Schwanz kreuzförmig; ziemlich rasche Flügelschläge. Taucht ausdauernd und sitzt oft mit ausgestreckten Flügeln auf Pfählen oder Felsen (s. unten).

V Br. in verschiedenen Unterarten in Europa, Asien, Australien, Afrika und im Osten Nordamerikas. ▪ Bei uns vor allem Br. an der Küste und in wenigen, meist von der Duldung durch den Menschen abhängigen Kolonien im Binnenland. Als Br. in der Bundesrepublik vom Aussterben bedroht. Als Durchzügler (und Wintergast) heute auch im Binnenland r. vor allem auf größeren Gewässern. ▪ Br. auf Bäumen und Klippen, an Küsten und fischreichen Binnengewässern oft in Mischkolonien zusammen mit Graureihern.

F Nest aus Ästen, Mulde mit feinerem Material; alte Nester, aber auch solche anderer Arten (z. B. Reiher) werden wieder bezogen. ▪ Legezeit April bis Juni; 1 Jahresbrut. ▪ 3–4 Eier; hellblau mit kalkigem, weißen Überzug. ▪ ♂ und ♀ brüten 23–30 Tage; Nestlingszeit der Jungen etwa 50 Tage, aber erst mit über 60 Tagen voll flugfähig und dann noch weitere 12–13 Wochen von den Altvögeln abhängig.

N Hauptsächlich Fische.

Im Unterschied zu den meisten Wasservögeln ist das Gefieder der Kormorane nicht wasserabweisend und wird daher beim Schwimmen und Tauchen naß. So muß es nach jedem Aufenthalt im Wasser erst getrocknet werden. Dazu lassen sich Kormorane auf exponierte Stellen, wie im Wasser stehende Pfähle, dürre Bäume, Felsklippen, nieder und breiten ihre Flügel aus. In dieser »Wappenadlerhaltung« bewegen sie auch zunächst die halb geöffneten Flügel hin und her. Oft sitzen sie stundenlang und ruhen.

Fische werden im schnellen Unterwasserschwimmen erbeutet; die großen Ruderfüße erzeugen ausreichend Vortrieb; der relativ lange Schwanz ist ein gutes Höhensteuer. Maximal 16–20 m Tauchtiefe sind nachgewiesen, doch werden solche Werte auf den Fischzügen wohl nur ausnahmsweise erreicht. Bevor sie abtauchen, stecken fischende Kormorane oft im Schwimmen den Kopf bis über die Augen ins Wasser und spähen nach Beute aus. Dieses sog. »Wasserlugen« kann man auch bei See- und Lappentauchern sowie beim Gänsesäger (S. 105) beobachten. Der Hakenschnabel ist sehr gut geeignet, die Fische festzuhalten. Meist werden sie hinter den Kiemen gepackt. Kormorane bevorzugen Fische von 10–20 cm Länge; den Tagesbedarf eines erwachsenen Vogels schätzt man auf 400–600 g Fisch.

Kormorane brüten in Kolonien, nicht selten auch zusammen mit Reihern. Fischjäger wie sie wurden von jeher durch den Menschen heftig verfolgt. Die auffälligen Kolonien machen es leicht, den Brutbestand zu dezimieren. Bis zur Mitte des 20. Jahrhunderts war der Kormoran, wohl fast ausschließlich als Ergebnis einer jahrhundertelangen Verfolgung, in der Bundesrepublik als Brutvogel fast ausgestorben. Zur Freude der Vogelkundigen gibt es seit 1980 wieder kleine Neuansiedlungen im Binnenland; die größte davon in Bayern mit etwa 15 Paaren im Jahr 1982. Auch als Durchzügler und Wintergäste haben Kormorane an unseren großen Binnenseen etwas zugenommen. Doch dort, wo größere Trupps auftauchen, gibt es schon wieder Bestrebungen, gegen den Fischjäger vorzugehen.

Ähnlich, wie z. B. beim Graureiher (S. 45) spricht man in den letzten Jahren plötzlich vom »Kormoranproblem« und fordert den Abschuß der seltenen Vögel, noch ehe man von einer Erholung und Stabilisierung des fast auf dem Nullpunkt angelangten Bestandes sprechen kann. Als im September 1984 die Deutsche Ornithologen-Gesellschaft zu ihrer 96. Jahresversammlung nach Konstanz an den Bodensee einlud, gab es für die über 450 aus mehr als 10 Ländern angereisten Fachleute einen bösen Willkommensgruß: der

Langer kräftiger Hals und lange Flügel kennzeichnen das Flugbild des Kormorans.

Schweizer Kanton Thurgau hatte soeben beschlossen, auf Antrag der Fischer 50 Kormorane zum Abschuß freizugeben. Wenn solche Beispiele Schule machen, steht der gegen Verfolgung empfindliche Vogel bald wieder unmittelbar vor dem Aussterben.

Die größten Brutbestände des Kormorans leben derzeit in den Niederlanden. Hier schätzte man um 1977 wieder etwa 3000 Paare; in der Bundesrepublik lebten um dieselbe Zeit weniger als 100 Brutpaare.

Kormoran trocknet seine Flügel.

Graureiher

Ardea cinerea

K Etwas kleiner als Storch; langer heller Hals, lange Beine. Ad. mit weißem Kopf und Hals, Seiten des Oberkopfes und 2 lange Nackenfedern schwarz; Unterseite ebenfalls weiß, Oberseite grau. Arm- und Handschwingen schwarz. Juv. mit überwiegend grauem Hals und ohne Schmuckfedern im Nacken; wesentlich weniger kontrastreich gefärbt als ad. ■ Im Flug rauh »kräik«; in der Brutkolonie viele laute Rufreihen, z. B. bei Erregung »go go go« u. a.; Junge im Nest keckern laut. ■ Im Flug wie alle Reiher Hals eingezogen; schaufelnde Flügelschläge; steht oft ruhig mit eingezogenem Hals. Bei der Jagd im Seichtwasser oder auf einer Wiese oft langsames Schreiten; Beute wird durch rasches Zustoßen mit dem Schnabel gepackt.

V Br. in Eurasien, Ost- und Südafrika. ■ Bei uns verbreiteter Br. außerhalb des Hochgebirges; durch Verfolgung und Störung von Kolonien starke Abnahme; neuerdings durch Schutzgesetze Bestandserholung, aber in der Bundesrepublik z. B. immer noch potentiell bedroht. Stand- und Strichvogel sowie Kurzstreckenzieher; im Winter Bestände bei uns daher oft gering. Hauptwinterquartier Süd- und Westeuropa. Junge verlassen gleich nach dem Ausfliegen das Brutgebiet. ■ Br. in Kolonien meist auf hohen Laub- oder Nadelbäumen; Nahrungserwerb im Seichtwasser oder am Ufer von Seen, Bächen, aber auch auf Wiesen (Mäusefang).

F Nest aus kräftigen Knüppeln und Zweigen, mit feinerem Material ausgekleidet. ■ Legezeit März bis Juni; 1 Jahresbrut, bei Verlust jedoch oft Ersatzgelege. ■ (3)4–5(7) Eier, hell blaugrün, ohne Glanz. ■ ♂ und ♀ brüten 25–27 Tage und füttern die Jungen, die ab etwa 30 Tagen auf den Nachbarästen herumklettern, aber kaum vor 50 Tagen flugfähig sind und auch später noch ins Nest zurückkehren.

N Hauptsächlich Fische (vor allem Weißfische); ferner auch Amphibien, Kleinsäuger (z. B. Mäuse, Maulwürfe), Reptilien und große Insekten.

Der Graureiher ist ähnlich wie der Habicht (Band 2, S. 41) zu einem »Feindbild« für manche Interessengruppen unserer Gesellschaft geworden. Die heftige Diskussion um Graureiherabschuß trotz bestehender, dringend notwendiger Schutzgesetze, erhält immer wieder neue Nahrung. Dabei wird die Fischereischädlichkeit des Reihers oft unkritisch übertrieben. Eingehende Untersuchungen haben dazu ergeben, daß sich in der Tat an den heute mit Fischen übervölkerten Fischteichen der gewerblichen Teichbetriebe Graureiher konzentrieren und auch Schaden anrichten. Doch auch im Zeitalter von Rekordernten an Karpfen werden der Graureiher und andere »Fischereischädlinge« hochgespielt und z. T. wohl auch für Fischverluste durch andere Ursachen, wie Fischkrankheiten (z. B. Bauchwas-

sersucht) oder Probleme der Wasserverschmutzung verantwortlich gemacht. Oft sind aber die Schäden nur auf eine sehr kurze Zeit im Jahr beschränkt, so z.B. im Frühherbst, wenn der Wasserspiegel der Teiche vor dem Abfischen drastisch gesenkt wird. Graureiher können nämlich nur im Seichtwasser (bis etwa 60 cm Tiefe) erfolgreich fischen. Tiefer angelegte Teiche ohne allmählich abfallende Seichtwasserzone am Ufer sind vor Reihern sicher.
Die Konzentration der Graureiher an künstlichen Fischteichen hat aber noch einen anderen Grund: Im Sommer ist ihnen die Fischjagd an natürlichen Gewässern oft verwehrt durch die gewaltigen Störungen des immer stärker ausufernden Freizeit- und Erholungsbetriebes, aber auch durch zunehmende Verbauung der Ufer und Verschmutzung der Gewässer. Graureiher werden aber auch für Schäden verantwortlich gemacht, für die sie nun wirklich nichts können. Viele Sportfischervereine, die mit erheblichen Geldmitteln Bäche und Flüsse mit Fischen besetzen, wundern sich über schlechte Ernte. Mehrere Untersuchungen haben eindeutig bewiesen, daß bei solchen kostenaufwendigen Aktionen die ökologischen Verhältnisse des vom Verein gepachteten Gewässers oft nicht gebührend berücksichtigt werden und die Einbußen an Satzfischen auf ganz andere Ursachen zurückzuführen sind, wie z.B. Nahrungsengpässe, Abwanderungen, ungünstige Wasserverhältnisse. An naturnah gestalteten Bächen mit verschlungenem Lauf, überhängenden Uferböschungen, vielseitiger Ufervegetation, wechselnder Wassertiefe usw., hat der Graureiher keine Chance, den Bach leerzufischen. Mangelndes Verständnis und auch manchmal übertriebene Polemik macht dem Graureiher unnötigerweise das Leben schwer.

Zwei Graureiher, die auf Beute lauern; sie wenden verschiedene Jagdmethoden an.

Man kann Graureiher von Gewässern vertreiben oder doch zumindest die auf ihn zurückgehenden Fischverluste stark reduzieren. Steile Uferböschungen an Fischteichen halten ihn fern; kleine Teiche kann man mit Drähten überspannen; auch Schreckschüsse vertreiben ihn. Doch ein immer wieder für den Abschuß ins Feld geführtes Argument stimmt nicht: Reiher würden, wenn man einige abschießt, die Fischteiche meiden. Auch ist es natürlich sinnlos, tote Reiher als abschreckende Beispiele aufzuhängen oder auszulegen. Um einen toten Reiher kümmern sich die lebenden nicht mehr. Dort, wo Reiher beschossen werden, nimmt ihre Vorsicht zu; oft gehen sie dann nur noch nachts an die Teiche. Diese Verhaltensanpassung führt oft zu einer falschen Beurteilung der Situation. Die Anlage von künstlichen Nahrungsteichen, um Reiher von Fischteichen wegzulokken, ist allerdings nicht ganz so einfach, da man hierzu große Fischmengen braucht, um solche Teiche für Reiher wirklich »attraktiv« zu machen.

Der Graureiherbestand hatte nicht nur unter starker Verfolgung in vielen Ländern Europas zu leiden. Starke Bestandseinbrüche können auch harte Winter verursachen, besonders in Populationen mit hohem Anteil an Nichtziehern. In einem gesunden Bestand sind solche Einbrüche nach wenigen Jahren wieder ausgeglichen, falls die Witterungsverhältnisse normal bleiben. Für sehr stark geschrumpfte Bestände freilich kann ein harter Winter das Aus bedeuten. Man schätzte die europäische Brutpopulation (ohne Norwegen, Mittelmeerländer und Südosteuropa) auf rund 50000 Brutpaare im Jahr 1978; pro Paar ist mit 2,3 bis 2,5 flüggen Jungvögeln zu rechnen. Die Sterblichkeit der Jungvögel beträgt im 1. Lebensjahr rund 70%. Für Altvögel sinkt die Sterblichkeit dagegen auf rund 20% pro Jahr.

Im Unterschied zu Störchen winkeln Reiher im Flug ihren Hals an, so daß der Kopf zwischen den Schultern liegt (vgl. dagegen die Abb. S. 56).

Durch umfangreiche Beringungen wissen wir, daß Jungreiher nach dem Flüggewerden meist sehr rasch ihre engere Brutheimat verlassen und sich z.T. in alle Himmelsrichtungen zerstreuen. Ein solcher Zwischenzug bereits in den Monaten Juni bis August vor dem eigentlichen Wegzug ins Winterquartier hat sicher die wichtige Aufgabe, viele hungrige Schnäbel über ein möglichst großes Gebiet zu verteilen. So tauchen dann schon im Sommer ortsfremde Reiher an vielen Gewässern auf. Farbmarkierungen haben ergeben, daß an besonders günstigen Gebieten mit hohem Nahrungsangebot Jungreiher monatelang bis zum September, der Zeit des Wegzuges ins Winterquartier, bleiben. Solche Gebiete wirken dann wie regelrechte Fallen, wenn die Reiher dort beschossen werden. Nur ein kleiner Teil der Jungreiher kehrt im 2. Kalenderjahr, also am Ende des 1. Lebensjahres, in die Brutheimat zurück. Die meisten werden wohl erst im 2. Lebensjahr geschlechtsreif.

Während der Aufzucht der Jungen werden vor allem Fische verfüttert, gelegentlich auch Mäuse und Frösche. Im Winterhalbjahr können Mäuse, Spitzmäuse und Maulwürfe einen recht bedeutenden Anteil der

Fast flügge junge Graureiher im Nest.

Nahrung ausmachen. In Kolonien liegt der Fischanteil meist bei über 90%. In Kolonien Südbayerns fallen allerdings rund 50% auf Weißfische, die vom Standpunkt der Fischerei als minderwertig gelten oder in Fischteichen sogar als »Fischunkraut« betrachtet werden. Forellen und Weißfische, also schlanke Fischtypen, können bis zu einer Körperlänge von 30 cm vom Graureiher verschlungen werden. Die bevorzugte Beutegröße liegt allerdings bei rund 20 cm. Von den Weißfischen werden vor allem 10–15 cm lange Individuen bevorzugt, ebenso bei Karpfen. Über 25 cm lange hochrükkige Karpfen dürften kaum mehr von einem Reiher bewältigt werden. Allerdings werden »Übergrößen« mitunter durch Reiher erheblich verletzt und fallen damit für den Teichwirt ebenfalls aus.

Für den Graureiher ist das Brüten in Kolonien vorteilhaft. Eine Bedeutung von Brutkolonien sieht man darin, daß sie für die Vögel als »Informationszentren« wirken. Bei den Reihern - auch fast alle anderen Arten (außer Zwerg- und Rohrdommel) sind ausgesprochene Koloniebrüter - dürfte sich der Vorteil für den einzelnen vor allem auf das Auffinden von günstigen Nahrungsgründen erstrecken. Er braucht ja nur den Artgenossen, die erfolgreich heimkommen, nachzufliegen. Ist eine Nahrungsquelle erschöpft, finden viele ausschwärmende Vögel sicher schneller eine neue als ein einzelnes Paar. Sicher ist das Nest in der Kolonie auch besser gegenüber Feinden, z.B. Eierdieben wie Krähen oder Milan, geschützt.

Einzelbrüter und sehr kleine Kolonien von weniger als 10 Paaren kommen beim Graureiher durchaus vor, haben aber meist keinen langen Bestand. In zunehmenden und gesunden Beständen wachsen auch die Koloniestärken. Erst wenn in optimalen Gebieten alle Brutplätze besetzt sind, werden auch weniger günstige Gebiete besiedelt. Die größte europäische Graureiherkolonie liegt in der Bretagne und umfaßte bis 1900 Brutpaare. Bei uns sind Kolonien über 100 Paare bereits selten. Die mittlere Koloniegröße über größeren Gebieten liegt bei etwa 20–40 Paaren. Starke jagdliche Verfolgung führt oft zur Zersplitterung.

Purpurreiher

Ardea purpurea

K Schlanker und langhalsiger als Graureiher, dünnerer Schnabel und längere Zehen. Ad. mit rotbraunem Hals und Kopf; Oberkopf und Nakken schwarz sowie schwarze Zeichnung am Hals; Oberseite ± schiefergrau, Hand- und teilweise auch Armschwingen schwärzlich; Unterseite ± rotbraun. Juv. oberseits rostbraun, ohne dunkle Halszeichnung; Unterseite ± weißlich. Bei ungünstiger Beleuchtung können vor allem noch nicht voll ausgefärbte Purpurreiher mit Graureihern verwechselt werden. ■ Rufe ähnlich Graureiher, aber höher und außerhalb der Brutkolonie seltener zu hören. ■ Wie der Graureiher z.T. auch nachtaktiv; Purpurreiher halten sich viel stärker an Deckung und werden daher oft übersehen.

V Br. in Afrika, Südeuropa und im südlichen Asien. ■ Bei uns sehr seltener Br., doch seit etwa 1940 zunehmende Tendenz zur Bildung kleiner, oft nur für kurze Zeit besetzter Brutkolonien; r. Br. z.B. im Burgenland/Österreich und in den Niederlanden. In der Bundesrepublik nur an wenigen Stellen Br.; potentiell bedroht. Hauptsächlich Langstreckenzieher (meist April bis September); Winterquartier im tropischen Afrika; als Durchzügler besonders im Süden Mitteleuropas r., aber einzeln. ■ Vorzugsweise ausgedehnte Schilf- und Rohrdickichte; auch Nester hauptsächlich im Schilf.

F Nester im Röhricht oder auf niedrigen Büschen. ■ Legezeit April bis Juni; 1 Jahresbrut, bei Verlust Nachgelege. ■ 4–5(8) Eier, grünlich ähnlich Graureiher. ■ ♂ und ♀ brüten 25–30 Tage; mit 20 Tagen klettern Junge bereits in Nestnähe herum, sind mit 45–50 Tagen flugfähig und ca. 10 Tage später selbständig.

N Hauptsächlich Fische, aber auch viele Insekten und mitunter Amphibien, Kleinsäuger, Mollusken usw.

Purpurreiher, vor allem Jungvögel, sind bei ungünstigen Lichtbedingungen gar nicht leicht von Graureihern zu unterscheiden. Diese Ähnlichkeit ist auch mit ein Grund, warum Vogelschützer selbst begrenzte Abschußzeiten für den Graureiher als sehr bedenklich ansehen. Der Bestand in Mitteleuropa ist so gering, daß selbst einzelne Verwechslungen und daher versehentliche Abschüsse zu Buche schlagen. Als ausgesprochene Schilfbrüter haben Purpurreiher in den meisten Gegenden nur an wenigen Stellen die Möglichkeit einer Ansiedlung. In den Niederlanden kann der Brutbestand maximal bis 1000 Paare betragen, in der Bundesrepublik haben wohl auch in den besten Jahren der letzten Jahrzehnte nie mehr als 50 Paare gebrütet. In der Schweiz hatte sich die vor allem in Südeuropa häufigere Reiherart 1941 als Brutvogel angesiedelt; 1955 bis 1961 wurden zeitweise über 50 Brutpaare gezählt, 1980 konnten noch 2 Paare und 1981/82 keine Brutvögel mehr festgestellt werden.

Auf dem Durchzug lassen sich einzelne Purpurreiher auch weitab von möglichen Brutplätzen in Mitteleuropa beobachten. Manche von ihnen sind vielleicht auch ganz einfach etwas übers Ziel nach Norden hinausgeschossen, wie man dies auch von Seiden- und Silberreihern (s. unten) manchmal beobachtet. Ähnlich jungen Graureihern führen auch junge Purpurreiher nach dem Flüggewerden sog. Zerstreuungswanderungen aus, die sie von den Brutkolonien in alle Himmelsrichtungen führen, also auch in Gebiete nördlich der Brutplätze. Vielleicht sind manche Spätsommerbeobachtungen in Mitteleuropa auf solche diesjährigen Vögel zu beziehen.

Silberreiher sind viel größer als Seidenreiher (s. unten) und haben einen besonders langen Hals. Zur Brutzeit ist die Basis des Schnabels gelb, die Spitze schwarz; die Beine sind gelb.

2 schlanke, schneeweiße Reiherarten, Silber- und Seidenreiher, erscheinen als seltene, im Süden heute auch als fast regelmäßige Gäste in Mitteleuropa. Ihre Brutheimat liegt in warmen Ländern, z.B. Südeuropa, Afrika und Südasien.

Der seltenere Silberreiher *(Egretta alba)* ist etwa so groß wie der Graureiher, aber schlanker; er besitzt einen besonders langen Hals. Im Winterhalbjahr ist der kräftige Schnabel gelb, zur Brutzeit schwarz mit gelber Basis. Die langen Beine sind dunkelgrau bis schwarz; zur Brutzeit teilweise gelb.

Der Seidenreiher *(Egretta garzetta)* ist viel kleiner, sein schlanker Schnabel ± schwarz. Die schwarzen Beine tragen leuchtend gelbe (Brutzeit) bis grünlichgelbe Zehen. Auf Reisen im südlichen Europa kann man Seidenreiher in Feuchtgebieten häufig beobachten. Hier hat er sich teilweise in den letzten Jahrzehnten beträchtlich vermehrt und scheint sich auch etwas nach Norden auszubreiten. So schätzte man in Frankreich z.B. um 1968 etwa 1550 Brutpaare; 1981 waren es bereits 2300. In Italien brüteten 1981 über 6500 Paare, viele davon in der Poebene. Auch der kleine ungarische Bestand hat sich vermehrt: Etwa 80 Paare brüteten um 1950, ca. 400 schätzte man 1981.

Die kleinen Seidenreiher sind am schwarzen Schnabel kenntlich. Ihre Beine sind im Unterschied zum Silberreiher (s. oben) schwarz; die gelben Zehen heben sich deutlich davon ab.

Nachtreiher

Nycticorax nycticorax

K Etwa Bussardgröße; Gestalt viel gedrungener als Grau- oder Purpurreiher, ähnelt mehr einer Rohrdommel. Ad. mit schwarzem Kopf und Rücken; Flügel und Schwanz bläulichgrau; Stirn, Gesicht und Unterseite weiß; 2 lange, weiße Federn hängen vom Nacken herunter. Juv. oberseits dunkelbraun mit vielen weißen Flecken; Unterseite grau, dunkelbraun längsgestreift. Noch im 2. Kalenderjahr sind vorjährige Vögel überwiegend graubraun (doch ohne weiße Flecken) und werden daher manchmal mit der Rohrdommel verwechselt. ▪ Rufe tagsüber wenig zu hören; vor allem in der Dämmerung im Sitzen oder im Flug kurz und rauh »quack«; an den Brutkolonien weitere Ruftypen. ▪ Tagsüber sitzen Nachtreiher gern in Deckung (Bäume, Büsche). Sie sind vorwiegend dämmerungs- und nachtaktiv; klettern geschickt in der Vegetation; auch im Flug fällt ihre gedrungene Gestalt mit runden Flügeln auf.

V Br. in Süd- und Westeuropa, Afrika, Süd- und Ostasien, Süd- und Nordamerika. ▪ In Mitteleuropa r. Br. im Osten und Südosten (z.B. CSSR, Ungarn); weiter nördlich nur an wenigen Stellen, z.B. Holland, Bundesrepublik (potentiell bedroht) und Schweiz. Besonders im Süden auch r. Durchzügler, einzeln oder in kleinen Trupps. Überwiegend Langstreckenzieher (April bis Oktober); Winterquartier Afrika. ▪ Brutplätze in dichter Vegetation nahe am Wasser, z.B. Auwälder, Busch- und Baumgruppen in Sumpfgebieten, Verlandungszonen. Auf dem Zug mitunter fernab vom Wasser.

F Nest im Gebüsch oder auf mittelhohen Bäumen. ▪ Legezeit Ende April bis Ende Juni; 1 Jahresbrut. ▪ 3–5(8) bläulichgrüne Eier. ▪ ♂ und ♀ brüten ca. 22 Tage; nach 20–25 Tagen sitzen Junge auf den Zweigen neben dem Nest; sie sind etwa mit 40–50 Tagen flügge.

N Vor allem Frösche und Kaulquappen, Fische, Insekten und deren Larven; mitunter auch Mäuse.

Nachtreiher werden wegen ihrer versteckten Lebensweise und ihrer Vorliebe für die Dämmerung leicht übersehen. Sie erinnern also nicht nur in ihrer gedrungenen Gestalt an Rohrdommeln. So sind sogar auch einzelne Brutansiedlungen in dichten Auwaldbeständen in Mitteleuropa mitunter jahrelang übersehen worden, was nicht zuletzt dem Reiher zugute kam. Doch ist trotz solcher möglicherweise nicht bekannten Kolonien der Brutbestand außerordentlich gering. In der Schweiz gab es von jeher nur einzelne Brutpaare und auch in den Niederlanden ist seit der Wiederansiedlung der Bestand auf höchstens 20 Paare bis Mitte der 70er Jahre angewachsen.

In der Bundesrepublik ist mit Einzelpaaren in Süddeutschland zu rechnen; eine geschützte Ansiedlung nahe München hatte es bis auf mindestens 10 Paare im Jahre 1981 gebracht. Eine größere Kolonie, vielleicht die größte in ganz Mitteleuropa, konnte sich in urwüchsigen und geschützten Auwaldteilen an der bayerisch-österreichischen Grenze am Inn entwickeln. In einer Zeit, in der sich weite Kreise der Öffentlichkeit Österreichs, unterstützt durch internationale Proteste, für die Erhaltung der letzten großen Auwaldgebiete an der Donau einsetzen, hat auch der Nachtreiher vielleicht in Mitteleuropa wieder eine Chance. Mit ihm zählen viele Wasser- und Sumpfvögel zu den zahlreichen Tierarten, für die amphibische Wälder entlang der Flüsse mit ihren zahlreichen Altwässern noch letzte Überlebensrefugien bilden. Schwarzstorch, Weißstorch, Zwergrohrdommel, Eisvogel, Krickente, Blaukehlchen oder Schlagschwirl sind nur einige Vertreter dieser reichhaltigen Lebensgemeinschaft.

Ein überwiegend weißer, gedrungener und dickhalsiger kleiner Reiher ist der Kuhreiher *(Bubulcus ibis)*. Wichtigstes Unterscheidungsmerkmal gegenüber dem etwa gleichgroßen, aber viel schlankeren Seidenreiher ist der kräftige, gelbliche bis rötliche Schnabel. Ad. tragen im Brutkleid gelbrötliche Schmuckfedern an Oberkopf, Rücken und Brust. Durch eine beispiellose Ausbreitung sind Kuhreiher heute fast in allen wärmeren Gebieten der Welt anzutreffen. Sie brüten heute sogar in Nord- und Südamerika. Auf Nahrungssuche schließen sie sich gern Großwild- und Rinderherden an. In Mitteleuropa sind zunächst nur Gefangenschaftsflüchtlinge beobachtet worden, doch nehmen in den letzten Jahren die Feststellungen stark zu. Wahrscheinlich handelt es sich dabei teilweise um Wildvögel aus Südwesteuropa (z.B. Frankreich).

Der ebenfalls in Südeuropa beheimatete Rallenreiher *(Ardeola ralloides)* erscheint als sehr seltener Gast in Mitteleuropa (etwas häufiger im Süden). Er ist gedrungen, größer als Zwergdommel, im Sitzen überwiegend bräunlich bis ockerfarben, im Flug überwiegend weiß.

Durch ihre gedrungene Gestalt sind Kuhreiher von den schlanken Seiden- und Silberreihern zu unterscheiden (vgl. S. 49). Der kräftige Schnabel ist meist blaßgelb. Brutkleid mit gelbrötlichen Schmuckfedern an Oberkopf, Rücken und Brust.

Rallenreiher im Brutkleid. Andere Schnabelfarbe und ockerfarben überhauchtes Gefieder sowie lange Schmuckfedern am Kopf unterscheiden diesen ebenfalls recht gedrungen wirkenden Vogel vom Kuhreiher.

Zwergdommel

Ixobrychus minutus

K Etwa so groß wie ein Eichelhäher und damit kleinster einheimischer Reiher. ♂ Oberkopf, Rücken, Schultern und Schwanz schwarz; Nacken, Brust und übrige Unterseite gelblich. Im Flug fällt im schwarzen Flügel ein ovales helles Feld auf. ♀ sind ähnlich gefärbt, aber weniger kontrastreich; Rücken und Schultern z. B. dunkelbraun, Hals bräunlich längsgestreift, ebenso Brustseiten und Flanken; Flügel dunkelbraun, daher Kontrast zu hellem Flügelfeld weniger deutlich. ■ ♂ ruft zur Brutzeit gedämpft »wru«; im Flug kurz »ker« oder »kö«. ■ Tag- und dämmerungsaktiv; fliegt oft niedrig über dem Schilf und fällt meist nach kurzer Strecke wieder in die Deckung ein; klettert in Gebüsch und Schilf; bei Gefahr wird »Pfahlstellung« eingenommen.

V Br. Europa, Asien, Afrika. ■ Bei uns sehr starke Abnahme, in der Bundesrepublik vom Aussterben bedroht. Langstreckenzieher; Winterquartier vor allem Afrika südlich der Sahara (April bis Oktober). ■ Br. in der Verlandungszone größerer und kleinerer Gewässer, wie Seen und Teiche, schilfreiche Flußufer, Auwald, Sümpfe. Rückgang durch Zerstörung und Beunruhigung der Lebensräume.

F Nest gut versteckt im Schilf oder im Gebüsch am Wasser. ■ Legezeit Mai/Juni; 1 Jahresbrut (mitunter auch 2). ■ 5–6(8) weiße, glanzlose Eier. ■ ♂ und ♀ brüten 17–19 Tage; Junge klettern ab 8–10 Tagen in der Nestumgebung herum und sind mit 25–30 Tagen flügge.

N Fische, Insekten, Frösche und Kaulquappen, Würmer, Mollusken.

Zwergdommel: Männchen hudert frisch geschlüpfte Junge.

Über die Lebensweise der Zwergdommel sind wir nur sehr unvollkommen unterrichtet, da sie sehr versteckt lebt und heute bei uns so selten geworden ist, daß schon kurze Sichtbeobachtungen eines aus dem Schilf rasch auffliegenden Vogels zu den besonderen Erlebnissen zählen.
Über den Brutbestand in Mitteleuropa gibt es nur wenige brauchbare Zahlen, die aber immerhin das Schlimmste befürchten lassen. 1977/78 wurde der gesamte Brutbestand der Schweiz nur auf etwa 40 Paare geschätzt. In den Niederlanden ging der Bestand von 170–225 Paaren, die in den Jahren 1961 bis 1967 ermittelt wurden, auf 100–135 etwa um die Mitte der 70er Jahre zurück. Auf unter 10 Paare wird der Brutbestand Schleswig-Holsteins, auf unter 50 jener Niedersachsens geschätzt. In Nordrhein-Westfalen dürften keine 30 Paare mehr brüten; in Baden-Württemberg, wo man um 1970 noch mit mind. 250–300 Paaren rechnete, werden für 1979 noch etwa 50 Paare geschätzt. Vielleicht brüten in Bayern noch über 150 Paare.
Auch aus anderen Ländern Europas wird starker Rückgang gemeldet. Die Ursachen hierfür sind sicher in erster Linie im Verschwinden von Feuchtgebieten und Schilfbeständen sowie in den zahlreichen Störungen an See- und Flußufern zu suchen. Allein der für das Gebiet der Bundesrepublik ermittelte Katalog der Gefährdungsursachen ist lang: Zerstörung der Ufervegetation durch Wassersport, Badende, Angler; Intensivbewirtschaftung von Fischteichen mit Veränderung der Ufervegetation; Flußregulierung, Straßenbau; Verschmutzung von Gewässern; Entwässerung. Allerdings haben Zwergdommeln in Mitteleuropa von jeher auffällige Bestandsschwankungen gezeigt. Vielleicht besteht also noch Hoffnung, daß es wieder einmal aufwärts geht.

Das Weibchen ist durch seine Pfahlstellung auch im Sitzen hervorragend getarnt.

Von Juli bis September führen die Jungen Zerstreuungswanderungen ähnlich anderen Jungreihern aus. Der eigentliche Abzug ins Winterquartier setzt August/September ein, wobei Altvögel den Wegzug eröffnen. Die weitesten Ringfunde mitteleuropäischer Brutvögel liegen im Kongogebiet. Da wohl viele im 2. Lebensjahr noch nicht geschlechtsreif werden, kann man auch zur Brutzeit weit umherstreifende, nichtbrütende Vögel entdecken. Einzelne Vögel sind dabei z. B. von Westeuropa bis in die Sowjetunion geraten.
Zwergdommeln jagen ihre Beute meist vom Ansitz aus. Oft sitzen sie dabei etwas über dem Wasser auf Halmen und Ästen. Außerordentlich lange Zehen befähigen sie zum Klettern im Gewirr der Halme. Auch Junge nutzen diese Fähigkeit schon recht früh. Wie bei allen Reihern würgen die Altvögel das mitgebrachte Futter aus dem Kropf herauf. In den ersten Lebenstagen der Jungen lassen die Eltern die Futterbrocken einfach auf den Nestboden gleiten.

Rohrdommel

Botaurus stellaris

K Gedrungener, über bussardgroßer Vogel, der jedoch selten frei zu sehen ist. Oberseite gelbbraun mit schwarzen Längsstreifen, Flecken und Wellenzeichnung; Oberkopf schwarz, Unterseite hellbraun mit dunklen Streifen. Junge Nachtreiher können mit Rohrdommeln verwechselt werden. ■ Der Reviergesang der ♂ ist einer der merkwürdigsten heimischen Vogellaute, tief und gedämpft, aber weit hörbar »ü-humb« (1. höhere Silbe schwer zu hören); daher z.B. auch der Name »Mooskuh«; Flugrufe kurz nasal »kouk« o.ä. ■ Fliegt meist nur niedrig über dem Schilf und ist sonst kaum zu sehen; Reviergesang vor allem in der Dämmerung. Bei Gefahr »Pfahlstellung«.

V Br. in Eurasien, Nordafrika und isoliert dann in Südafrika. Fast in ganz Europa starker Rückgang. ■ Bei uns nur noch seltener Br., am häufigsten im Norden; im Süden nur an ganz wenigen Stellen; in der Bundesrepublik vom Aussterben bedroht. Teilzieher, der besonders in Westeuropa und in milden Gebieten Mitteleuropas auch im Winter einzeln anzutreffen ist. ■ Br. in großen Schilf- und Rohrkolbenbeständen.

F Nest im Röhricht, meist über dem Wasser. ■ Legezeit April/Mai; 1 Jahresbrut. ■ (3)5–6(7) olivbraune, glanzlose Eier. ■ ♀ brütet 25–26 Tage; Junge sitzen nach 15–20 Tagen neben dem Nest, sind mit 50–55 Tagen flügge; sie werden überwiegend vom ♀ gefüttert.

N Fische, Frösche und andere Amphibien; Wasserinsekten, Würmer und andere Kleintiere.

Nur selten kann man die Rohrdommel so frei außerhalb ihrer Verstecke sehen.

Wie die Zwergdommel ist auch ihr größerer Verwandter ein Meister der Tarnung. Schon das Federkleid, das die Muster von Licht und Schatten imitiert, läßt den großen Vogel selbst zwischen locker stehenden wenigen Schilfhalmen verschwinden. Auch das Verhalten des merkwürdigen Vogels ist vielfach ganz auf Unauffälligkeit ausgerichtet. Mit langsamen, schleichenden Bewegungen bewegt sich die Rohrdommel fort und klettert auch geschickt im Röhricht. Auch der Beute nähert sie sich ganz be-

Große ungestörte Rohrwälder sind der Lebensraum der Rohrdommel.

hutsam, um dann blitzschnell zuzustoßen.

Eine besondere Spezialität der Dommeln, Zwerg- wie Rohrdommel, ist die Pfahlstellung. Bei Beunruhigung wird der Hals lang ausgestreckt und der Schnabel zeigt zum Himmel. Die streifenartige Zeichnung am Unterhals bewirkt eine fast totale Auflösung des Körpers im Schilfrohr. Man hat beobachtet, daß in dieser Pfahlstellung ein Vogel stundenlang aushalten kann. Nicht selten schleicht er sich aus der Pfahlstellung im Zeitlupentempo weg. Selbst die Jungen im Nest nehmen bereits diese Haltung ein.

Rohrdommeln benötigen im allgemeinen viel größere Schilfkomplexe als Zwergdommeln. Im Unterschied zu ihren kleineren Verwandten ist die Rohrdommel im Norden Mitteleuropas noch etwas häufiger als im Süden. In Baden-Württemberg und Bayern ist z.B. nicht sicher, ob sie überhaupt noch regelmäßig brütet. In Schleswig-Holstein zählte man 1976 noch etwa 140, nach einem Kältewinter 1979 noch etwa 90 rufende Männchen. Der gesamte europäische Bestand wurde in Europa (ohne UdSSR) 1976 auf etwa 2500–2700 »Paare« geschätzt.

Die Paarbildungsverhältnisse der Rohrdommeln sind noch nicht genau bekannt. Man hat sowohl monogame Männchen beobachtet als auch polygame mit offenbar bis zu 5 Weibchen. Auch ist nicht jedes rufende Männchen, das ein Revier ankündigt, mit einem Weibchen verpaart und lange nicht alle Rohrdommelreviere enthalten Nester. Nester verschiedener Weibchen, die nur mit einem Männchen verpaart waren, hat man dagegen schon relativ dicht (etwa 15–20 m) nebeneinander gefunden.

Die Liste der nachgewiesenen Gefährdungsfaktoren umfaßt Entwässerungen und Grundwasserabsenkungen, z.T. im Rahmen der Flurbereinigung und Intensivierung der Landwirtschaft; ferner Gewässerverschmutzung, häufige Schilfmahd und Abbrennen von Schilf, Intensivierung der Teichwirtschaft durch Vernichtung von Kleinfischen. Verluste in strengen Wintern können regionale Populationen auslöschen.

Weißstorch

Ciconia ciconia

[K] Großer, weißer Schreitvogel mit langen, roten Beinen und ebenso gefärbtem Schnabel; Arm- und Handschwingen schwarz. Bei juv. sind Schnabel und Beine bräunlich. ■ Bei Erregung, vor allem aber am Nest, lautes Schnabelklappern; sonst nur zischende Laute. ■ Im Unterschied zu Reihern fliegen Störche mit ausgestrecktem Hals und sind ausgeprägte Segelflieger.

[V] Br. in Nordafrika, Europa, Asien (in Mittel- und Ostasien jedoch 2 andere Unterarten). Der Gesamtbestand wird auf 150 000–300 000 Brutpaare geschätzt, davon in Europa 100 000–120 000. ■ Bei uns ehemals verbreiteter Br. im Tiefland, der stark zurückgegangen ist (s. unten); in der Bundesrepublik vom Aussterben bedroht. Langstreckenzieher; einzelne Überwinterungsversuche in Mittel- und Südeuropa, eigentliches Winterquartier jedoch tropisches Afrika und Südafrika (Ankunft bei uns März/April, Abzug August/September). ■ Lebt im offenen Land, bei uns hauptsächlich auf feuchte Niederungen mit Feuchtwiesen und Teichen angewiesen und auf landwirtschaftlich extensiv genutztes Grünland; auf dem Zug und im Winterquartier vor allem in Steppen- und Savannengebieten.

[F] Nest ganz frei, bei uns meist auf Hausdächern und höheren Gebäuden. ■ Legezeit April/Mai; 1 Jahresbrut. ■ 3–5(7) weiße Eier. ■ ♂ und ♀ brüten 33–34 Tage; Junge bleiben 55–60 Tage im Nest und werden von ♂ und ♀ gefüttert.

[N] Amphibien, doch keineswegs hauptsächlich Frösche. Hauptnahrung im mitteleuropäischen Kulturland vor allem Mäuse, Insekten und deren Larven, Regenwürmer (wichtige Frühsommernahrung!).

Störche fliegen im Unterschied zu Reihern mit ausgestrecktem Hals.

Der Weißstorch zählt zu den Vögeln, deren Bestandsentwicklung und Populationsdynamik am besten bekannt ist. Schon vor dem 2. Weltkrieg hat man umfassende Storchzählungen organisiert, z. B. 1934. Leider sind die Zahlen alles andere als erfreulich. In der Schweiz ist der Weißstorch nach 1945 als wildlebender

Brutvogel ausgestorben. Man hat durch ein langjähriges Storchenprogramm die Wiederansiedlung versucht. In den Niederlanden ergaben die Zählungen 1934, 1958, 1965/66 und 1979 274, 56, 32 bzw. 8 Brutpaare, für das Gebiet der Bundesrepublik Deutschland 4400, 2600, 1920, 1060. In der DDR, wo 1934 noch über 4600 Paare brüteten, zählte man 1974 noch etwa 2940. Mittlerweile ist der Rückgang weiter fortgeschritten. Im storchenreichsten Bundesland Schleswig-Holstein brüteten 1974 noch 492, 1982 nur noch 360 Paare, für Niedersachsen und Hamburg sind die entsprechenden Zahlen 459 und 300. Erfreulicherweise gibt es auch Ausnahmen des allgemeinen Trends, z. B. in Österreich oder in der Oberlausitz, also Brutgebiete im Osten Mitteleuropas. Hier hat sich der Bestand halten können und z. T. sogar leicht vermehrt. Doch solche Einzelbeispiele können am allgemeinen Bild wenig ändern.

Die Ursachen des Rückgangs sind bekannt und die Vogelschutzverbände haben darüber erst vor kurzem auf Grund eingehender Forschungsergebnisse die Öffentlichkeit umfassend informiert. Direkte Verluste verursacht die Verdrahtung der Landschaft. Mindestens 60% der bei uns tödlich verunglückten Störche sind Stromopfer, die zum größten Teil nicht durch Verletzung an den Drähten, sondern durch Stromschlag in der Nähe der Masten umkommen. Ausgeklügelte Isolatoren und Mastenkonstruktionen, von Vogelschützern den Technikern empfohlen und vorgelegt, können solche Verluste, denen z. B. auch bereits 10% der Jungstörche zum Opfer fallen, ehe sie ins Winterquartier abziehen, wesentlich verringern. Auf zunehmende Verfolgung der Störche in Durchzugs- und Überwinterungsgebieten haben wir leider kaum einen direkten Einfluß.

Wohl aber lassen sich Zivilisationsverluste noch etwas verringern, indem man dem Storch optimale Nistplätze anbietet, die auch eine Brutzeit über wirklich aushalten. Alte Nester, die immer wieder bezogen worden sind, bedürfen vielleicht einer neuen Unterlage. Künstliche Nestunterlagen können Ersatz bie-

Feuchtwiesen sind die wichtigsten Nahrungsgründe für den Weißstorch.

Man kann Störchen durch künstliche Nestunterlagen helfen.

ten, wenn z. B. durch Bau- oder Reparaturarbeiten ein altes Storchennest abgetragen werden mußte. Wichtig ist auf alle Fälle, daß die wenigen uns noch verbliebenen Storchennester überwacht und betreut werden. Viele bundesdeutsche Storchenburgen haben jetzt ihren regelmäßigen Betreuer.

Doch die intensivsten Bemühungen nützen wenig, wenn der Lebensraum nicht erhalten werden kann. Die Aufgabe mancher lang besetzter Storchennester oder auch die in vielen Gebieten zu beobachtende Verringerung der pro Paar flügge werdenden Jungvögel ist eine Folge sich rapide verschlechternder Ernährungsbedingungen. Entwässerung von Feuchtwiesen, Beseitigung von Altwässern, Tümpeln oder Wiesengräben und Flußregulierungen schmälern die Aussichten einer Storchenbrut ebenso wie die Intensivierung der Grünlandnutzung. Der Storch ist damit auch ein Symbol für die Erhaltung extensiv bewirtschafteter und daher artenreicher Wiesen geworden ähnlich wie der Brachvogel (s. S. 134). Auch die Ausdehnungen der menschlichen Siedlungen, in denen Storchennester seit alters standen, kann von manchen Paaren im buchstäblichen Sinn nicht mehr verkraftet werden. Die Wege zu den Nahrungsgründen werden zu lang und kosten zu viel Energie. Die Jungen können nicht mehr optimal mit Nahrung versorgt werden.

Erhaltung und Sicherung des Lebensraumes ist daher der Kernpunkt der aktuellen Storchenrettungsprogramme. Im Aktionsradius eines Storchenpaares können auch kleine Tümpel, Rückvernässung ehemaliger Feuchtwiesen, Auslichten der Uferbestockung von Altwässern, Aufstauen von Wasser usw. viel helfen. Solche Maßnahmen lassen sich z. T. in Zusammenarbeit mit der Flurbereinigung oder mit Wasserbauämtern durchführen.

Als ausgesprochene Segel- und Gleitflieger meiden Störche auf dem Zug Meer und Hochgebirge. Sie umfliegen z. B. auf regelrechten »Zugstraßen« das Mittelmeer und wandern nicht wie viele Zugvögel auf breiter Front in einer Vorzugsrichtung. Das Zugverhalten der Störche kann man zumindest teilweise als Schmalfrontzug bezeichnen (im Gegensatz zum Breitfrontzug). In 2 Schmalfronten wird von Europa aus Afrika erreicht. Die Südwest-Route (Brutvögel der Iberischen Halbinsel bis Oberrheingraben und Holland) führt über die Straße von Gibraltar bis ins tropische Westafrika, die Südost-Route über den Bosporus und den Golf von Iskenderun am Nordosteck des Mittelmeeres nach Syrien und ins Jordantal. Von dort geht der Zug weiter über den Golf von Suez und das Niltal nach Ost- und Südafrika (bis ins Kapland). Eine Zugscheide, die vom Alpennordrand über Lech, Regnitz, Kyffhäuser, Harz bis ins Ijsselmeer zieht, trennt die beiden Abzugsrichtungen. Allerdings muß man sich das Zugscheidengebiet als breite Mischzone vorstellen, von der aus sowohl Abzug nach Südwesten als auch nach Südosten zu beobachten ist. Östlich und westlich dieses Mischgebietes ziehen die Störche einheitlich über die Straße von Gibraltar bzw. den Bosporus. Brutvögel des Burgenlandes oder Polens wandern also alle nach Südosten, solche aus dem Elsaß nach Südwesten.

Auf beiden Routen muß jedoch die Richtung nach Süden abgeändert werden, damit Afrika erreicht wird (Südspanien bzw. Südosttürkei). An Meerengen (z.B. Straße von Gibraltar bzw. Bosporus) oder in Nord-Süd-Richtung verlaufenden Tallandschaften (z.B. Jordantal, Niltal) kommt es dabei zu ausgesprochenen Zugverdichtungen: Während der Höhepunkte des Durchzuges passieren an einem Tag Tausende von Störchen bestimmte Beobachtungspunkte. So zählt z.B. der Storchenzug am Bosporus zu den eindrucksvollsten Erlebnissen eines Vogelbeobachters. Auch viele Greifvögel, die ja ebenfalls z.T. ausgesprochene Segelflieger sind, benützen solche von Thermiken begünstigten Korridore. Die Straße von Gibraltar, der Bosporus, bestimmte Gebirgspässe in der Südosttürkei oder der Golf von Akaba bei Eilat sind daher zu regelrechten Wallfahrtsorten der Vogelbeobachter geworden.

Erst mit mehreren Jahren kommt ein Weißstorch zum ersten Mal zur Brut. Das sog. Erstbrutalter ist aber regional recht unterschiedlich. So hat man z.B. für Südwestdeutschland einen Mittelwert von 3,7, für Norddeutschland jedoch von 5,6 Jahren errechnet. Der Anteil 2- und 3jähriger Erstbrüter ist dabei in Südwestdeutschland über 50%, in Norddeutschland

Wenn Störche klappern, legen sie den Kopf auf den Rücken.

dagegen nur 13%. Hier machen Störche, die erst im 6. und 7. Jahr zu einer Brut kommen, über 40% aus. Der älteste bis jetzt in Freiheit nachgewiesene beringte Storch wurde 34 Jahre 10 Monate alt; in Norddeutschland wurden 20–26 Jahre alte Störche als Brutvögel abgelesen. Störche werden heute mit besonders hohen Ringen markiert, deren Nummer man mit einem starken Fernglas ohne Störung des Vogels ablesen kann.

Schwarzstorch

Ciconia nigra

[K] Größe etwa wie Weißstorch. Ad. schwarz mit metallischem Grün- oder Purpurschimmer; Bauch und Unterschwanz weiß. Juv. bräunlich, ohne Metallglanz; Hals und Kopf etwas heller als Rücken. ▪ Klappert sehr selten, dafür pfeifende und zischende Rufe. ▪ Segelflieger ähnlich Weißstorch.

[V] Br. in Süd- und Osteuropa und im südlichen Asien; isolierter kleiner Brutbestand in Südafrika. ▪ In Mitteleuropa nur im Osten verbreitet; in der Bundesrepublik vom Aussterben bedroht, insgesamt weniger als 30 Brutpaare (Schutzmaßnahmen s. unten); als Durchzügler auch abseits der Brutplätze einzeln zu beobachten; Langstreckenzieher mit Winterquartier im tropischen Afrika (Mitte

Junger Schwarzstorch im Herbst.

März/April bis September/Oktober). ▪ In Mitteleuropa Br. in naturnahen, möglichst ungestörten Wäldern, in denen Feuchtwiesen, Teiche, Bäche usw. für ausreichende Nahrung sorgen; auf der Nahrungssuche stärker ans Wasser gebunden als Weißstorch.

[F] Nest bei uns auf Bäumen, in Südeuropa und Asien häufig in Felswänden. Wie beim Weißstorch großer Bau aus Ästen und Knüppeln, der mehrere Jahre benutzt werden kann. ▪ Legezeit Mitte April bis Mai; 1 Jahresbrut. ▪ (2)3–5(6) weiße Eier. ▪ ♂ und ♀ brüten 32–40 Tage und füttern die Jungen 60–70 Tage im Nest. Nach dem ersten Ausfliegen kommen die Jungen noch ca. 10–15 Tage zur Fütterung und Übernachtung ins Nest.

[N] Hauptsächlich Wasserinsekten, Fische, Amphibien. Weniger Landtiere als Weißstorch.

Ursachen für die Seltenheit des Schwarzstorches bei uns in Mitteleuropa liegen z. T. wie beim Weißstorch in rapiden Verschlechterungen des Lebensraumes. Da Schwarzstörche stark auf Feuchtgebiete angewiesen sind und sich vor allem als Brutvögel dem Menschen nicht so eng anschließen, muß man annehmen, daß die Entwicklung seit der Jahrhundertwende für sie noch ungünstiger war als für Weißstörche.

Man darf aber auch nicht übersehen, daß der Schwarzstorch eine mehr östliche Art ist. Die Westgrenze des geschlossen besiedelten Areals läuft derzeit durch Schleswig-Holstein, Niedersachsen, Nordrhein-Westfalen, Ostbayern und Österreich. Westlich davon hat sich nur ein

isoliertes Areal auf der Iberischen Halbinsel gehalten. Populationen am Arealrand einer Tierart neigen dazu, im Lauf größerer Zeitabschnitte zu fluktuieren; auffällige Zu- und Abnahme bzw. Vorstöße und Rückzüge sind daher durchaus zu erwarten. Natürlich wirken sich Verschlechterung der Lebensbedingungen in solchen etwas unstabilen Populationen am Rand der Existenzmöglichkeiten einer Art besonders auffällig aus und der Bestand nimmt stark ab.
Für den Schwarzstorch zeichnet sich ein allgemeiner Rückgang seit etwa Mitte des 19. Jahrhunderts ab und trotz ungünstigerer Lebensbedingungen etwa seit den 40er Jahren des 20. Jahrhunderts eine leichte Zunahme. In Schleswig-Holstein starb z.B. der Schwarzstorch etwa 1916 aus, Wiederansiedlung fand etwa 1951 statt; 1979 konnten etwa 5 Brutpaare ermittelt werden. In Niedersachsen ging der Bestand von ca. 15 (1910) auf 2–4 (1936/39) zurück; ab etwa 1950 setzte Zunahme ein, z.B. mindestens 8 Paare um 1970, ca. 20 1975 und 23 1978. Diese erfreuliche Entwicklung war allerdings nur möglich, weil ein konsequentes Schutzprogramm, das größtenteils privater Initiative zu verdanken ist, durchgeführt wurde. Ausbringen von Kunstnestern in geeigneten Waldgebieten, Anlage von Nahrungsteichen und vor allem die Erhaltung von Bruchwäldern und Mooren waren die wichtigsten Maßnahmen.
Nach Osten nehmen die Bestände des Schwarzstorches zu; in der DDR schätzte man 40 Brutpaare um 1980 und in Polen etwa 600 um 1981/82. Die Erholung der Bestände in zentraler gelegenen Teilen des Verbreitungsareals ist natürlich auch eine wichtige Voraussetzung für Zunahme im Bereich der Randpopulationen. Damit ist wieder einmal sehr eindrucksvoll bewiesen, daß die Erhaltung von Vogelarten besonders im

Der etwa storchgroße Löffler zählt zu den Ibissen (vgl. S. 11). Er ist vor allem in wärmeren Ländern Europas Brutvogel. Mit dem breiten Löffelschnabel wird das Seichtwasser und der lockere Schlamm durchschnattert. Löffler brüten meist in Kolonien, oft zusammen mit Reihern.

engräumigen Europa eine internationale Aufgabe sein muß.
Für den Schwarzstorch als Langstreckenzieher kommen natürlich auch Probleme auf dem Zug und im Winterquartier dazu. Abseits der wenigen mitteleuropäischen Brutplätze tauchen vor allem während des Wegzuges einzelne Vögel oder gelegentlich auch kleine Trupps auf, die z.B. von geschützten Feuchtgebieten profitieren.
Wie der Weißstorch ist auch der Schwarzstorch ein Schmalfrontzieher (vgl. S. 59), doch nicht so streng ausgeprägt. Die Zugscheide liegt weiter östlich, etwa im Odergebiet, die Wegzugsrichtungen streuen aber stärker, so daß Herbstvögel bei uns auch von weiter östlich gelegenen Gebieten stammen können. Am Bosporus bilden sich große Konzentrationen, die im September bis über 7000 Vögel erreichen können. Ringfunde aus dem Winterquartier gibt es allerdings nur wenige. So wurden polnische Schwarzstörche z.B. in Äthiopien und Uganda gefunden.

Höckerschwan

Cygnus olor

[K] Ad. schneeweiß; juv. graubraun. In halbwilden Beständen auch Jungvögel mit weißem Dunen- bzw. Jugendkleid (immutabilis-Mutation). Im Unterschied zu Sing- und Zwergschwan im Schwimmen Halshaltung leicht S-förmig. Schnabel bei ad. orangerot, juv. bleigrau; der schwarze Schnabelhöcker ist beim ♂ zur Brutzeit am stärksten ausgebildet, bei juv. oft nur angedeutet. Füße normalerweise grauschwarz, bei den *immutabilis*-Individuen hellgrau bis fleischfarben. ▪ Im allgemeinen schweigsam, doch vor allem zur Brutzeit gurgelnde und fast trompetenartige Rufe, wie »quiurrr«. Im Flug hört man singendes Fluggeräusch, das manchmal mit einem Stimmlaut verwechselt wird.

[V] Als Wildvogel Br. in Teilen Mittel- und Ostasiens, sowie in Nord- und Osteuropa. In vielen Gebieten Europas ausgesetzt und heute halbwild bzw. verwildert. Auch in Nordamerika, Australien, Neuseeland ausgesetzt. ▪ Bei uns auf Gewässern des Tieflandes verbreiteter Br., oft in größeren Scharen im Winter in den Städten an Fütterungen. Über Fragen der Vermehrung s. unten. ▪ Hauptsächlich auf nährstoffreichen stehenden oder langsam fließenden Gewässern, bei uns vielfach auch auf Parkseen und -teichen; als Gast auch auf Brack- und Salzwasser.

Höckerschwan: Balzendes Paar.

[F] Nest großer Bau aus Pflanzenmaterial am Ufer oder auf kleinen Inseln. ▪ Eiablage Mitte April bis Mai, bei halbzahmen auch noch später; 1 Jahresbrut. ▪ 5–8 hell graugrüne Eier mit weißlichem Kalküberzug, bei Bebrütung dann oft braungelb. ▪ ♀ brütet allein 35–41 Tage; bereits nach 1 Tag führen ♂ und ♀ die Dunenjungen vom Nest weg; nach 120–150 Tagen sind die Jungen flügge, bleiben aber oft noch bis Spätherbst und Winter bei den Eltern, bis sie dann vertrieben werden.

[N] Wasser- und Sumpfpflanzen, auch Ufer- und Landpflanzen werden abgeweidet.

Höckerschwäne sind heute überall in Mitteleuropa anzutreffen. Das war nicht immer so. Schon lange wurden Schwäne als Parkvögel gehalten, z.T. sogar auch freifliegend. Doch erst nach dem 2. Weltkrieg kam es zu einer Bestandsexplosion und heute gibt es bald kein Gewässer mehr ohne Schwäne. Allerdings herrschen über die Zunahme der Höckerschwäne z.T. falsche Vorstellungen. So hört man immer wieder, der Schwan habe keine natürlichen Feinde, daher habe er so zugenommen und müsse reguliert werden. Doch auch für Schwanenpopulationen unter völlig »natürlichen« Bedingungen dürften Feinde nie eine ausschlaggebende Rolle bei der Regulierung der Bestände gespielt haben. Ausgeprägte Territorialität - wie heftig Brutreviere verteidigt werden, hat schon mancher kühne Schwimmer zu spüren bekommen - sorgt z.B. dafür, daß Gewässer nie zu dicht besetzt waren. Kalte Winter und anstrengende Wanderungen bringen Verluste, die einen wesentlichen Faktor der Bestandsregelung darstellen.

Auch unsere »Kulturschwäne« sind z.T. recht wanderfreudig, wie Beringungen vielfach bewiesen haben. An manchen Stellen, z.B. im Ijsselmeer in den Niederlanden finden sich auch Tausende ein, um dort zu mausern. Höckerschwäne unternehmen also einen regelrechten Mauserzug, wie andere wildlebende Arten ihrer Verwandtschaft auch (z.B. S.75). Und kalte Winter fordern auch unter den Schwänen in der heutigen Kulturlandschaft mitunter hohe Verluste.

Gleichwohl haben sich die Lebensbedingungen der »Kulturschwäne« in manchen Punkten entscheidend geändert. Durch intensive Fütterung in vielen menschlichen Ballungsräumen hat die Wintersterblichkeit abgenommen. Allerdings ist die dadurch zu erwartende Vermehrung der Bestände nur z.T. eingetreten. Bestandsaufnahmen an Höckerschwänen zur Brutzeit ergeben einen hohen Anteil an Nichtbrütern. Man schätzte z.B. etwa Mitte der 70er Jahre in den Niederlanden ca. 11500–12500 ausgewachsene Schwäne, aber lediglich 2400–2700 Brutpaare. Somit machten die Brutvögel weniger als die Hälfte der erwachsenen Individuen aus. Ähnlich ist es auch in anderen Ländern; mitunter überwiegt sogar die Zahl der Nichtbrüter die der Brutvögel bei weitem.

Eine weitere auffällige Erscheinung ist, daß an manchen Stellen Schwäne dicht zusammenbrüten, ja sich sogar fast Kolonien bilden. Der Nachwuchs in solchen Zusammen-

Heftige Auseinandersetzungen um Brutreviere sind bei Höckerschwänen nicht selten.

ballungen ist jedoch unterdurchschnittlich gering. Bei genaueren Untersuchungen ließ sich zeigen, daß die Nachwuchszahl mit zunehmender Dichte der Besiedlung abnimmt. Damit wird die geringere Wintersterblichkeit wieder ausgeglichen. Im Augenblick kommen also mehr Schwäne durch den Winter als »früher«, haben aber viel weniger Junge, ja offensichtlich z.T. gar nicht mehr die Chance, in einem geeigneten Revier Junge großzuziehen. Man kann also als Regel aufstellen: Je

Manche Schwanenjungen tragen weiße Dunen (vgl. Text S. 62).

weniger Schwäne, desto mehr Junge. Damit hat der Höckerschwan unserer Kulturlandschaft das Stadium einer dichteabhängigen Regulation erreicht; spektakuläre Zunahmen sind nicht mehr zu erwarten. Und tatsächlich haben in Gebieten mit hoher Schwanendichte die Bestände schon lange nicht mehr zugenommen. So zählte man in der DDR 1957/59 etwa 300 Brutpaare, die um 1970 auf 1390 Brutpaare und fast 2800 Nichtbrüter angewachsen waren; 1976 war jedoch mit 1330 Brutpaaren der Bestand, der für Nachkommen sorgt, nicht mehr angewachsen; die Zahl der Nichtbrüter hatte sich jedoch auf 5720 Vögel vermehrt. Ähnliche Zählungen gibt es für Großbritannien: 1955/56 schätzte man ca. 19000 Individuen, darunter 3500–4000 Brutpaare; 3–4 Jahre später waren es rund 21000–23000 Vögel, 1961 aber wiederum etwa 19000 und 17 Jahre später nur ca. 18400 Vögel, unter ihnen etwas mehr als 3100 Brutpaare.

Genauere Angaben über die wichtigsten Daten einer Schwanenpopulation liegen z.B. aus Dänemark vor. In einem Bestand aus einzeln in Revieren brütenden Paaren wurden im Mittel vieler Jahre etwa 2,6 Junge pro Paar, das mindestens 1 Ei gelegt hatte, flügge. Bei einer koloniebrütenden Population im gleichen Gebiet war die mittlere Nachwuchsrate dagegen nur 0,9 Junge pro Paar. Die Ursachen für diesen enormen Unterschied lassen sich im Einzelnen wie folgt aufzeigen: Einzelbrüter legen mit durchschnittlich 5,6 Eier kaum größere Gelege als Koloniebrüter mit 5,2 Eiern. Die mittleren Nachwuchszahlen von 2,6 bzw. 0,9 bedeuten demnach einen Verlust von 54% bei Einzelbrütern und von nicht weniger als 83% bei Koloniebrütern bis zum Flüggewerden der Jungen. Die Eiverluste bei Einzelbrütern waren in unserem Beispiel gering, bei Koloniebrütern jedoch 40 bis 50%, so daß nur etwa 2,6 Junge pro Paar schlüpften. Die Hauptverluste bei Einzel- und Koloniebrütern während der Zeit der Jungenentwicklung fallen in den ersten Lebensmonat. Auch bei Enten und Gänsen sind die ersten Lebensabschnitte der Jungen am meisten gefährdet.

Die hohen Eiverluste bei den Koloniebrütern sind in erster Linie eine Folge dauernder Unruhe. Zwischen den dicht stehenden Nestern gehen viele Schwäne herum. Dies verursacht wieder Grenzkonflikte und Auseinandersetzungen – Schwäne sind ja eigentlich territoriale Vögel – und dabei werden viele Eier zerbrochen. Je dichter die Nester beisam-

Im Hochsommer bilden sich oft größere Trupps flugunfähiger mausernder Schwäne.

menstehen, desto höher sind die Verluste.
Dazu kommt, daß bei Koloniebrütern auch die Jungenverluste höher sind. Ein Hauptverlustfaktor in der hier als Beispiel geschilderten dänischen Schwanenpopulation ist der Wind. Weit auseinander brütende Einzelpaare konnten sich in windgeschützte Ecken ihrer Reviere zurückziehen; bei Koloniebrütern war dies nicht der Fall. So war hier vor allem in windigen Sommern der Verlust bemerkenswert hoch. Auch das spätere Schicksal scheint noch von der Herkunft mit bestimmt zu werden, denn nur wer sehr gut im Gewicht ist, hat reelle Chancen auch durch einen harten Winter zu kommen. Bei den in einer Kolonie erbrüteten Schwänen schwankte die Sterblichkeit im ersten Winter viel stärker als bei den anderen, da offenbar unter den herangewachsenen Jungen relativ starke Gewichtsunterschiede bestanden, also nicht alle gleich gut ernährt waren. Die normalen Verluste an 1jährigen Schwänen im ersten Winter ihres Lebens betrugen etwa 45%. Doch in harten Wintern stieg dieser Wert bis auf 90%. Hinzu kommt, daß nach großer Kälte der Anteil der Nichtbrüter im folgenden Sommer anstieg, nämlich von 10–20 auf rund 40%. Offenbar war ein Teil der Schwäne in schlechter Kondition und begann daher gar nicht mit dem Kampf um ein Territorium. Neben Erfrieren bzw. Verhungern im Winter waren in dieser dänischen Population Verölung und Kollision mit Überlandleitungen die häufigsten Todesursachen beringter Vögel.
Haben Schwäne erst einmal die für sie gefährlichen Jugendjahre hinter sich, sind die Überlebensaussichten viel günstiger. Altschwäne unseres Beispiels hatten eine jährliche Sterblichkeitsrate von nur 13%. Für die Population der Einzelbrüter ergab sich eine leichte Zunahme im Laufe der Jahre, für die Koloniebrüter jedoch eine Abnahme. Insgesamt war die Bilanz zwischen Nachwuchs und Verlust jedoch recht gut ausgeglichen.
Das Beispiel zeigt, wie kompliziert die Verhältnisse liegen und wie vorsichtig man mit der Beurteilung von Bestandsregulationen sein muß. Der »natürliche Feind«, an den man immer gleich denkt, ist in Wirklichkeit ein fein abgewogenes, auf vielen Ursachen beruhendes Regulationssystem. Höckerschwäne bilden also regelrechte Modelle für moderne Populationsuntersuchungen; bei ihnen gibt es noch viel zu beobachten.

Singschwan

Cygnus cygnus

Zwergschwan

[K] Ad. weiß; Hals gerade, länger und dünner als beim sehr ähnlichen Zwergschwan. Im Unterschied zum Höckerschwan besitzen Sing- und Zwergschwan ein flaches Stirnprofil. Schnabel bei ad. mit schwarzer Spitze, mit einem gelben Keil an den Seiten, der bis unter das Nasenloch vorreicht. Bei den bräunlichgrauen juv. ist der Schnabel fleischfarben mit dunklerer Spitze. ■ Unterhaltungslaute leise »ang« oder »gä«; daneben auch lauter »anghö«; ruft auch im Flug (der Höckerschwan dagegen nicht!) ■ Im Herbst und Winter kann man bei uns oft Familien mit Jungen beobachten.

[V] Br. im Norden Eurasiens von Island bis Kamtschatka und Sachalin; in Skandinavien und Finnland nach Rückgang in früheren Jahrzehnten heute z.T. Zunahme. ■ Bei uns an der Küste und im norddeutschen Tiefland r. Wintergast, z.T. in größeren Trupps; im Binnenland bis an den Alpenrand einzelne ± r. auf großen Gewässern, im allgemeinen aber selten (Oktober/November bis März/April). ■ Br. der Tundrazone und auf nordischen Waldseen. Bei uns auf größeren Binnenseen, aber auch auf Brack- oder Salzwasser an Flachküsten.

[N] Vor allem Wasserpflanzen, aber auch besonders Gräser und Kräuter auf dem Land werden von den Vögeln abgeweidet.

Zwergschwan

Cygnus columbianus

[K] Nur ganz unbedeutend kleiner als Singschwan; etwas kürzerer und dickerer Hals. Wichtigstes Unterscheidungsmerkmal zu ad. Singschwänen ist der Schnabel: Das Gelb an der Basis ist meist weniger weit ausgedehnt und endet in der Regel deutlich vor dem Nasenloch. Individuelle Unterschiede in der Schnabelzeichnung. Juv. heller braungrau als Singschwäne. ■ Im Flug laut »guhk« o.ä.; gedämpfte Laute beim Schwimmen.

[V] Br. in der Arktis Eurasiens und Nordamerikas, in Europa aber nur in der Tundrenzone der UdSSR. Rund 10000 Vögel überwintern in Europa. ■ Bei uns r. Gast an der Küste; im Binnenland im allgemeinen viel seltener und ur. als der Singschwan (meist November bis März). ■ Br. der Tundra; bei uns Rastplätze an flachen Binnengewässern oder Strandlagunen. Nahrungssuche oft auf nassen Wiesen, Marschen und Feldern.

[N] Wasserpflanzen, Gras, Klee, Saaten, Hackfrüchte.

Die beiden sehr ähnlichen nordischen Schwäne suchen z.T. traditionelle Winterquartiere Jahr für Jahr in Europa auf. Vom Singschwan überwintern in Nordwesteuropa regelmäßig etwa 25000 Individuen, davon etwa 14000 in den dänischen Gewässern, um Südschweden und an den Küsten Schleswig-Holsteins und Mecklenburgs. Der ins mitteleuropäische Binnenland wandernde Anteil ist dabei nur unbedeutend. Mindestens 25000 Singschwäne überwintern ferner im Schwarzmeerraum bis Turkestan. In Skandinavien ging der Brutbestand im Laufe des 20. Jahrhunderts stark zurück, erholte sich aber neuerdings erfreulich. So war z.B. in Finnland die Brutpopulation zwischen 1940 und 1950 fast am Aussterben; ca. 80 Brutpaare konnten um 1969 und 10 Jahre später über 300 festgestellt werden.

Der Zwergschwan ist deutlich seltener. Man schätzt die gesamte Winterpopulation in Europa auf etwa 10000 Individuen in 5 kleinen Überwinterungsgebieten an der Westküste Dänemarks, in den Niederlanden, im Süden Englands und Irlands und schließlich seit Mitte der 60er Jahre in der Camargue in Südfrankreich. Die am Niederrhein an der deutsch-holländischen Grenze überwinternden Zwergschwäne stehen ganz offensichtlich in engem Kontakt mit dem Überwinterungsgebiet am Ijsselmeer in den Niederlanden. Die nordwestdeutschen Rastgebiete sind vor allem auf dem Frühjahrszug wichtige Zwischenstationen, wenn die in Südwestengland nahe des berühmten Internationalen Büros für Wasservogelforschung in Slimbridge (intern. Abkürzung IWRB für »International Waterfowl Research Bureau«) am unteren Severn überwinternden Zwergschwäne allmählich zu den Brutplätzen im Nordosten aufbrechen. Im Frühjahr halten die Familien oft noch zusammen, trennen sich aber dann oft bald. Ein Paar mit seinem Nachwuchs wurde 3 Winter lang während des Zuges auf demselben Rastplatz beobachtet.

Intensive Arbeit am Zwergschwan hat das Zug- und Überwinterungsverhalten des seltenen Vogels in Mittel- und Westeuropa aufklären helfen. Dabei wurden zur Markierung einzelner Vögel Plastikringe verwendet, die man bis aus 300 m Entfernung mit dem Feldstecher lesen kann. Einige Schwäne hat man auch mit unschädlichen Farben markiert.

Zwergschwäne: Das Gelb an der Schnabelbasis hat nur eine geringe Ausdehnung.

Saatgans

Anser fabalis

K Kaum kleiner als Graugans; insgesamt viel dunkler und im Flug Oberflügel ± einheitlich gefärbt. Kopf und Hals dunkelbraun, sonst dunkelbraungrau; Oberseite fein hell quergebändert. Bauch und Unterschwanz weiß. Der kräftige Schnabel ist unterschiedlich lang und kräftig (mehrere Rassen kommen bei uns vor!). Ein mehr oder minder großer Teil des Schnabels an der Basis und an der Spitze ist schwarz, helle Teile dazwischen sind orange gefärbt. Sehr ähnlich ist die etwas kleinere und kurzhalsigere Kurzschnabelgans *(Anser brachyrhynchos),* deren Schultern etwas heller als der Rükken sind (nicht so hellgrau wie bei der Graugans). Der Schnabel ist kürzer als der Kopf und wirkt relativ hoch; die hellen Teile sind rosa (nicht orange!), Basis und Spitze wie bei der Saatgans schwarz. ▪ Rufe 2silbig »kajak«, auch 3silbig. ▪ Meist in Trupps, im Tiefland auch mit anderen Gänsearten.

V Br. im Norden Eurasiens von Skandinavien bis Sibirien in mehreren Rassen, die sich z.T. an der Schnabelfarbe und -form unterscheiden. ▪ Bei uns r. Durchzügler und Wintergast, meist Oktober bis April; r. auch im Binnenland, aber hier meist nur in kleineren Trupps. ▪ Auf dem Durchzug und im Winterquartier dienen flache Gewässer als Schlaf- und Ruheplätze; Nahrungssuche auf möglichst störungsfreien Wiesen, Weiden und Äckern.

N Gräser, Getreide, Klee und andere grüne Pflanzen, aber auch Körner, Kartoffeln usw.

Bläßgänse auf ihrem winterlichen Weideplatz.

Bläßgans

Anser albifrons

K Etwas kleiner als Graugans. Ad. sind an der weißen Stirnblesse und an der groben, schwarzen Fleckung der Unterseite gut zu kennen. Kopf und Hals dunkel graubraun; Oberseite ähnlich, bräunlich gebändert. Bauch und Unterschwanzdecken weiß. Den juv. fehlt die weiße Stirn (dunkler Ring um die Schnabelbasis) und auch die schwarze Zeichnung der Unterseite. Wichtiges Kennzeichen ist daher der Schnabel: relativ lang; bei juv. blaß fleischfarben mit dunkelgrauem First und schwärzlicher Spitze (Nagel); bei ad. entweder hell fleischfarben bis rosa oder orangegelb, Spitze (Nagel) weiß. Schnabel weist also keine ausgedehnten schwarzen Markierungen auf wie bei Saat- und Kurzschnabelgans. ■ Rufe meist 2silbig hoch und schnell, wie »ajak« oder »kliji«, auch 3silbig; weniger nasal als Saatgans.

V Br. der arktischen Gebiete vom Norden der europäischen UdSSR bis Ostsibirien, ferner im arktischen Nordamerika und auf Grönland. ■ Bei uns r. Wintergast und Durchzügler im Tiefland; im südlichen Binnenland ur. und meist nur in kleinen Trupps. Ende der 70er Jahre schätzte man die in den Niederlanden, Nordwestdeutschland, im Norden der DDR und im Osten Großbritanniens überwinternde Population auf ca. 180000 Individuen. ■ Wie Saatgans Kombination von Flachwasser (Ruheplatz) und Weideland (Äsungsplatz); beide können über 30 km voneinander entfernt liegen. Entscheidend ist, daß rastende Gänse nicht dauernd gestört werden.

N Grüne Pflanzenteile.

Die Winterbestände der Saatgans können in der Bundesrepublik bis über 25000 Vögel erreichen, die der Bläßgans bis mindestens 15000. In manchen Wintern sind die Zahlen aber auch viel niedriger. Die wichtigsten Rast- und Überwinterungsgebiete liegen z.B. an der unteren Elbe, an der unteren Ems (Dollart) und am Niederrhein. Die letzteren beiden stehen vor allem mit den großen Gänserastplätzen in den Niederlanden in Verbindung. Rast- und vor allem Äsungsgebiete sind z.T. gefährdet oder werden durch Störungen beeinträchtigt. Eine einzige Straße kann z.B. einen Äsungsplatz schon erheblich verkleinern, denn Gänse halten z.B. zu einer wenig befahrenen Straße bis zu 250 m Abstand und mindestens 400 m zu einer Trasse mit dichtem Verkehr. Gänsescharen sind also sehr störungsempfindlich, z.B. auch gegenüber Beobachtern und Fotografen. Auch die Niederwildjagd kann Gänse beeinträchtigen, selbst wenn kein Schuß auf sie fällt, denn bereits ein einzelner lauter Knall treibt sie hoch. Größere Gebiete müssen daher für Gänse als Schutzzonen ausgewiesen werden, dies vor allem auch, weil Schäden von weidenden Gänsen an Wiesen, Wintersaat usw. bei größeren störungsfreien Flächen kaum auftreten.

An der hellen Stirnblässe und der großen schwarzen Bauchfleckung sind alte Bläßgänse leicht zu erkennen.

Graugans

Anser anser

K Nach der Kanadagans die größte Wildgansart; Stammutter unserer Hausgans. Hell bräunlichgrau, heller als alle anderen grauen Gänsearten; im Flug auffallende helle Vorderflügel; weiße Ober- und Unterschwanzdecken (wie bei anderen Arten). Schnabel blaßorange mit rosa Anflug oder ganz rosa; keine schwarzen Abzeichen (vgl. Saatgans, S. 68). ■ Rufe ähnlich der Hausgans »ahng-ang-ang« oder »ga ga ga . . .«. ■ Wie die anderen Arten vorzugsweise in Gesellschaft.

V Br. in Nord- und Osteuropa sowie in vielen Teilen Asiens. Gesamtbestand der in Europa und Nordafrika überwinternden Graugänse wird auf ca. 120000 Vögel geschätzt. ■ Bei uns nur an wenigen Stellen Brutvogel (z. T. ausgesetzt, s. unten) und r. Durchzügler; im Winter nur in milden Gebieten (doch in manchen Gebieten halbzahm ausgesetzt). ■ Br. meist an Binnengewässern mit guten Deckungsmöglichkeiten (z. B. Schilf, Binsen, dichte Auwälder); Nahrungssuche oft auf Wiesen und Weiden, mitunter weit vom Wasser entfernt.

F Nest an schwer zugänglichen Stellen im Röhricht usw., meist nahe am Wasser. ■ Legezeit Ende März bis Anfang Mai; 1 Jahresbrut, Ersatzgelege bei Verlusten. ■ 4–9 (auch mehr) weißliche Eier ohne Glanz. ■ ♀ brütet 27–29 Tage; Junge werden von beiden Eltern geführt und sind mit 50–60 Tagen gerade flugfähig, bleiben aber noch bis in den Winter hinein bei den Eltern. Die Familie bricht gemeinsam zum Winterquartier auf.

N Land- und Wasserpflanzen.

Der Brutbestand der Graugans hat sich von einem Tiefstand wieder erholt. Nicht alle heute in Freiheit lebenden Graugänse sind allerdings reine Wildvögel. Absichtliche und unabsichtliche Einbürgerungen (z. T. auch Vögel verschiedener Rassen) sind z. B. in Niedersachsen, in Nordrhein-Westfalen und in Bayern erfolgt. In Schleswig-Holstein haben auch die Wildbestände erfreulich zugenommen. Um 1977 zählte man in diesem Brutbestand ca. 1000 Brutpaare (davon 700 erfolgreich) und 2750 Nichtbrüter. In Niedersachsen oder in Oberbayern haben sich ausgesetzte Graugänse z. T. beachtlich vermehrt, nicht immer zur Freude der Landwirte.

Dank den Beobachtungen des Nobelpreisträgers Konrad Lorenz ist die Graugans zu einem wichtigen Tier in der vergleichenden Verhaltensforschung geworden und hat schließlich auch viel zur allgemeinen Verbreitung biologischen Wissens beigetragen. Schon Oskar Heinroth, einer der Väter der Verhaltensforschung, hat 1911 über das Familienleben der Graugänse berichtet.

Altvögel leben in Dauerehe; ob allerdings nach dem Tode eines Partners der andere immer allein bleibt, darf bezweifelt werden. Immerhin ist Neuverpaarung durch den engen Familienzusammenhalt auch in großen Gänsetrupps erschwert und manche Vögel bleiben jahrelang allein. Die Paarbildung findet bereits im 2. Ka-

lenderjahr statt, obwohl die Vögel erst im 3. geschlechtsreif werden und wohl meist erst im 4. zum ersten Mal erfolgreich brüten, jedenfalls in freier Natur.
Meist dauert es recht lange, bis eine Gänseehe geschlossen ist. Das Männchen winkelt den Hals an und nähert sich einem Weibchen, wenn dieses weder mit Angriff noch Flucht reagiert. Wichtiger Bestandteil der Balz ist das Imponierverhalten des Männchens: Es schwimmt mit aufgeplusterten Federn des Hinterkörpers (Koggenhaltung) und macht sich dadurch größer. Andere Gänse, die den Weg kreuzen, werden angefolgen daher auch einem menschlichen »Ersatzelter«. Nur die Kenntnis des arteigenen Warntons ist angeboren. Die ersten Lautkontakte zwischen Jungen und Eltern entstehen schon etwa 2 Tage vor dem Schlüpfen. Ein hohes durchdringendes »Weinen« des Kükens im Ei zeigt dem Weibchen Abkühlung an und dient auch später dazu, Unbehagen der Jungen kundzutun.
Nach dem Schlüpfen der Jungen stellt sich auch der Ganter beim Nest ein und beteiligt sich mit dem Weibchen an der Jungenaufzucht. Beim Schwimmen bildet das Weibchen meist die Spitze, der Ganter

Grauganspaar mit etwa 2 Wochen alten Jungen.

droht. Dadurch bildet sich allmählich eine Rangordnung in der Schar. Nach dem Vertreiben eines »Gegners« kehrt der Ganter mit Triumphgeschrei zum Weibchen zurück. Damit ist dann der Paarbund besiegelt.
Den neugeborenen Jungen ist das Schema der Eltern nur sehr vage angeboren. So fehlt besonders eine angeborene Reaktion auf den Lockruf der Eltern; die Jungen müssen sie erst erlernen. Junge Graugänse schwimmt hinter den Jungen. Seine Hauptaufgabe ist Wache und Verteidigung.
Auch nach dem Flüggewerden kümmern sich die Eltern um die Jungen; die Familie zieht gemeinsam ab. Dies scheint für die Jungen entscheidend zu sein, da eine angeborene Zugbereitschaft fehlt. In den winterlichen Gänsetrupps halten die Familien bis ins Frühjahr zusammen. Erst zu Beginn der neuen Brutzeit verjagt dann der Ganter die Jungen.

Nonnengans

Branta leucopsis

K In Mitteleuropa kann man 3 »schwarze« Gänsearten beobachten, davon 2 r. nur an der Küste. Nonnengänse sind mittelgroß und besitzen einen kleinen Schnabel. Nacken, Hals und Vorderbrust schwarz, Gesicht weiß bis hell cremefarben (ein schwarzer Strich zieht von der Schnabelbasis durchs Auge). Oberseite grau, Schultern und Oberflügel schmal weiß gebändert; Schwanz schwarz; Oberschwanzdecken weiß, Unterseite hellgrau, scharf gegen schwarze Vorderbrust abgesetzt. Schnabel und Füße schwarz. ■ Im Flug kurz bellend »gock«; schrilles Geschrei. ■ Meist in größeren Trupps.

V Br. im hohen Norden, z.B. Grönland, Spitzbergen, Nowaja Semlja. Weltbestand wurde 1980/81 auf rund 400000 Vögel geschätzt. ■ Bei uns r. Gast an den Küsten, fast ganz auf das Wattenmeer von Schleswig-Holstein bis in die Niederlande beschränkt; Oktober/November bis April. Im Binnenland nur ganz ausnahmsweise, mitunter auch Gefangenschaftsflüchtlinge. ■ Im Winterquartier bei uns auf Salzwiesen, aber auch auf Weiden und Wiesen, Kleeflächen und Äckern; Ruheplätze auf dem Watt oder auf Sandbänken.

N Im Winter besonders Gräser, Kräuter, Queller *(Salicornia)*, Algen; aber auch Klee und Wintersaat.

Ringelgans

Branta bernicla

K Kleinste der »schwarzen« Gänse. Kopf, Hals und Brust schwarz; ad. tragen schmale, weiße Halbmondflecke an den Halsseiten, juv. einfarbig. Oberseite dunkel braungrau, Ober- und Unterschwanzdecken und Bauch weiß. Brust entweder heller grau von der schwarzen Vorderbrust abgesetzt oder etwas dunkler

Nonnengänse (und einige Bläßgänse) im Winterquartier.

grau und ± allmählich in die dunkle Brust übergehend (verschiedene Rassen). Schnabel, Beine und Füße schwarz. ■ Rufe 1silbig und kurz, tief »rock« u. ä. ■ So gut wie immer in Trupps oder größeren Scharen.

V Br. im arktischen Eurasien und in der Arktis Nordamerikas, z. B. Grönland, Spitzbergen, arktisches Sibirien, Alaska und Kanada. ■ In Mitteleuropa zahlreicher Durchzügler und Wintergast im Wattenmeer; etwa Oktober bis Anfang Mai. Im Binnenland nur einzelne verflogene Tiere. ■ Bei und an Flachküsten des Wattenmeeres gebunden und Nahrungssuche auf Seegras-, Grünalgen- und Quellerflächen; Ruheplätze auf dem Meer in Küstennähe; neuerdings auch zunehmend binnendeichs auf Gras- und Wintersaatflächen.

N Hauptsächlich Seegras *(Zostera)*, Queller, Grünalgen; auch Gräser und Wintersaat.

Ringelgänse im Wattenmeer. Diese Gänseart ist ganz besonders auf die Erhaltung der Wattenküste an der Nordsee angewiesen.

Kanadagans
Branta canadensis

K Etwas größer als Graugans und somit größte bei uns freilebend zu beobachtende Gans. Oberseite graubraun; weiße Oberschwanzdekken und weißer Bauch; schwarzer Schwanz. Schwarzer Hals und Kopf, von der hellgrauen bis bräunlichen Brust scharf abgesetzt. Von der Kehle bis hinter die Augen breiter weißer Fleck. Schnabel und Füße schwarz. ■ Im Flug nasal trompetend »ahong« (2. Silbe höher); Triumpfgeschrei in lauten Stakkatoreihen. ■ In manchen Gebieten als Parkgeflügel nicht selten.

V Br. in Nordamerika; in Europa z. T. eingeführt bzw. von Parkvögeln verwilderte Brutbestände, so z. B. Großbritannien, Schweden, Norwegen, Dänemark. ■ In Mitteleuropa Br. in den Niederlanden r. seit 1974 und etwa seit den 70er Jahren auch in der Bundesrepublik (z. B. Niedersachsen und Bayern). In Norddeutschland heute r. Wintergast, einzeln auch im Binnenland bis zur Schweiz (z. T. Br. aus Schweden durch Ringfunde nachgewiesen). An manchen Stellen aber halbwilde Parkpopulation, die sich auch auf Gewässern außerhalb der Städte angesiedelt haben (z. B. Bayern). ■ Bei uns Br. an Binnenseen, auch Kleingewässern (meist halbzahm); Nahrungssuche auf Grünflächen.

N Hauptsächlich Landpflanzen, wie Gräser, Klee, junge Saat, Sämereien; auch Pflanzen des Seichtwassers.

Die in Europa aus Amerika eingebürgerte Kanadagans ist die größte der »schwarzen« Gänse. Sie ist heute bei uns oft bereits außerhalb der Parkanlagen als Wildvogel zu beobachten.

Brandgans

Tadorna tadorna

K Große, gänseähnliche Ente; sehr kontrastreich schwarzweiß gefärbt. ♂ im Brutkleid Kopf und Vorderhals schwarzgrün, Körper größtenteils weiß; breites braunes Brustband und grünschwarzes Längsband von den Schultern aus nach hinten, schwarzes Band von der braunen Brust zum Bauch; Flügel weiß, Arm- und Handschwingen schwarz. Rotbraune Abzeichen am Unterschwanz und Ellenbogen. Im Ruhekleid sind die Farben stumpfer; Kopf mehr braunschwarz, an Gesicht und Kehle undeutlich weißliche Flecken, braunes Brustband undeutlicher. Beim ♀ braunes Brustband schmaler; im Ruhekleid Kopf noch brauner als bei ♂. Juv. Oberhals, Oberkopf und Rücken ± graubraun; Stirn, Teile des Gesichts und ganze Unterseite weiß. Wichtiges Kennzeichen für Alter und Geschlecht ist der Schnabel: juv. hellgrau, ad. fleischrosa; beim ♂ im Frühjahr/Sommer karminrot mit rotem Höcker an der Basis des Oberschnabels. ■ Rufe nicht sehr oft zu hören; ♀ »ak-ak-ak . . .«, oft ganz rasch wie Triller; ♂ pfeift hoch »tjutju . . .«; erregt ♂ und ♀ »arrä« oder »korr«.

V Br. der Küsten Europas sowie in Steppen Osteuropas und Asiens bis China. Heute in Europa dank Schutzmaßnahmen Zunahme und z. T. auch Br. im Binnenland. ■ Bei uns r. und heute nicht seltener Br. an der Küste, z. B. Niederlande bis 3500–4500 Paare (1973/77), Bundesrepublik 2500–3500 (1975/80). Heute auch Br. im küstennahen Binnenland; tiefer im Binnenland einzelne Brutversuche und heute auch einzeln r. Gast; doch meist handelt es sich dabei um entkommene Gefangenschaftsvögel. Zugverhalten s. unten. ■ Lebt an Meeresküsten und salzigen Binnenseen, Flußmündungen. In Mitteleuropa z. T. Einwanderung in Binnengewässer.

Brandganspaar; rechts das Männchen.

F Nistplatz meist in Höhlen (z. B. Kaninchenbaue; Erdlöcher in Dünen, Dämmen oder Uferböschungen; unter Gebäuden, Steinblöcken usw.). ■ Legezeit April bis Juni; 1 Jahresbrut, Nachgelege meist nur bei frühem Gelegeverlust. ■ (5)8–10(12) Eier, größere Gelege von 2 oder mehr ♀, die in 1 Nest zusammenlegen; Eier gelblichweiß. ■ ♀ brütet allein 29–31 Tage; Junge mit 45–50 Tagen flügge; manche bleiben bis zum Flüggewerden mit den Eltern zusammen, andere werden vorher verlassen. Dabei bilden sich oft »Kindergärten« mit Jungvögeln aus verschiedenen Gelegen unter Aufsicht einzelner Altvögel.

N Kleine Wirbellose, z. B. Mollusken, kleine Krebse, Insektenlarven.

Berühmt geworden ist der spektakuläre Mauserzug der Brandgans. Von Juli bis August/Mitte September versammeln sich z.B. Zehntausende im Wattenmeer zwischen Ems- und Wesermündung. Wichtigstes Zentrum ist der Große Knechtsand, an dem Spitzenwerte von 50000–100000 Vögel zusammenkommen, um vor allem ihr Großgefieder zu wechseln. Wie bei anderen Entenvögeln, aber z.B. auch den Lappentauchern (vgl. S.9) und Rallen fallen die Schwungfedern gleichzeitig aus, so daß die Mauservögel vorübergehend flugunfähig werden. Sie müssen also vor der Mauser geschützte und vor allem nahrungsreiche Gebiete aufsuchen. Am Knechtsand treffen sich Brutvögel aus England, Irland, Belgien, Holland, Dänemark, Norwegen, Schweden, der DDR, Polen, dem Baltikum und natürlich auch aus der Bundesrepublik. Sogar Brutvögel aus der Camargue/Südfrankreich wandern über das europäische Binnenland bis in die südliche Nordsee, wie man seit neuester Zeit durch Ringfunde weiß. Neben dem Knechtsand gibt es noch weitere kleinere Mauserzentren im Nordseebereich, aber auch in Großbritannien. Meist eröffnen Nichtbrüter im 2. Kalenderjahr – Brandgänse werden erst gegen Ende des 2. Kalenderjahres (also im 2. Lebensjahr) geschlechtsreif – den Abzug ins Mauserquartier im Juni. Ad. mit Jungen können meist erst später weg; z.T. verlassen sie die noch lange nicht selbständigen Jungen, die dann unter Aufsicht weniger ad. zurückbleiben (s. oben). Nach der Mauser verteilen sich dann die Brandenten des Knechtsandes auf die umliegenden Gebiete des Wattenmeeres. Bis Ende Oktober (selten bis Dezember) sind z.B. die Vögel Großbritanniens und Irlands wieder in ihren Brutgebieten; viele bleiben auch bis zum Frühjahr in der südlichen Nordsee.

Brandganspaar mit etwa 8tägigen Dunenjungen.

Innerhalb der Entenvögel gehören die Brandgänse zu einer eigenen Gruppe und sind z.B. mit den Rostgänsen (bei uns als Zooflüchtlinge gelegentlich in Freiheit zu sehen) näher verwandt. Für den Beobachter vereinigen sie Merkmale von Gänsen mit typischen Entenmerkmalen. Die Systematiker betrachten sie daher oft als eine eigene Gruppe der Entenvögel.

Pfeifente

Anas penelope

[K] Bei allen Gründelenten sind die ♂ im Brutkleid (= »Prachtkleid«) leicht zu erkennen, doch die Ruhekleider und Kleider der ♀ (= »Schlichtkleider«) bei verschiedenen Arten einander sehr ähnlich. Daher kommt es beim Bestimmen vielfach auf Gestalt, Größe, Kopfform und Flügelzeichnung (Spiegel s. S.84) an: Pfeifenten sind kleiner als Stockenten, haben kurzen Schnabel (grau bis bläulichgrau) und relativ hohe Stirn. ♂ im Brutkleid Kopf und Hals kastanienbraun, gelbliche Stirnblesse; Brust weinrötlich; Bauch weiß, schwarze Unterschwanzdecken davon scharf abgesetzt; Rücken und Flanken hellgrau; aus der Nähe ist eine feine Querwellung zu erkennen; auffälliges weißes Flügelfeld. Flugbild: Breites weißes Feld quer über dem Vorderflügel, dunkel schwarzgrüner Spiegel vorne und hinten schmal weiß gesäumt; Handschwingen dunkel graubraun; Schwanz zugespitzt dunkel; Bauch weiß abgesetzt. ♂ im Ruhekleid sehr ähnlich ♀; Flanken mehr rotbraun, Oberseite dunkler. Weißer Vorderflügel als helles Schulterband auch meist im Schwimmen zu sehen. ♀ rötlichbraun, Kopf und Hals meist etwas dunkler; Bauch deutlich weiß abgesetzt (Flug !); Vorderflügel grau mit weißer Schuppung; Spiegel ähnlich ♂, doch weniger deutlich grünlich. ■ Pfiff des ♂ sehr typisch »huiu« (Betonung und Hebung in der Mitte); kurzer Pfeiflaut, wie »whip . . .« usw. ♀ schnarren »krrr«. ■ Im Binnenland meist in kleinen Trupps, an der Küste oft in großen Schwärmen auf Grünland.

[V] Br. im Norden Eurasiens von Island bis Sachalin und Kamtschatka. ■ In Mitteleuropa nur selten Einzelbruten in den Niederlanden, im Norden der DDR und Polen. An der Küste r. und sehr zahlreicher Durchzügler und Wintergast; im Binnenland r., doch meist nur in kleiner Zahl. Hauptsächlich September bis April, nur selten übersommernd, am häufigsten an der Küste. ■ Br. an vegetationsreichen Binnengewässern; auf dem Zug und im Winter vor allem in größeren Scharen an der Küste und auf küstennahen Binnengewässern; weidet gern in großen Trupps auf dem Grünland.

[N] Hauptsächlich Pflanzen, besonders Gräser, Seegräser, Grünalgen; tierische Nahrung unbedeutend.

Vegetarier müssen vor allem im Winter einen großen Teil ihrer täglichen Aktivität der Nahrungssuche widmen, um ausreichend ernährt zu werden (vgl. z.B. Auerhuhn, Band 2, S.79). In Großbritannien variierte bei überwinternden Pfeifenten von November bis März die untertags für die Weidetätigkeit aufgewendete Zeit zwischen 70 und 80%. Noch größere Werte hat man für grasende Gänse festgestellt, z.B. um 90% bei Bläßgänsen und 77–86% bei Nonnengänsen. Doch Pfeifenten verwenden auch einen Teil der Nacht, um Nahrung aufzunehmen. Im März werden z. B. rund 48% der Nacht und 81% des Tages für die Aufnahme der Nahrung genutzt, damit also etwa 65% eines 24-Stunden-Tages. Während eines Winterhalbjahres werden auf küstennahen Wiesen von weidenden Enten und Gänsen natürlich erhebliche Pflanzenmengen aufgenommen. Dies führt mitunter zu Problemen mit der Landwirtschaft.

In riesigen Scharen überwintern Pfeifenten auf küstennahen Grünländern. Für Großbritannien ist ein Winterbestand von 150000 bis 250000 anzunehmen; hinzu kommen weitere 30000–40000 in Irland. Auch in Belgien und in den Niederlanden dürften die Maximalzahlen im Winterhalbjahr fast 100000 erreichen und Tausende sind auch an geeigneten Stellen der deutschen Küste zu beobachten.

Im Binnenland dagegen zählt auch an den großen Überwinterungs- und Durchzugsplätzen die Pfeifente zu den ausgesprochen spärlich auftretenden Arten; selbst am Bodensee, einem der größten Wasservogelrastplätze im Mittel- und westeuropäischen Binnenland sind schon Konzentrationen von Hunderten nicht häufig. Es ist übrigens nicht ganz einfach, einzelne Pfeifenten im Schlichtkleid in den herbstlichen Trupps von Gründelenten zu entdekken.

Große Entfernungen und schwieriges Ansprechen der Schlichtkleider in den oft dicht auf der Seefläche ruhenden Entenscharen zwingen den Wasservogelbeobachter, über den Feldstecher hinaus Optik mit höherer Vergrößerung zu wählen. An den Terminen der internationalen Wasservogelzählung benutzen daher die ehrenamtlichen Mitarbeiter meist einäugige (monokulare) Fernrohre mit Vergrößerungen 20 bis 40fach, um aus größerer Entfernung in Ruhe Wasservogelscharen durchmustern zu können. Allein in der Bundesrepublik Deutschland waren z. B. zum Termin der Mittwinterzählung im Januar 1967–1973 jeweils fast 500 Zählstellen besetzt, an denen insgesamt mehrere Hunderttausend Enten, Schwäne, Bläßhühner und Taucher ermittelt wurden. Viele der in diesem Buch genannten Zahlen sind Ergebnisse dieser Arbeit.

Pfeifenten im Spätwinter.

Schnatterente

Anas strepera

K Nur wenig kleiner als Stockente. ♂ weniger bunt gefärbt als die Erpel anderer Gründelenten. Im Brutkleid dunkelgrau, Kopf bräunlich; Hinterbrust und Bauch weiß. Breiter weißer Flügelspiegel, der auch im Schwimmen oft als kleiner Fleck am Körperhinterende zu sehen ist; Flügeldekken am Spiegel rotbraun; Ober- und Unterschwanzdecken schwarz. Im Ruhekleid ähnlich ♀, das der Stockente sehr ähnlich sieht, doch etwas kleiner und schlanker wirkt mit schwächerem Schnabel; Spiegel weiß, doch nicht so scharf abgesetzt wie beim ♂. Im Flug wichtig: Weißer Bauch scharf von der dunklen Brust abgesetzt (ähnlich wie Pfeifente!). Schnabel: ♂ im Brutkleid einfarbig grau, ♂ im Ruhekleid und ♀ orangegelb mit dunklem First. ■ Rufe des ♂ sehr charakteristisch; bei der Balz tief »ärp ärp« und dann mit durchdringendem Pfiff »ööö iii« oder »ö öihöö«. Das ♀ quakt ähnlich Stockente, doch etwas höher; Decrescendo-Ruf »rääk-rääk-räk ...« (nicht so laut wie Stockente). ■ Schwimmt hoch auf dem Wasser, gründelt oder holt Nahrung von der Wasseroberfläche.

V Br. in den mittleren Breiten Europas und Asiens sowie in Nordamerika. ■ In Mitteleuropa als Br. sehr lükkenhaft verbreitet und in vielen Gebieten fehlend; nur im Tiefland zu

Schnatterentenpaar. Bei verpaarten Gründelenten schwimmt das Weibchen (rechts) sehr häufig voraus und fliegt bei Störung auch zuerst auf.

erwarten. In der Bundesrepublik potentiell bedroht. Als Durchzügler r., doch meist nur geringe Zahlen. Überwiegend Zugvogel, daher im Mittwinter bei uns meist nur wenige; hauptsächliche Winterquartiere Westeuropa, Mittelmeergebiet und Nordafrika (einzeln auch südlich der Sahara nachgewiesen). ■ Seichte, stehende bis langsam fließende, nährstoffreiche Binnengewässer, als Gast auch auf Brackwasser.

F Nest in der dichten Vegetation am Boden in Wassernähe. ■ Legezeit Ende April bis Juni, meist Mai; 1 Jahresbrut. ■ (6)8–12(14) Eier, auffallend rahmgelb und kleiner als Stockenteneier. ■ ♀ brütet 24–26 Tage und führt die Jungen allein etwa 45–50 Tage.

N Überwiegend pflanzlich, vor allem im Winterhalbjahr; Kleintiere des Wassers meistens bedeutungslos.

Schnatterenten, zumal im Schlichtkleid, können leicht übersehen werden, da sie weiblichen Stockenten sehr ähneln. Im Flug ist jedoch der weiße Spiegel ein untrügliches Kennzeichen. Im Binnenland ist die Art heute teilweise etwas häufiger als früher, jedenfalls als Durchzügler oder Rastvogel. Vielleicht hat sie, wie auch einige andere Gründelenten und das Bläßhuhn, von der Nährstoffanreicherung unserer Seen profitiert.

Enten und andere Schwimmvögel sind zumindest außerhalb der Brutzeit gern gesellig. Das hat sicher Vorteile gegenüber natürlichen Feinden, z.B. dem Seeadler. Geselligkeit erlaubt aber auch eine sehr intensive Nutzung der Nahrungsquellen, die vor allem im Herbst nach der Vegetationsperiode des Sommers in seichten oder ufernahen Gewässerteilen reichlich vorhanden sind. Doch Gründelenten können nur bis zu einer Wassertiefe von 30–50 cm Pflanzen und Kleintiere heraufholen. Unter Gründeln versteht man das Vorkippen des Vorderkörpers, bis die Körperachse etwa senkrecht im Wasser steht. Der Vorderteil mit Kopf und Schnabel ist dabei vollständig unter Wasser, der hintere steht senkrecht nach oben, sowie es im Kinderlied beschrieben wird. Mit paddelnden Fußbewegungen wird das Gleichgewicht gehalten.

Schnatterenten gründeln meist nicht so häufig wie z.B. Stockenten. Sie versuchen auch gelegentlich ganz unterzutauchen. Häufig verlassen sie sich aber auf andere tauchfähige Schwimmvögel und nehmen ihnen dann die heraufgetauchte Nahrung ab. An manchen Stellen ist das Bläßhuhn bevorzugtes Opfer der Schnatterente. Man hat beobachtet, daß Schnatterenten durch Nahrungsschmarotzen bei Bläßhühnern zumindest vorübergehend einen wesentlichen Teil ihrer Nahrung erwerben und sich daher an Stellen halten können, wo es für sie eigentlich nichts zu holen gibt. In Jägerkreisen wird häufig der Standpunkt vertreten, das laute und »zänkische« Bläßhuhn würde Enten vertreiben und müsse daher kurz gehalten werden. Wie die Schnatterente beweist, kann durchaus das Gegenteil der Fall sein.

Wie die Stockerpel sammeln sich auch Schnattererpel zum Gesellschaftsspiel (vgl. S. 83), allerdings oft schon Ende Juni und August, bevor die sommerliche Mauser beendet ist. So nehmen Schnattererpel also häufig schon im Schlichtkleid an der Gemeinschaftsbalz teil. Die merkwürdigen Grunzpfiffe der Erpel sind weithin zu hören. Ganz allgemein zeigen Schnatterenten bei der Balz lebhafteres Temperament als Stockenten. Bei ihnen sind auch die Verfolgungsflüge, in denen mehrere Erpel hinter einem Weibchen herfliegen, viel häufiger und eigentlich mit Ausnahme des rauhen Mittwinters das ganze Jahr über zu sehen.

Krickente

Anas crecca

K Kleinste Gründelente, doch Knäkente nur wenig größer. ♂ im Brutkleid: Dunkelbrauner Kopf mit breitem, nach hinten bogenförmig in den Nacken reichenden, grünen Seitenstreifen, der schmal gelblich eingefaßt ist (aus der Entfernung sind diese Details kaum zu sehen; Kopf dann einheitlich dunkel); Rükken und Flanken grau, auffallender weißer Längsstreif an den Schultern; gelbe Unterschwanzdecken mit schwarzem Saum bilden ein helles Dreieck am Hinterende; Brust cremefarben mit dunklen Tupfen. ♂ im Ruhekleid sehr ähnlich ♀; dieses hellbraun bis gelblich, dicht dunkler braun gefleckt. Gedrungener als Knäkente, Stirnprofil etwas höher, heller Überaugenstreif weniger deutlich. Flügelspiegel schwarzgrün, vorne breit hell abgegrenzt. Schnabel schwarzgrau. ▪ ♂ rufen melodisch hoch »krlik« (Name!); ♀ quaken ganz hoch »gä gä ...«. ▪ Oft in Trupps, bevorzugt dicht am Ufer oder im Seichtwasser. Während der Brutzeit sehr heimlich.

V Br. im nördlichen Eurasien und Nordamerika. ▪ Bei uns verbreiteter Br., aber vor allem im Binnenland nirgens häufig und regionale Bestände oft sehr klein. In der Bundesrepublik Deutschland bedroht. Als Durchzügler und Wintergast r. und nach der Stockente oft zweithäufigste Gründelente. ▪ Br. versteckt an Binnengewässern, auch in wenig nährstoffreichen Heide- und Moorseen, die vom Wald eingeschlossen sind, auch noch im Mittelgebirge in höheren Lagen. Auf dem Zug und während des Winters meist im Flachwasser stehender Gewässer, an Schlick- und Schlammflächen, auch auf Brackwasser.

F Nest am Boden in dichter Vegetation, meist nahe am Wasser. ▪ Legezeit April bis Juni; 1 Jahresbrut. ▪ (5)8–11(12) Eier, gelblichgrau mit grünem Schimmer. ▪ ♀ brütet 21–23 Tage und führt die Jungen 25–30 Tage.

N Tierisch und pflanzlich; weniger vielseitig als Stockente.

Eine besondere Gefahr für Gebiete mit großen Wasservogelkonzentrationen ist in den letzten Jahrzehnten in Gestalt einer Seuche aufgetaucht, die man als Botulismus bezeichnet. Verursacher ist ein Bakterium, *Clostridium botulinum,* dessen Typ C ein besonders wirkungsvolles Toxin bildet. Verschiedene Typen sind auch für den Menschen gefährlich (»Wurstvergiftung«). Das Bakterium lebt ohne Sauerstoff, und so kann es besonders im Hochsommer in sauerstoffarmen, schlammigen Gewässern mit viel faulendem organischen Material zu starker Vermehrung kom-

Zwei Erpel der Krickente (links) und ein Weibchen der Schnatterente (rechts).

men. Das Gift wirkt vor allem auf das Zentralnervensystem. Larven der Schmeißfliege können hohe Toxinmengen enthalten. Wirbellose Tiere und auch Fische leiden nicht unter der Giftwirkung. Wie nun Enten und andere Wasservögel vergiftet werden, ist noch nicht ganz klar.

Jedenfalls ist es in neuerer Zeit in Europa mehrfach zu Massenvergiftungen gekommen. 1973 trat im Ismaninger Teichgebiet bei München ein Massensterben auf, dem schätzungsweise über 20000 Wasservögel zum Opfer fielen. Auch im Ijsselmeer in den Niederlanden und im berühmten Nationalpark Coto Doñana in Südwestspanien starben Zehntausende, so daß allein in diesen drei europäischen Wasservogelzentren wohl über 100000 Wasservögel zugrunde gingen. Zwischenzeitlich sind immer wieder kleinere und größere Fälle bekannt geworden, fast regelmäßig z.B. im Ismaninger Teichgebiet, aber auch im Gebiet des Neusiedler Sees im Burgenland, am unteren Inn und an einigen weiteren Stellen in Mitteleuropa. Unter über 500 Vogelkadavern, die bei der Botulismus-Epidemie 1982 am unteren Inn gefunden wurden, befanden sich nicht weniger als 214 Krickenten. Dies mag kein Zufall sein, da ganz offenbar Flachwasserarten hier besonders gefährdet waren. In anderen Fällen waren Tauchenten oder auch Bläßhühner stärker betroffen. Wirksame Gegenmaßnahmen gibt es bis jetzt kaum. Man sollte bei Ausbruch einer Seuche (unter Aufsicht!) die Vogelkadaver möglichst rasch vollständig absammeln.

Im Flachwasser nach Nahrung suchenden Enten droht vor allem in Gebieten mit starker Bejagung noch eine weitere Gefahr. Sie nehmen im Boden des Ufers liegende Schrotkörner auf, wahrscheinlich sogar gezielt, da die kleinen Bleikörner Pflanzensamen ähneln. So kommt es durch aufgenommene Schrotkörner zu Bleivergiftungen, die schon an verschiedenen Stellen Europas auftraten.

Eines der berühmtesten Winterquartiere der Krickente in Europa ist die Camargue in Südfrankreich.

Stockente

Anas platyrhynchos

[K] Größte und bei weitem die häufigste Gründelente; als Parkvogel allgemein bekannt. ♂ im Brutkleid: Flaschengrüner Kopf, weißer Halsring, dunkelbrauner Kropf; Körper überwiegend grau mit hellerer Unterseite; obere und untere Schwanzdecken schwarz. Die beiden mittleren schwarzen Schwanzfedern schimmern blaugrün; ihre Spitzen sind aufgerollt (»Erpellocken«). Rükken braun, Flügelspiegel metallisch blau, vorne und hinten schmal schwarz und breit weiß gesäumt. Im Ruhekleid ♂ ähnlich ♀, allerdings etwas einheitlicher gefärbt. Wichtiges Kennzeichen ist jetzt die Schnabelfärbung: ♂ Ruhekleid ± einfarbig olivgrün, ♂ Brutkleid mehr grünlichgelb, ♀ grünlich oliv, aber First dunkel. ♀ braun mit feiner dunkler Zeichnung. Abweichend gefärbte Individuen s. unten. ■ ♂ rufen gedämpft »rähb«, vom Herbst bis Frühjahr bei der Balz ein hoher dünner Pfiff, z.B. »fihbib« (»Grunzpfiff«). ♀ quaken laut »waak waak ...«, von September bis April oft in lauten Decrescendoreihen; am Brutplatz oft lange »quak«-Reihen.

[V] Br. in Europa, Asien und Nordamerika. ■ Bei uns als Brutvogel die mit Abstand häufigste und verbreitetste Ente; Brutplätze finden sich von der Küste bis ins Gebirge. Stand- und Strichvogel, Kurzstreckenzieher. Im Winter oft Zuzug von Nordosten. ■ Lebensraum sehr vielseitig; Br. an stehenden und langsam fließenden Gewässern aller Art, selbst an kleinen Wasserlöchern. Heute überall auch meist halbzahme Parkbestände; einzelne ♀ legen ihre Nester auch in Gärten und Friedhöfen an. Zur Nahrungssuche, besonders im Winterhalbjahr, auch mitunter fernab vom Wasser (z.B. auf Feldern). Auf dem Zug und im Winter auch Rast auf Meereslagunen und auf Brackwasser.

[F] Nester meist auf dem Boden, oft nahe am Wasser, aber auch weitab davon; nicht selten werden Nester auch auf Wurzelstöcken, Bäumen oder Mauern gefunden; nimmt auch Nistkästen oder Nistkörbe an. Dekkung ist nicht wichtig. ■ Legezeit März bis Juni, also im allgemeinen früher als andere Enten; 1 Jahresbrut, bei Gelegeverlust oft Ersatzgelege. ■ (5)7–11(15) Eier; hell bräunlichgrün bis grünlich, matt glänzend. ■ ♀ brütet 25–30 Tage und führt die Jungen, die bereits am 1. Tag das Nest verlassen, etwa 50–60 Tage.

[N] Vielseitig, pflanzlich und tierisch, mit starken jahreszeitlichen Unterschieden; z.B. Sämereien, grüne Pflanzenteile von Wasser-, Ufer- und Landpflanzen, Insekten und deren Larven, kleine Krebstiere usw. An Futterstellen auch Brot und andere Abfälle.

Besonders in der Nähe menschlicher Siedlungen, aber auch einzeln in freier Natur weitab vom nächsten

Parkteich, kann man öfters abweichend gefärbte Stockenten beobachten mit weißen Abzeichen, besonders dunklen Federpartien, kleinen Federhäubchen usw. Manchmal meinen Vogelfreunde, eine seltene oder ihnen neue Entenart entdeckt zu haben. Doch des Rätsels Lösung ist einfach: Wilde Stockenten verpaaren sich mit mehr oder minder freifliegenden Hausenten verschiedenster Färbung. Da die Stockente die Stammutter unserer Hausentenrassen darstellt, besteht sehr nahe biologische Verwandtschaft und die Bastarde sind auch fruchtbar (über wildlebende Artbastarde bei Enten s. S. 93). Vielfach werden auch durch die Jäger Hochbrutflugenten, die eine relativ kleine und gut flugfähige Hausentenrasse darstellen, gezüchtet und gebietsweise in größeren Mengen ausgesetzt. Auch wenn die ausgesetzten Vögel wildfarbig sind (es gibt auch weiße Hochbrutflugenten) kann es durchaus sein, daß sich unter den Nachkommen weißgescheckte Individuen befinden. Sicher haben freigelassene Enten eine geringe Überlebenschance, doch die massiven Wasservogelfütterungen in den menschlichen Ballungsräumen im Winter und mit Hausentenblut vermischte Parkenten sorgen wohl für Nachschub und günstige Überlebenschancen solcher Mischlinge.

Die Stockente ist das beliebteste Jagdobjekt unter den Wasservögeln. Unter den jährlich 400000–500000 laut offizieller Jagdstatistik in der Bundesrepublik Deutschland geschossenen Enten macht sie sicher den größten Anteil aus; im Binnenland wohl über 80%.

Balz und Paarbildung bei der Stockente beginnen schon im Herbst. An halbzahmen Parkbeständen kann man das interessante Verhalten der fast stets sozial in größerem Verband lebenden Enten sehr gut beobachten. Meist sammeln sich die balzenden Erpel in einer Gruppe, die Weibchen schauen zu. Die Balz ist ein regelrechtes Gesellschaftsspiel, an dem die ♀ nur Zuschauer sind. In der Regel erkennt man den Beginn am sog. »Einleitenden Schütteln«: Der Kopf schnellt nach oben, die

Bei Gründelenten führen die Weibchen ihre Jungen allein.

Bei der Begattung hält sich der Erpel am Hinterkopf der fast untergetauchten Ente fest.

Vögel sinken dann etwas in sich zusammen und schütteln den Schwanz. Besonders auffällig ist der »Grunzpfiff« des Erpels. Dabei wird der Körper und zuletzt auch der Kopf hochgerissen und bei stärkster Spannung der Luftröhre hört man einen hellen Pfiff. Die ganze komplizierte Bewegungsfolge läuft sehr rasch ab. Ein weiterer zeremonieller Bestandteil des Gesellschaftsspieles der Erpel ist das »Kurz-Hoch-

Stockente durchsiebt mit dem Seihapparat ihres Schnabels den Schlamm.

Werden«, bei dem der Kopf mit lautem Pfiff hoch und zurück gerissen und der gespreizte Schwanz nach oben gehoben wird, so daß der Körper eigenartig kurz und hoch wird. Weitere Bewegungen sind z.B. das »Nickschwimmen« um eine Ente, die »Auf-Ab-Bewegung« oder das »räb«-Palaver. Die sehr bezeichnenden Namen für die einzelnen Bewegungen des reichen Verhaltensrepertoires, an jedem Parkteich eingehend zu beobachten, stammen von Konrad Lorenz, dem Verhaltensforscher und Nobelpreisträger.
Am Gesellschaftsspiel nehmen verpaarte und unverpaarte Erpel teil. Daneben sind noch Verhaltensweisen zu beobachten, die ganz an das Weibchen adressiert sind und der eigentlichen Paarbildung dienen. Ein merkwürdiger Antrag geht vom Weibchen aus, nämlich das Hetzen. Dabei legt das Weibchen den Kopf seitlich zurück und dreht ihn wieder nach vorne; dies wiederholt sich viele Male. Es weist gewissermaßen über die Schulter auf einen Rivalen, so als ob es den Erpel seiner Wahl auf einen Fremden hetzen wollte. Diese rasche Bewegung sieht man auch sehr häufig von verpaarten Weibchen. Erpel, die einen Antrag annehmen, breiten den Flügel nach oben und tun so, als ob sie sich putzen wollten. Bei diesem Scheinputzen wird der bunte Spiegel dem Weibchen präsentiert. Vor der Begattung, die auf dem Wasser stattfindet, wobei sich der Erpel in die Nakkenfedern des Weibchens verbeißt, heben und senken die beiden einander zugewandten Partner den Kopf (»Einleitendes Pumpen«). Ganz ähnliche Bewegungen, allerdings nur mit dem Kopf und Schnabel, sieht man, bevor ein Paar auffliegt. Die »Entensprache« in Form verschiedener relativ einheitlicher und starrer Ausdrucksbewegungen läßt sich also erlernen und deuten.

Schon vom Herbst an sind viele Stockenten verpaart; meist bleiben aber einige Erpel übrig. Bei verpaarten Stockenten schwimmt das Weibchen meistens voran und fliegt auch häufig zuerst auf. Paare erkennt man oft auch daran, daß beide Partner jeweils mit der gleichen Tätigkeit, wie Gründeln, Putzen, Ruhen usw. beschäftigt sind. Mitunter schließt sich noch ein zweiter Erpel locker an. Nicht selten kommt es auch zwischen den Erpeln zu tätlichen Auseinandersetzungen, besonders im Frühjahr. Sie kämpfen dann Brust an Brust und man sieht auch dann bei manchen Erpeln helle Stellen ausgerissener Federn im braunen Kropf. Von Frühjahr bis Frühsommer wird eine Ente in der Luft auch oft von zwei oder mehreren Erpeln regelrecht verfolgt. Diese Verfolgungsflüge, die auch bei anderen Enten auftreten, nennt man mit einem Ausdruck aus der Jägersprache »Reihen«. Das Reihen kann in richtiggehende Hetzjagden ausarten, an deren Ende es auch nicht selten zu Vergewaltigungen des Weibchens durch einen oder mehrere fremde Erpel kommt. Die Paarbindung löst sich allmählich auf, wenn das Weibchen auf den Eiern sitzt. Sobald die Jungen geschlüpft sind, ziehen sich die meisten Erpel dann schon zur Mauser zurück und bilden ausgesprochene Erpelverbände.
Bevor die Schwingen ausfallen, haben die Erpel ein weibchenähnliches Schlichtkleid angelegt. So kommt es, daß man im Juli/August so gut wie nur weibchenfarbige Stockenten sieht. Erst ab September/Oktober tauchen dann wieder mehr und mehr Erpel im frischen Brutkleid (= Prachtkleid) auf und die Gesellschaftsspiele beginnen wieder.
Die Weibchen sind dagegen das ganze Jahr über schlicht gefärbt. Die Tarnung ist besonders am Nest wichtig. Meist bleibt das Weibchen

Oft kreuzen Hausenten in wildlebende Stockenten ein. Durch seinen übermäßig ausgebildeten Kropf, der noch dazu heller gefärbt ist, beweist der Erpel links von der Bildmitte, daß er kein reiner Wildvogel ist. Der Vergleich mit den übrigen Erpeln (z.B. links im Vordergrund oder rechts der Bildmitte) macht den Unterschied deutlich.

bei Annäherung einer Störung sehr lange auf dem Gelege sitzen; es verschmilzt richtiggehend mit seiner Umgebung. Die hellen Eier sind dagegen viel auffälliger und so ist es sinnvoll, wenn der brütende Vogel möglichst lange auf dem Nest ausharrt.
Überrascht vom Nest gejagte Weibchen bespritzen das Gelege häufig mit dünnflüssigem und übelriechendem Kot, der Eierräuber sicher abhält. In Ruhe vom Nest gehende Weibchen decken dagegen das Gelege ab, z.T. mit Dunen, die sich im Laufe der Brutzeit von der Bauchseite lösen. Dadurch werden die Eier nicht nur gegen Sicht geschützt, sondern gleichzeitig auch warm gehalten. Ist das Gelege hoch bebrütet, fliegt das vom Nest vertriebene Weibchen nicht einfach weg, sondern schwimmt oft flügelschlagend scheinbar hilflos im Wasser. Durch dieses Verleiten wird später auch versucht, Gefahr von den kleinen Jungen abzulenken.

Spießente

Anas acuta

K Insgesamt etwas kleiner als Stockente; wirkt sehr schlank, auffallend langer und dünner Hals. ♂ im Brutkleid grau mit dunkelbraunem Kopf; Hals weiß. Ein schmaler, weißer Keil reicht an den hinteren Kopfseiten bis etwa Schnabelhöhe. Unterseite weiß; vor den scharf abgesetzten, schwarzen Unterschwanzdecken ein gelbes Feld. Schwanz ist lang und spitz ausgezogen. Im Ruhekleid ♂ dem ♀ sehr ähnlich, doch Kopf etwas heller, Schwanz viel weniger zugespitzt als im Brutkleid. Spiegel bronzegrün, hinten schmal weiß gesäumt. ♀ bräunlich, heller als Stockente. Wichtig ist die schlanke Figur; Spiegel im Flug wenig auffallend. Der dünne Hals fällt auch im Flug auf. Schnabel ± grau (vgl. z.B. Stockente, S.82). ■ Stimme meist wenig auffällig; Balzruf des ♂ ähnlich Krickente, aber gedämpfter »krlük«. ■ Im Binnenland meist nur in kleinen Trupps oder einzeln unter anderen Gründelenten; im Schwimmen wird Schwanz meist ± schräg nach oben gehalten.

Spießenten fliegen auf.

V Br. im Norden Eurasiens und in Nordamerika. ■ Bei uns nur seltener und meist ur. Br., in der Bundesrepublik potentiell bedroht; r. Durchzügler und Wintergast, doch zahlreich nur an der Küste; im Binnenland r. nur in kleiner Anzahl, meist September bis April. ■ Br. in offenen Niederungslandschaften mit größeren stehenden Binnengewässern oder Überschwemmungsflächen. Auf dem Zug oder im Winterquartier vor allem an Flußmündungen, Strandseen, Lagunen und auf dem Meer an Flachküsten; auch auf großen Binnengewässern.

F Nest am Boden in der Vegetation versteckt. ■ Legezeit Mitte April bis Juni; 1 Jahresbrut. ■ (5)7–12 Eier; grünlichgelb bis rahmfarben. ■ ♀ brütet 22–24 Tage; Junge sind mit 40–45 Tagen flügge.

N Pflanzlich und tierisch; ähnlich wie Stockente.

Wohl 90% der europäischen Spießenten brüten in der Sowjetunion. Die Art ist bei uns vor allem Durchzügler und Wintergast, besonders im Tiefland und an der Küste. In den Niederlanden wurden viele durchziehende und überwinternde Spießenten beringt. Ringträger wurden im

Mai/Juni des auf den den Beringungswinter folgenden Jahres im Norden der europäischen UdSSR gefunden, z. B. in Karelien, im Gebiet um Archangelsk und ostwärts bis über den Ural. Bei uns ist die Art auf dem Frühjahrszug meist deutlich häufiger als im Herbst. Im Binnenland sind allerdings auch dann nur meist kleine Trupps zu sehen. Im Westen Europas bilden vor allem das atlantische Frankreich, sowie Großbritannien und Irland wichtige Winterquartiere; auch in den Niederlanden umfaßt der Januarbestand Tausende.
Doch diese Zahlen werden weit übertroffen von den riesigen Scharen, die schon im Sommer zur Mauser an die großen Seen der Steppengebiete Kasachstans kommen, u. a. auch ins Wolgadelta. 150 000 bis 300 000 konzentrieren sich hier bereits im Spätsommer. Im Kaspigebiet werden auch im Winter noch über 150 000 Vögel angetroffen. Ein weiteres wichtiges Wintergebiet scheint auch Kleinasien zu sein. Größere Trupps trifft man an günstigen Stellen des Mittelmeergebietes von Südspanien/Marokko nach Osten bis ins Nildelta. Das Winterquartier reicht in Afrika nach Süden bis Tanzania, Nigeria, Mali und Senegal. Spießenten sind auch deutlich zu erkennen auf ägyptischen Darstellungen von Jagdszenen in den Papyrussümpfen des Nil etwa aus der Zeit der 18. Dynastie um 1500 vor Christus. Heute wissen wir durch die Beringung, daß auch Mauservögel aus dem Wolgadelta, deren Brutgebiete weiter im Norden liegen, sich im Winter im Niltal aufhalten.
Von Spießenten sind auch schon relativ viele Ozeanüberquerungen bekannt geworden. Der Atlantik wurde von einzelnen zwischen Island und Kanada bzw. Labrador überquert sowie zwischen England und Labrador. In großen Stil scheinen Spießenten aber den Pazifik zu überfliegen. Aus Hawaii und den westlichen USA sind bereits Hunderte von Ringvögeln im Osten der UdSSR gefunden worden. Einige stammen dabei aus Amerika (als Jungvögel beringt), andere wurden zur Brutzeit in Nordostsibirien gefunden und waren wohl als Wintergäste in Nordamerika. Ringfunde enthüllen oft auch erstaunliche Tagesleistungen auf dem Zug. So flog eine Spießente über Nacht 560 km und eine andere legte in 6 Tagen etwa 2000 km zurück. Der älteste Ringvogel ist 26 Jahre alt geworden. Neben der Spießente ziehen auch

Spießentenpaar. Das Weibchen (links) gründelt gerade.

Löffel- und Knäkente aus dem nördlichen Europa bis in die Tropen. Von unseren heimischen Enten der ausgeprägteste Zugvogel ist die Knäkente. Bis zu 200 000 wurden im Januar am Niger in Mali und über 90 000 im Senegaldelta geschätzt. Bei uns sieht man Knäkenten im Winter kaum. Löffelenten halten sich dagegen in kleiner Zahl. Bei großer Kälte werden allerdings viele bei uns überwinternde Enten durch Vereisung noch im Winter zum Ausweichen gezwungen.

Knäkente

Anas querquedula

K Neben Krickente unsere kleinste Gründelente. ♂ im Brutkleid: Rötlichbrauner Kopf und Hals, mit auffälligem, weißen, sichelförmigen Streifen um das Auge bis in den Nacken. Vorderbrust messingbraun, davon scharf abgesetzte, hellgraue Flanken (aus der Nähe fein schwarz gebändert); Rücken dunkelbraun mit helleren Federsäumen. Lange graue und schwarzweiß gestreifte Schulterfedern hängen über den Flügel herunter. Im Flug fällt blaßgrauer Vorderflügel auf; Spiegel ist blaßgrün, vorne und hinten weiß gesäumt. In Schlichtkleidern sind Knäkenten nur schwer von Krickenten zu unterscheiden. Wichtigste Kennzeichen: Kräftigerer heller Überaugenstreif, hellere Gesichtszeichnung, Schnabelfirst ± gerade, Vorderflügel (im Flug) heller als bei Krickente, im Flugbild längerer Hals. ■ ♂ ruft bei Beunruhigung und während der Balz schnarrend und hölzern »klerreb«, auch gereiht »jäck-jäck-jäck ...«. ♀ »gagag« oder nasal »knäk«, im allgemeinen aber wenig ruffreudig. ■ Meist nur in kleinen Trupps; gründelt nicht oft.

V Br. in Europa und Asien, meist in der gemäßigten Zone bis in die Subtropen. ■ Bei uns nicht häufiger Br. im Tiefland, einzelne Brutplätze nur ur. besetzt. In der Bundesrepublik bedroht (weniger als 1000 Brutpaare). Überwiegend Langstreckenzieher (Hauptwinterquartier sind die Nordtropen Afrikas), daher im Winter bei uns nur ganz ausnahmsweise einige (im Unterschied zur Krickente!); Hauptdurchzug September sowie März/April. ■ Br. an nährstoffreichen Binnengewässern, auch kleine offene Wasserflächen ausreichend; auf dem Zug an großen, flachen Binnengewässern oder auf Überschwemmungsflächen.

F Nest am Boden in Vegetation gut versteckt. ■ Legezeit Mai/Juni; 1 Jahresbrut. ■ (6)8–11(13) kleine, helle Eier. ■ ♀ brütet 21–23 Tage; Junge sind mit 35–40 Tagen flügge und werden in der Regel nur vom ♀ geführt.

N Kleine Wasserpflanzen und -tiere, z. B. Wasserflöhe.

Knäkenten sind bei uns vor allem im Frühjahr zu beobachten, besonders im März und April. Wahrscheinlich werden sie im Schlichtkleid im Spätsommer und Herbst auch leichter übersehen. Im Frühjahr kommen sie bereits verpaart aus dem afrikanischen Winterquartier. Im späten Frühling kann man auch dann das Reihen (vgl. S.85) beobachten, bei dem mehrere Erpel mit lebhaften »klerreb«-Rufen hinter einem Weibchen herfliegen. Einzelne Paare oder unverpaarte Einzelvögel bleiben oft bis Mai auf einem Gewässer, ohne daß man sicher sein kann, ansässige Brutvögel vor sich zu haben. Zur eigentlichen Brutzeit sind Knäkenten ähnlich wie Krickenten sehr heimlich und leicht zu übersehen.

Löffelente

Anas clypeata

K Kleiner als Stockente; auffallend kurzhalsig und gedrungen; breiter und langer Löffelschnabel, wie ihn keine andere einheimische Ente besitzt. ♂ im Brutkleid sehr auffällig und bunt: Kopf dunkel flaschengrün, Kropf weiß, Bauch und Flanken rostbraun, Rückenmitte schwarz; Unterschwanzdecken schwarz und scharf von einem weißen Bauch abgesetzt. Im Flug blauer Vorderflügel; grüner Spiegel mit breitem weißen Vorderrand. ♂ im Ruhekleid ähnlich ♀, doch insgesamt mehr rotbraun. ♀ sind sehr ähnlich wie Stockenten gefärbt, doch sind Gestalt und Schnabelform hinreichend sichere Kennzeichen; im Flug bläulicher (matter als bei ♂ im Brutkleid) Vorderflügel, grüner Spiegel. Der Löffelschnabel ist länger als der Kopf. ▪ Stimme nur selten zu hören; ♂ bei Balz guttural »rro rro« und fast stimmlos »fft tzk . . .«; ♀ quaken 2silbig »wa-a'k wa-a'k . . .«

V Br. im nördlichen Eurasien und in Nordamerika. ▪ Bei uns sehr lückenhaft als Br. verbreitet mit Schwerpunkt im Tiefland. In der Bundesrepublik potentiell bedroht. Überwiegend Zugvogel, daher bei uns im Winter nur wenige; Hauptdurchzug Oktober und April; wichtigste Winterquartiere Westeuropa und Mittelmeergebiet, auch tropisches West- und Ostafrika. ▪ Nährstoffreiche, flache Binnengewässer, Altwässer, Stauseen, auch am Meer auf Salz- und Brackwasser rastend.

F Nest am Boden nahe am Wasser in Vegetation gut versteckt. ▪ Legezeit Mai/Juni; 1 Jahresbrut. ▪ (6)8–12(14) Eier, grünlichgrau bis rahmfarben. ▪ ♀ brütet 22–24 Tage; Junge sind mit 40–45 Tagen flügge.

N Im Wasser schwimmendes Plankton, pflanzlich wie tierisch.

Der auffällige Schnabel enthält einen besonders wirkungsvollen Seihapparat. Als Spezialisten durchsieben Löffelenten die obersten Wasserschichten. Dabei schwimmen sie tief geduckt mit vorgestrecktem Hals und schwenken den Kopf ständig hin und her, oft einige dicht beisammen.

Löffelente: Erpel im weibchenähnlichen Schlichtkleid (Hochsommer).

Kolbenente

Netta rufina

K Etwa so groß wie Stockente; relativ plump und dickköpfig. ♂ im Brutkleid sehr auffällig: Dicker fuchsroter Kopf mit hellerem Oberkopf; Brust, Kropf, Unterschwanzdecken und Bauch schwarz; Flanken weiß, nach oben zu ± braungrau; Rücken und Flügel braun, weißer Schulterstreifen. Im Flug weißer Flügelvorderrand und breite weiße Flügelbinde; Schnabel leuchtend scharlachrot. ♀ braun, Flanken und Hals heller als der Rücken; Oberkopf vom Auge ab dunkelbraun; Wangen und Unterhals hellgrau, nach oben scharf abgesetzt (Kopfzeichnung erinnert an ♀ der Trauerente); Schnabel schwarzbraun mit hellrotem Band an der Spitze. ♂ im Ruhekleid ähnlich ♀, doch größerer und kontrastreicher gefärbter Kopf sowie vor allem leuchtend roter Schnabel. ■ Außerhalb der Brutzeit Rufe sehr wenig zu hören; ♂ bei Erregung »bät«, zur Balzzeit lauter »bäix«; ♀ z.B. im Flug »wa-wa-wa«. ■ Tauchente, die aber oft gründelt und relativ hoch im Wasser liegt

V Br. in den Steppen- und Halbwüstengebieten Asiens; mehrere isolierte Brutplätze in Ost-, Mittel- und Westeuropa. ■ Bei uns Zunahme und Neuansiedlungen in den letzten Jahrzehnten, doch Brutbestand sehr klein. Als Durchzügler r., aber meist nur in kleiner Zahl (s. unten), im Winter meist nur ausnahmsweise. Hauptwintergebiete Mittelmeer- und Schwarzmeergebiet. ■ Br. in nährstoffreichen Flachgewässern; bevorzugt reiche Vegetation am Ufer.

F Nest nahe am Wasser. ■ Legezeit Mai/Juni; 1 Jahresbrut, Ersatzgelege ■ (6)8–11(14) Eier, graugelblich, glanzlos. ■ ♀ brütet 26–28 Tage und führt die Jungen etwa 45–55 Tage.

N Vor allem Wasserpflanzen; Kleintiernahrung meist unbedeutend.

In Mitteleuropa zählt die Kolbenente zu den seltenen Arten und hat oft erst in neuerer Zeit einzelne Brutplätze besiedelt. Vielfach sind einzelne Ansiedlungen auch nur von kurzer Dauer. In der Schweiz brüten außerhalb des Bodensees nur Einzelpaare. Der Bodensee selbst beherbergt mehrere Paare, doch meist brütet nur ein Teil der im Sommer anwesenden Vögel. Maximal etwa 30 Paare sind in Bayern an wenigen Stellen Brutvögel, und auch der seit langem bekannte Brutbestand von Schles-

wig-Holstein ist kaum größer, und in der DDR brüten sicher weniger als 100 Paare.

Eigenartig ist der Mauserzug der Kolbenente, der im Hochsommer an einigen Stellen Mitteleuropas zu größeren Konzentrationen führt. Schon ab Juni verlassen viele Männchen die Brutplätze, um ein geeignetes Gebiet aufzusuchen, in dem sie den Wechsel der Schwingen hinter sich bringen können. Dabei wandern merkwürdigerweise auch viele von den Mittelmeerländern, wie z. B. Südfrankreich, nach Nordosten. Sie erreichen dann z.B. den Bodensee oder das Ismaninger Teichgebiet bei München, wo sich bis zum Herbst Tausende versammeln, die dann vor Einbruch des Winters wieder in wärmere Gebiete abziehen. Von den mitteleuropäischen Brutvögeln haben die ersten etwa im September Südfrankreich und Spanien erreicht. Die Weibchen beteiligen sich wie bei vielen Enten nicht am Mauserzug der Erpel, sondern bleiben bei den Jungen und mausern dann im Brutgebiet. Vielleicht dient der auffällige Mauserzug der Männchen, der in Mitteleuropa z. B. auch bei Tafel- und Reiherente zu riesigen sommerlichen Konzentrationen führt, z. T. dazu, die Ernährung der heranwachsenden Jungen zu sichern. Die durch Mauser flugunfähigen Enten können ja den Platz nicht mehr räumen, wenn durch die ebenfalls flugunfähigen heranwachsenden Jungen Platz und Nahrung knapp werden sollte.

Insgesamt ist aber das Bild der Verbreitung und der Wanderung der Kolbenente schwer zu durchschauen. Es ändert sich nämlich immer wieder, und so ist anzunehmen, daß auch unsere gegenwärtigen Kenntnisse bald überholt sein werden. Im Augenblick ist z.B. in Südbayern eine zunehmende Neigung der Kolbenenten festzustellen, auch noch im Spätherbst bis in den Winter hinein auszuharren.

Rasche und z. T. sehr auffällige Änderungen im Zug- und Rastplatzverhalten von Enten beruhen oft auf Traditionen, in denen die Neigung zu sozialem Zusammenschluß eine Rolle spielt. Dadurch sind rasche Anpassungen an veränderte Umweltverhältnisse möglich, aber auch erfolgreiche Maßnahmen des Biotopschutzes: Geeignete Feuchtgebiete werden rasch entdeckt und als Brut- oder Rastplatz angenommen, auch künstliche Gewässer.

Kolbenenten im Frühjahr; die Weibchen sind noch nicht auf ihren Gelegen.

Tafelente

Aythya ferina

K Kleiner als Stockente; hoher Kopf mit fliehender Stirnlinie. ♂ im Brutkleid: Kopf, Hals und Vorderrükken rostrot bis rotbraun, Rücken und Flanken silbergrau, Kropf und Vorderbrust schwarz. Im Ruhekleid kann man diese Farbverteilung noch erkennen, doch ist der Rücken mehr braun; die Kontraste sind weniger deutlich. ♀ sind variabel braun gefärbt, Rücken und Gesicht sind oft aufgehellt. Ein wichtiges Kennzeichen ist die charakteristische Kopfform. Schnabel des ♂ schwarz mit breiter, hell graublauer Binde in der Spitzenhälfte, die beim ♀ sehr schmal und oft nur angedeutet zu erkennen ist. ■ Außerhalb der Balzzeit sind Rufe wenig zu hören; balzende ♂ rufen gedämpft etwa »hipsierr« und leise »quickquick . . ., ♀ in Erregung »kärr«. ■ Oft in Trupps mit Reiherenten vergesellschaftet; taucht nach Nahrung.

V Br. in Europa und Asien; in Europa seit ca. 150 Jahren Ausbreitung nach Norden und Westen. ■ Bei uns verbreiteter Br., doch in Gebieten mit kleinen Wasserflächen als Br. fehlend. Zahlreicher Durchzügler und Wintergast; neuerdings auch an Futterstellen in der Großstadt. Stand- und Strich-, aber z.T. auch Zugvogel. ■ Br. an nährstoffreichen Binnengewässern mit Röhrichtgürtel oder gut ausgebildeter Ufervegetation. Als r. Gast auch auf Stauseen und anderen künstlichen Gewässern, oft in großer Zahl.

F Nest nahe am Wasser in Vegetation versteckt. ■ Legezeit Mitte April bis Juni; 1 Jahresbrut, Ersatzgelege

Tafelerpel im Prachtkleid.

Weibchen der Tafelente.

bei Verlust. ▪ (4)5–12(14) Eier; größere Gelege stammen meist von 2 ♀; relativ große, graue bis grünliche Eier. ▪ ♀ brütet 24–28 Tage und führt die Jungen ca. 50 Tage.

N Wasserpflanzen und -tiere (z.B. kleine Mollusken, Mückenlarven usw.).

Zwischen Tafel- und Reiherente sind verhältnismäßig häufig Bastarde in freier Natur beobachtet worden. In manchen Gegenden scheinen sie sogar mit einer gewissen Regelmäßigkeit aufzutreten. Auch von anderen Arten der Gattung *Aythya* sind wildlebende Artbastarde bekannt. Das deutet auf eine nahe Verwandtschaft der Arten hin. Solche Mischlinge, die Kennzeichen beider Elternarten aufweisen, sind natürlich schwierig zu bestimmen. Erpel von Tafel-Reiherentenbastarden sehen z.B. Bergenten recht ähnlich. Bei Weibchen wird man solche Bastarde kaum richtig einordnen können.

Bei Tauchenten kommt es auch nicht selten vor, daß zwei oder mehr Weibchen zusammen in ein Nest legen oder daß sogar Eier verschiedener Arten in einem Nest liegen. Mitunter gibt es dann riesige Gelege, die gar nicht mehr bebrütet werden können. Tafelenten legen gerne in Reiher- und Kolbenentennester, mitunter auch in solche von Schnatter- und Stockente. In bekannten Entenbrutgebieten sieht man auch häufig gemischte Jungschofe. Tafelentenjunge werden z.B. von einer Reiherente zusammen mit eigenen geführt. Tafelenten ihrerseits können Junge von Reiher- oder Kolbenenten in ihrer Jungenschar haben. Mitunter bestehen solche gemischten Jungentrupps auch aus verschieden alten Jungen. Damit ist klar, daß sie also nicht automatisch von Mischgelegen stammen; oft scheinen sie sich erst nachher zu bilden, ähnlich den »Kindergärten« anderer Arten (S. 74).

Moorente

Aythya nyroca

K Etwas kleiner als Tafelente; dunkelbraun und mitunter schwer von ♀ der Reiherente zu unterscheiden. ♂ Oberseite schwarzbraun, Kopf und Körperseiten intensiv kastanienbraun; auffallende weiße Unterschwanzdecken. Die Iris im Auge ist weiß und aus der Nähe ein gutes Kennzeichen. ♀ schlichter braun, sonst ganz ähnlich (Iris braun). Die Kopfform der Moorente ähnelt mehr der Tafelente als der Reiherente. ▪ Tauchente.

V Br. der Steppengebiete Südosteuropas und Asiens; die Westgrenze verläuft etwa durch Polen und Ungarn. ▪ Bei uns gelegentlich einzelner Br.; als Gast meist selten und ur.; in der Regel nur einzeln oder in klei-

Erpel der Moorente.

nen Trupps, nur ausnahmsweise mehr als 50 Individuen. Kann in allen Monaten beobachtet werden, ist jedoch überwiegend Zugvogel. ▪ Bevorzugt auf nährstoffreichen Binnengewässern anzutreffen; außerhalb der Brutzeit auch auf offenen Wasserflächen, sonst aber gerne in dichter Vegetation versteckt oder auf ± zugewachsenen Seen.

N Offenbar stärker vegetarisch als Tafelente.

Reiherente

Aythya fuligula

[K] Kleine, gedrungene Tauchente. ♂ im Brutkleid auffallend schwarz-weiß: Schwarzer Körper und scharf abgesetzte weiße Flanken. Im Flug breites weißes Flügelband; Bauch weiß; Kopf mit herabhängendem Federschopf. ♂ im Ruhekleid mehr dunkelbraun mit grauen Flanken; Federschopf stark reduziert. ♀ dunkelbraun, keine oder sehr kurze Haube. An der Schnabelbasis nicht sel-

Bergente: Erpel im Prachtkleid.

ten ± deutliche, weiße Abzeichen (vgl. Bergente!); Unterschwanzdekken weißlich und braun (Verwechslung mit Moorente möglich!). ■ Außerhalb der Balzzeit meist stumm; ♂ bei der Balz »bück bück . . .«; ♀ erregt (auch im Flug) »krrr«. ■ Häufig in größeren Trupps, auch vermischt mit anderen Tauchenten, besonders Tafel- und Schellenten. Taucht viel.

[V] Br. im nördlichen Eurasien; in Europa seit ca. 100 Jahren Ausbreitung nach W. ■ Bei uns heute als Br. und Gast häufiger als vor Jahrzehnten, doch in wasserarmen Gebieten immer noch als Br. fehlend. Als Gast auf großen Seen mitunter häufiger als Stockente. Große Trupps besonders im Winterhalbjahr. ■ Br. an Seen und auch an der Küste. Bevorzugt im Vergleich zur Tafelente oft tiefere und offenere Seen und hat sich auch an vielen Stauseen oder Baggerlöchern angesiedelt. Erscheint als Wintergast auch in Städten und wird futterzahm.

[F] Nest in Vegetation versteckt, am Wasser oder auch in der Röhrichtzone. ■ Legezeit relativ spät, Mitte Mai bis Ende Juni, auch noch Juli; 1 Jahresbrut, Ersatzgelege bei Verlust. ■ 6–11(14) Eier, kleiner und heller als Tafelenteneier. ■ ♀ brütet 23–28 Tage und führt die Jungen 45–50 d.

[N] Kleintiere des Wassers spielen eine größere Rolle als bei der Tafelente.

Die Reiherente hat im Verlauf der letzten 100 Jahre ihr Verbreitungsgebiet nach Westen ausgeweitet und mittlerweile sogar die Atlantikküste Frankreichs erreicht. In Mitteleuropa hat der Bestand in den letzten Jahrzehnten zugenommen und in viele Gebiete ist die Art als Brutvogel neu eingewandert. Allerdings zeigt sich auch, daß an manchen Orten die

Grenzen des Wachstums bald erreicht waren. Reiherenten sind mittlerweile sogar in menschliche Ballungsräume eingewandert und zeigen sich im Winter seit einigen Jahren neben Stockenten oder Lachmöwen auch in größerer Zahl futterzahm an Parkteichen. Die Ursachen dieser Zunahme sind nicht ganz klar. In Mitteleuropa hat der Art sicher die Anlage vieler Stauseen (vor allem im Alpenvorland) geholfen sowie die Nährstoffanreicherung (Eutrophierung). Am Bodensee konnte ihre starke Zunahme als Durchzügler und Wintergast vor allem mit der Massenvermehrung der Wandermuschel in Beziehung gebracht werden. Große Scharen leben zeitweise fast ausschließlich davon. Das Beispiel Bodensee zeigt aber auch, daß zunehmende Störungen durch Sportboote und Surfer selbst für eine Entenart, die sich in ihrem Bestand vervielfacht hat, gefährlich werden können.

Aus der großen Zahl bei uns überwinternder Reiherenten, die an manchen Seen fast so häufig wie Stockenten sind, darf aber nicht auf eine nur annähernd ebenso große Brutpopulation geschlossen werden. Auch an großen Seen brüten meist nur wenige Paare. Durch ihre späte Brutzeit gerät die Reiherente am ehesten in Konflikt mit dem Bade- und Wassersportbetrieb. Oft werden die Jungen erst Ende August oder im September flügge. Auf Gewässern oder in Buchten ohne sommerliche Störungen bilden sich vielfach große Mauserkonzentrationen, die zu 90% aus Erpeln bestehen.

Der runde Kopf ohne Ansatz eines Schopfes sowie der breite, weiße Fleck an der Schnabelbasis kennzeichnen das Weibchen der Bergente. Doch auch manche Reiherentenweibchen tragen weiße Abzeichen am Schnabelgrund und können daher mit Bergenten verwechselt werden. Man sollte also in schwierigen Fällen zumindest auf mehrere Merkmale achten (vgl. Text).

Bergente

Aythya marila

K Etwas größer als Reiherente; runder Kopf ohne jeden Ansatz eines Schopfes. Sonst der Reiherente sehr ähnlich. ♂ im Brutkleid: Grünschwarzer Kopf, Oberseite hellgrau, Flanken und Bauch weiß; Bürzel, Ober- und Unterschwanzdecken schwarz. Im Ruhekleid Kopf braun, Körperfarben viel matter. ♀ braun; im Sommer mit weißlichem Ohrfleck und weißem Fleck an der Schnabelbasis; im Winter ohne Ohrfleck und mit breitem, weißen Ring um den Schnabel. Juv. ganz ähnlich, doch weißer Schnabelring meist schmaler (Verwechslung mit Reiherente leicht möglich!). ■ Tauchente.

V Br. im Norden Eurasiens und Amerikas; in Europa z.B. Island, Fennoskandien, im Norden der UdSSR. ■ Bei uns r. Durchzügler und Wintergast, in großer Zahl an der Küste und noch häufig im küstennahen Binnenland. Weiter im Süden zwar r., aber viel seltener als z.B. Tafel- und Reiherente, oft nur einzeln (September bis April). ■ Br. auf nordischen Binnenseen; Überwinterung auf dem Meer nahe der Küste, in Flußmündungen, aber auch auf großen und tiefen Binnenseen.

N Mollusken, kleine Krebstiere, Wasserinsekten; wenig Pflanzennahrung.

Eiderente

Somateria mollissima

K Größer als Stockente; lange, schräge Stirn; wirkt relativ plump und kurzhalsig; Schnabel keilförmig, hoch angesetzt. ♂ im Brutkleid sehr auffällig: Rücken, Brust, Hals und großer Teil des Kopfes weiß; Stirn und Scheitel schwarz; Nacken und Halsseiten hellgrün; Bauch, Spitzenteil des Flügels und Armschwingen, Hinterrücken und Schwanz schwarz. ♂ im Ruhekleid (Sommer) dunkel- bis schwarzbraun, Vorderflügel bleibt weiß, Brust und Rücken weisen einzelne weiße Federn auf. ♀ braun mit dichter, dunkler Bänderzeichnung ohne jedes auffällige Abzeichen. Im 1. Brutkleid (= 2. Kalenderjahr) sind ♂ ausgesprochen scheckig, im 2. (= 3. Kalenderjahr) kann man noch einzelne braune Federn entdecken. ■ ♀ rufen tief »goggoggogg ...« oder knarrend »korr-r«; ♂ in der Balzzeit laut »uhú«. ■ Tauchen ohne Sprung, doch mit einem Schlag der halboffenen Flügel.

Entenweibchen legen ihr Nest mit Dunen aus, die einen hervorragenden Wärmeschutz abgeben. Die hochwertigen Dunen der Eiderente wurden sogar kommerziell genutzt.

V Br. an den Küsten des Nordatlantik, Nordostsibiriens und des nördlichen Nordamerika; in Europa z. B. Island, Spitzbergen, im Norden der UdSSR, Fennoskandien, Dänemark, Großbritannien, Irland und wenige in Frankreich. ■ Bei uns Br. an den Küsten der Niederlande und Nordwestdeutschlands; r. und sehr zahlreicher Mauser- und Wintergast an Nord- und Ostsee; im Binnenland heute etwas häufiger als vor Jahrzehnten, doch meist nur einzeln oder in sehr kleinen Trupps während des Winterhalbjahres. ■ Br. an Küsten oder auf vorgelagerten Inseln; außerhalb der Brutzeit in seichten Buchten, im Wattenmeer oder an Muschelbänken.

F Nest auf dem Boden, oft ± offen hinter Bodenerhebungen, unter Büschen usw.; Nestmaterial aus der nächsten Umgebung. ■ Legezeit Mitte April bis Mitte Mai; 1 Jahresbrut. ■ 4–6(8) blaßolive bis graue Eier. ■ ♀ brütet 25–28 Tage; Junge mit 65–75 Tagen flugfähig, doch oft schon 10–15 Tage vorher selbständig; oft werden Jungschofe zusammengelegt (»Kindergarten«, s. auch S. 74).

Eiderentenweibchen mit ihren Jungen. Oft schließen sich mehrere Weibchen zusammen oder einzelne Weibchen kümmern sich um die Jungen mehrerer Bruten. Regelrechte Kindergärten unter Aufsicht weniger Altvögel kommen gelegentlich auch bei anderen Entenarten vor.

N Fast nur tierisch, besonders Mollusken (vor allem Muscheln) und Krebstiere.

Für Entenvögel ist das Auskleiden der Nester mit weichen Dunen, die von der Unterseite des brütenden Weibchens stammen, typisch. Die Eiderente ist dafür besonders berühmt geworden; die Dunen wurden regelrecht gesammelt. Ein Weibchen kann höchstens 30 bis 35 g Dunen produzieren. Meist wird das Nest erst nach dem 2. oder 3. Ei ausgekleidet. Gegen Ende der Bebrütungszeit sitzen die Weibchen oft sehr fest auf dem Gelege, so daß sie sich sogar berühren lassen. Allerdings werden Störungen zu Beginn der Lege- bzw. Brutperiode sehr übel genommen und Nester oft verlassen. Ähnliches läßt sich auch bei anderen Enten beobachten. Wie Stockenten bespritzen auch Eiderenten bei erschrecktem Hochfliegen ihr Gelege mit übelriechendem Kot. Nach dem Schlüpfen gehen schon viele Junge auf dem Weg zum Wasser verloren. Später ist die Bildung von Kindergärten häufig (vgl. S. 74). Durch den Seevogelschutz an unseren Küsten hat sich der Brutbestand der Eiderenten wieder erholt und ist nicht unmittelbar gefährdet. In den Niederlanden siedelte sich die Art 1906 als Brutvogel an und vermehrte sich bis auf etwa 6000 Paare bis 1960. Dann allerdings erfolgte durch Pestizidvergiftung ein katastrophaler Einbruch. 1968 zählte man nur etwas über 1300 Paare. Durch wirkungsvollen Schutz erholte sich der Bestand wieder auf ca. 4000 Paare im Jahr 1976. An der deutschen Nordseeküste brüten etwa 1200–1500 Paare.

Ab Mitte Juni erscheinen in der Nordsee die ersten Mauserzügler (vgl. S. 75). Die Erpel verlieren dann ihr überwiegend weißes Prachtkleid. Vor der Westküste Dänemarks wurden bis zu 30 000 Mauservögel gezählt; bis zu 40 000 mauserten auch schon vor Schleswig-Holstein und im Niederländischen Wattenmeer 20 000–30 000. Die Weibchen kommen erst später nach.

Eisente

Clangula hyemalis

K Kleine, kurzschnäblige Ente, die in vielen verschiedenen Kleidern auftreten kann. ♂ ad. fast immer mit langem Schwanzspieß. Im Winter überwiegend weiß mit braunem Ohrfleck; Flügel schwarzbraun, breites Brustschild und dunkle Bänder auf dem Rücken schwarzbraun. Im Sommer dagegen Vorderkörper dunkelbraun mit scharf begrenzter, weißer Gesichtsmaske. Im Ruhekleid viele mit langen Schwanzspießen; dazu schwarzbraune Federn am Kopf z.T. verblaßt. Im Herbst wiederum weißer Kopf. ♀ im Winter mit hellem Kopf und dunkler Platte von der Schnabelbasis bis zum Nacken; unterschiedlich großer, graubrauner Ohrfleck; dunkler Rücken, braunes Brustband, weiße Unterseiten und Flanken. Im Sommer Hals und Kopf schwärzlichbraun, grauweiße Gesichts- und Halszeichnung. Juv. ähnlich ♀, doch Kopf dunkler. Dunkelbraune Flügel ohne Spiegel. ■ Stimme bei uns wenig zu hören; ♂ bei der Balz klangvoll »gaoloiik« u.ä.; ♀ »ark ark«. ■ Tauchente.

V Häufiger Br. der Arktis Eurasiens und Amerikas; in Europa z.B. Island, Fennoskandien, Spitzbergen, ■ In Mitteleuropa zahlreicher Wintergast an der Ostseeküste, spärlicher in der Nordsee; nur einzeln, meist sehr unregelmäßig im Binnenland. ■ Außerhalb der Brutzeit überwiegend im Meer, z.T. weiter ab von den Küsten als andere Meeresenten; fehlt im eigentlichen Wattenmeer.

N Am Brutplatz besonders Insektenlarven, kleine Mollusken, Krebstiere usw.; an der Ostsee vor allem Muscheln.

Trauerente

Melanitta nigra

K Kleiner als Stockente, gedrungen. ♂ im Brutkleid wie Samtente einfarbig schwarz; Ruhekleid ähnlich, doch mehr braun. ♀ dunkelbraun, Kopf- und Halsseiten grauweiß. Im Flug keinerlei helle Abzeichen (vgl. Samtente). Schnabel: ♀ schwarz, ♂ schwarz mit gelbem bzw. orangefarbenem Fleck und Höcker zwischen Nasenloch und Schnabelbasis. ■ ♀ knarrend »krrr«, ♂ bei der Balz flötend 1- bis 2silbig »du« oder »kurli«. ■ Tauchente.

V Br. im nördlichen Eurasien und Westalaska. ■ Bei uns häufiger Durchzügler (Juli/Dezember und Februar/Mai) an den Küsten der Nord- und Ostsee mit zunehmender Überwinterungsneigung nach Westen (z.B. Niederland); Hauptwinterquartiere Atlantikküste bis Nordwestafrika. Im Binnenland heute fast r., aber meist nur einzeln zu beobachten. ■ Außerhalb der Brutzeit hauptsächlich Meeresvogel.

N Mollusken, Krebstiere.

Zusammen mit Eiderenten zählen Trauerenten zu den am stärksten von der Ölpest betroffenen Arten der Nord- und Ostsee. Je nach Situation haben auch andere Meeresvogelarten unter dieser Gefahr zu leiden. Meeresenten, Tordalk, Trottellumme und Seetaucher zählen zu den Arten mit hohem Risiko; Baßtölpel und Kormoran sind nach bisherigen Ergebnissen weniger stark betroffen. Doch die Gefahr ist permanent: Es bedarf gar keiner spektakulären Tankerunfälle mehr, um einzelnen Arten hohe Verluste zuzufügen. Man spricht längst von einer chronischen Ölverschmutzung. Ihr sind z.B. rund 80% der an den Spülsäumen der Nordsee tot angeschwemmten Körper von Eider-, Samt- und Trauerente zum Opfer gefallen. Bereits vor genau 30 Jahren kamen in der Nordsee durch Tankerunfall über 30000 Seevögel um: 94% davon waren Trauerenten.

Samtente

Melanitta fusca

K Deutlich größer als Trauerente. ♂ im Brutkleid schwarz mit kleinem weißen Fleck hinter dem Auge; bei ♂ und ♀ breiter weißer Flügelspiegel, der aber im Schwimmen oft nicht zu sehen ist. ♂ im Ruhekleid mehr dunkelbraun, ♀ dunkelbraun mit 2 hellen Flecken an den Kopfseiten zwischen Auge und Schnabelbasis sowie in der Ohrgegend; juv. ähnlich ♀, helle Flecke am Kopf deutlicher. Schnabel: Juv. und ♀ schwarz; ♂ ad. mit schwarzem Höcker an der Basis und schwarzen Rändern, sonst orange bis gelb. ▪ Stimme außerhalb der Balzzeit kaum zu hören. ▪ Tauchente; auf Binnengewässern bei uns meist einzeln unter anderen Tauchenten.

V Br. im Norden Eurasiens von Norwegen bis Kamtschatka sowie in Alaska, Nordwestkanada und nördliche USA; isolierte kleine Brutplätze im Hochgebirge Vorderasiens. ▪ Bei uns häufiger Durchzügler und Wintergast an Nord- und Ostsee; im Binnenland während des Winterhalbjahres nur wenige, doch regelmäßiger und etwas häufiger als Trauerente. An der Küste auch einzelne Übersommerer. ▪ Br. an Tundren- und Bergseen, in der Ostsee auch an Schären und Küsteninseln; Rastplätze im küstennahen Seichtwasser, aber auch auf dem offenen Meer; im Binnenland besonders auf großen und tiefen Seen, Stauseen usw. anzutreffen.

N Tierisch, besonders Muscheln, Schnecken, Krebstiere.

Trauererpel im Prachtkleid: Das schwarze Gefieder besitzt keinerlei weiße Abzeichen; der Schnabel ist schwarz mit gelbem Fleck und einem Höcker an der Basis (vgl. Samtente).

Samterpel im Prachtkleid: Kennzeichnend sind der kleine weiße Augenfleck und der weiße Flügelspiegel; der Schnabel ist gelb mit schwarzem Rand und einem schwarzen Höcker an der Basis (vgl. Trauerente).

Schellente

Bucephala clangula

[K] Kleine, sehr gedrungene Tauchente mit großem Kopf und kurzem Hals. ♂ im Brutkleid: Rücken, Schwanz, Ober- und Unterschwanzdecken schwarz bzw. dunkel; Schulterfedern weiß, ebenso Unterseite und die Flanken; großer, fast dreieckig wirkender Kopf schwarz mit Grünschimmer; auffallend runder bis ovaler, weißer Fleck zwischen Schnabel und Auge. ♀ dunkelbrauner Kopf, schmales, weißes Halsband; Oberseite, Kropf und Flanken grau, Mitte der Unterseite weiß. Juv. ähnlich. Junge ♂ Kopf oft noch braun, doch mit weißem Fleck wie alte ♂. ▪ Stimme wenig zu hören; bei der Balz auffallende Lautäußerungen der ♂ wie »kwirrr(ä)«, wobei Kopf meist auf den Rücken zurückgelegt und dann nach vorne geworfen wird. ♀ tief »grarr grarr«. Der Name bezieht sich auf das eigentümlich pfeifende Fluggeräusch, wie »pjüb pjüb ...« (bei ♀ viel schwächer als bei ♂). ▪ Abgesehen von den Erpeln im Brutkleid eine sehr unauffällige Ente, die tief im Wasser liegt; taucht viel.

Bei der Balz werfen Schellerpel ihren Kopf senkrecht nach oben oder legen ihn sogar auf den Rücken.

[V] Br. im Norden Eurasiens und Nordamerikas; in Europa z. B. zahlreich in Fennoskandien und in der UdSSR. ▪ Bei uns nur im Norden und Osten nicht häufiger Br., z. B. Schleswig-Holstein, Niedersachsen, DDR; neuerdings Brutansiedlungen in Bayern. Als Durchzügler und Wintergast r. im Binnenland; im Alpenvorland auch größere Rastplätze mit Hunderten. ▪ Br. an Seen und Flüssen in vorwiegend bewaldeten Gebieten; außerhalb der Brutzeit auf größeren Binnengewässern, z. B. Flüssen, Seen, Stauseen, Meeresbuchten.

[F] Nest in Baumhöhlen in Gewässernähe; auch Nistkästen werden angenommen. ▪ Legezeit Ende März/Anfang April bis Mai; 1 Jahresbrut, Ersatzgelege. ▪ (5)6–11(13) blaugrüne, später blassere Eier. ▪ ♀ brütet 29–31 Tage; Junge werden nach dem Schlüpfen vom ♀ aus der Höhle gelockt, lassen sich herunterfallen und werden dann zum Wasser geführt; mit 57–66 Tagen flügge, werden oft schon vorher vom ♀ verlassen.

[N] Kleintiere, wie Insektenlarven, kleine Krebstiere, Mollusken; Pflanzennahrung unbedeutend.

Bei der Schellente sind die relativ kleinen und sehr tief im Wasser liegenden Weibchen besonders unauffällig, vor allem auch im Vergleich zu den dickköpfigen und weithin weiß leuchtenden Erpeln. Die ähnlich auffallenden Unterschiede in den Kleidern der Geschlechter bei anderen Entenarten werfen ebenso Fragen auf. Schlicht gefärbte Kleider sind wegen ihrer Tarnwirkung für den Träger sicher von Vorteil (vgl. S.85). Warum sind aber die Männchen von diesem offensichtlichen Vorteil ausgeschlossen? Wahrscheinlich, weil sie bei der Balz die Aufgabe haben, mit ihren bunten Signalen Weibchen aufmerksam zu machen und dabei miteinander im Wettstreit liegen. Schlicht gefärbte Männchen haben geringere Chancen. Damit stehen also Tarnung und Signalwirkung, die übrigens auch dazu beiträgt, daß die einzelnen Arten einander besser unterscheiden können, im Widerstreit miteinander. Bevor die Männchen jedoch die Schwungfedern verlieren und als Folge der Mauser vorübergehend flugunfähig werden, legen sie ein tarnfarbiges Schlichtkleid an. Da während der Mauser kein Wettstreit um die Weibchen stattfindet, ist auch ein Prachtkleid nicht nötig. Der Schutz vor Feinden ist wichtiger. Damit scheint das Problem gelöst, doch entstehen dabei zusätzlich Kosten, denn ein 2maliger Wechsel des Kleingefieders ist dazu nötig. Der Vogel muß also genügend Nahrung aufnehmen, um sich diese zusätzliche Energieausgabe leisten zu können. Sicher gewinnt er davon letztlich einen Vorteil, denn unnötige Energieverschwendung hat auf Dauer keine Chance in der Evolution.

Als Höhlenbrüter gewinnt die Schellente gegenüber anderen Arten höhere Sicherheit des Geleges. Doch die Suche nach einer geeigneten Höhle kostet viel Energie. Auch ist das Höhlenangebot oft begrenzt.

Weibchen der Schellente (charakteristisch ist u.a. die gelbe Schnabelspitze).

Schellente: Einjähriger Erpel im ersten Prachtkleid.

Außerdem müssen die Jungen nach dem Schlüpfen meist von größerer Höhe herunterspringen und nicht selten einen ± mühseligen Marsch zum nächsten Gewässer antreten. Dieser bedeutet wieder zusätzliche Gefahr. Offenbar aber überwiegt der Gewinn des Höhlenbrütens die Ausgaben und Verluste. Ihre Verbreitung ist damit natürlich auf Waldgebiete beschränkt, die entsprechende Gewässer aufweisen. Dies ist vielleicht ein Grund dafür, daß die Art in Süd- und Westeuropa als Brutvogel fehlt.

Mittelsäger

Mergus serrator

K Etwa so groß wie Stockente, doch schlanker und langer, schlanker Schnabel. ♂ im Brutkleid: Kopf, Nacken und Vorderhals grünschwarz, breiter, weißer Halsring, rostbraunes Brustband; Rücken schwarz mit breiten, weißen Längsstreifen, Flanken graugewellt; deutlich zweigeteilte Federhaube. ♂ im Ruhekleid wie ♀: Oberseite bräunlichgrau, Kopf und Hals hell rotbraun.

Pärchen des Mittelsägers in typischer Balzhaltung (etwa ab Vorfrühling).

Unterschied zu Gänsesäger im Schlichtkleid: Weißliches Kinn und heller Unterhals nicht scharf vom (dunkler) rotbraunen Kopf abgesetzt; Braun des Halses geht allmählich in das Braungrau der Flanken über und ist nicht scharf abgesetzt. Haube ebenfalls zweigeteilt. ■ Stimme kaum zu hören; ♂ bei der Balz heiser »guäng«, »orrr« usw. ■ Schlanker Tauchvogel; meist nicht in größeren Trupps.

V Br. im Norden Eurasiens und Amerikas. ■ Bei uns Br. in Schleswig-Holstein, Niedersachsen; insgesamt weniger als 200 Brutpaare; potentiell bedroht; in der DDR (Mecklenburg) 200–300 Brutpaare. Außerhalb der Brutplätze r. Wintergast, im Binnenland aber meist nur in sehr kleiner Zahl, am häufigsten in der ersten Winterhälfte. ■ Br. an Küsten und auf Meeresinseln, an Binnenseen und Flüssen; außerhalb der Brutzeit an Salz-, Brack- und Süßwasser.

F Nest am Boden, meist gut gedeckt, z.B. in dichter Vegetation, zwischen Felsen und Steinen usw. ■ Legezeit Ende April bis Juni; 1 Jahresbrut. ■ (5)6–12(15) bräunlich bis olivgrüne Eier. ■ ♀ brütet 30–33 Tage; Junge werden mit 60–65 Tagen flügge.

N Kleine Fische, kleine Krebstiere usw.

Im Gegensatz zum Gänsesäger ist der Mittelsäger bei uns mehr ein Küstenvogel und auch als Gast im Binnenland ausgesprochen spärlich. Ein wichtiges Winterquartier besteht im Westen der Wattenküste an der Nordsee. Hier konzentrieren sich im Januar bis über 10 000 Vögel. Der Brutbestand an den deutschen Küsten (s. oben) scheint leicht zuzunehmen, doch Tourismus und Badebe-

trieb könnten dem kleinen Bestand gefährlich werden.
Im Binnenland hat man in den Monaten November bis Dezember und auch auf dem Rückzug im März und April am ehesten die Chance, Mittelsägern zu begegnen, allerdings überwiegend Vögeln im Schlichtkleid, die Gänsesägern recht ähnlich sehen. Die Männchen legen zwar z.T. schon ab Anfang November das Brutkleid an, doch bei manchen kann sich die Mauser des Ruhekleides noch bis in den Mittwinter hinziehen. Bei der lebhaften Balz im Frühjahr schießen die Männchen in merkwürdig buckliger Haltung für kurze Strecken in hohem Tempo durchs Wasser unter starkem Spritzen. Mit diesem Imponiergehabe versuchen sie die Aufmerksamkeit der Weibchen auf sich zu lenken.

Zwergsäger

Mergus albellus

K Viel kleiner als Stockente; im Gegensatz zu den anderen beiden Sägerarten kurzer Schnabel. ♂ im Brutkleid: Weiß mit schwarzer Zeichnung; u.a. auffallender schwarzer Fleck zwischen Schnabel und Auge; kleine Haube am Hinterkopf; Rücken z.T. schwarz. ♀ und ♂ im Ruhekleid: Rücken dunkelgrau, Flanken etwas heller, Hals- und Kopfseiten rotbraun. ▪ Stimme bei uns kaum zu hören. ▪ ♀ sind sehr unauffällig; oft mit Schellenten vergesellschaftet.

V Br. im Norden Eurasiens mit großen Verbreitungslücken. In Europa nur kleine Populationen im Norden Fennoskandiens und größeres Areal im Norden der UdSSR. ▪ Bei uns r. Wintergast (Oktober bis April), im Binnenland nur in geringer Zahl. ▪ Außerhalb der Brutzeit meist auf nicht zu tiefen größeren Binnen- und Küstengewässern.

N Im Winterhalbjahr kleine Fische; im Sommer Insekten und andere Kleintiere des Wassers.

Männchen des Zwergsägers im Prachtkleid.

Fast überall zählt der Zwergsäger zu den spärlichen Wintergästen. Seine wichtigsten winterlichen Rastgebiete liegen in den Niederlanden (Ijsselmeergebiet), in Nordwestdeutschland (z.B. Niederrhein) und an der Ostseeküste Mecklenburgs. Er erreicht auch regelmäßig Stauseen und Naturseen im Alpenvorland, hat dort aber in den letzten Jahren abgenommen. Sein Maximum erfährt der Einflug ins Binnenland meist erst im Januar/Februar; meist überwiegen Vögel im Weibchenkleid. Offenbar überwintern die Männchen weiter im Norden und ziehen weniger weit. Auch bei der Schellente überwiegen bei uns meist die Weibchen.

Weibchen des Zwergsägers.

Gänsesäger

Mergus merganser

K Größer als Stockente; kräftiger an der Spitze hakenförmig umgebogener Schnabel (kräftiger als bei Mittelsäger); deutlicher Schopf im Schlichtkleid (nicht zweigeteilt). ♂ im Brutkleid: Überwiegend weiß (mit zart rötlichem Anflug auf der Unterseite). Kopf und Vorderhals schwarzgrün, Vorderrücken und Schultern schwarz. Im Ruhekleid ähnlich ♀, doch weißer Vorderflügel und etwas dunklerer Rücken. ♀ Kopf und Vorderhals rotbraun, deutlich abgesetzte weiße Kehle; brauner Hals scharf gegen das Grau des Körpers abgesetzt (vgl. Mittelsäger), Ober- und Unterseite aschgrau, Vorderbrust fast weiß. Schnabel rötlich. ■ Stimme wenig zu hören; ♀ mit Jungen tief »kro kro . . .«. ■ Tritt auch im Binnenland in größeren Trupps auf.

V Br. im Norden Eurasiens und Nordamerikas; dann isoliert weiter südlich in Hochgebirgen. ■ In Mitteleuropa s. Brutvogel in den Alpen der Schweiz und Bayerns und Nordtirols (hier insgesamt ca. 300 Brutpaare) und ins Schleswig-Holstein (ca. 70–80 Brutpaare um 1979/80). In der Bundesrepublik stark bedroht. Wenige Brutpaare in der DDR (Mecklenburg und Brandenburg ca. 20 Brutpaare). Als Wintergast r. und an der Küste auch in großen Scharen. ■ Br. an Flüssen, Seen und Meeresküsten mit Baumbestand und ausreichendem Fischbesatz. Im Winter besonders auf größeren fischreichen Seen und Flüssen und an der Küste.

F Nest in alten Baumhöhlen, Kopfweiden, aber auch Fels- und Mauerlöchern; Nistkästen werden angenommen. ■ Legezeit Ende März bis Juni; 1 Jahresbrut. ■ (6)8–12(15) Eier, rahmfarben. ■ ♀ brütet 30–35 Tage; Junge werden mit 60–70 Tagen flügge, oft schon vorher vom ♀ verlassen.

N Hauptsächlich Fische, meist weniger als 10 cm Länge.

Wie die Schellenten ist auch der Gänsesäger ein Höhlenbrüter. In manchen Gegenden hat er offensichtlich gewisse Schwierigkeiten, für die Brut geeignete Höhlen zu finden. Dies beweist einmal die Tatsache, daß genügend große Nistkästen relativ rasch angenommen werden, und zum anderen die Wahl absonderlicher Nistplätze. So sind Weibchen bekannt geworden, die auf Speichern einzeln stehender Häuser brüteten, ja sogar durch den Kamin flogen, um in einer Hütte im Ofen zu nisten.

Die Bestände im mitteleuropäischen Binnenland sind klein, doch ist durch Schutzmaßnahmen eine bescheidene Erholung erkennbar. Das Hauptproblem für die an Bergflüssen und -seen brütenden bzw. jungeführenden Gänsesäger ist Tourismus, Badebetrieb, Wassersport und Sportangeln. Fischer sehen ihren Konkurrenten natürlich auch nicht gerne. Die vom Weibchen geführten Jungentrupps haben an manchen Seen ausgesprochene Probleme, durch den dichten Boots- und Badeverkehr nicht in alle Winde zerstreut zu werden. Gänsesäger können aber auch sehr vertraut werden. Es ist heute keine Seltenheit, daß unmittelbar neben einem Campingplatz an einem Alpen- oder Voralpensee ein Weibchen seine Jungen führt.

Meist bleiben die frisch geschlüpften Küken noch einen Tag in der Bruthöhle. Dann lassen sie sich auch aus größerer Höhe herunterfallen, meist ohne Schaden zu nehmen. Relativ gut entwickelte Flügelstummel mit langen, drahtigen Dunen, große, mit Schwimmhäuten versehene Füße und ein gefächerter Schwanz sorgen für eine gewisse Fallschirmwirkung. Außerdem ist die Brustmuskulatur gut mit Dunen gepolstert, um die Wirkung des Aufpralls zu mildern. Am Wasser fangen die kleinen Jungen gleich zu schwimmen und zu tauchen an und legen mitunter beachtliche Entfernungen zurück. Teilweise werden sie aber auch auf dem Rücken der Mutter transportiert.

Von der Nährstoffanreicherung mancher Alpen- und Voralpenseen scheinen Gänsesäger bis zu einem gewissen Grad profitieren zu können. So vermutet man, daß der Brutbestand am Genfer See auch durch Vermehrung von beutegerechten Weißfischen zugenommen hat.

Im Winter halten sich Gänsesäger meist in Gruppen. Der lange, schmale Sägeschnabel ist hervorragend zum Fischfang geeignet, da er mit Unterstützung des Hakens an der Spitze die Fische gut festzuhalten vermag. Eine Parallele zum Schnabel der Kormorane ist erkennbar. Säger tauchen viel und auch recht ausdauernd. Wie z.B. Seetaucher schwimmen sie aber vor einem Fischzug oft längere Zeit mit dem Kopf unter Wasser, um die Beute optisch auszumachen. Sehr trübes Wasser kommt ihrer Jagdweise also nicht entgegen.

In ihrer Tauchleistung können sich Gänsesäger durchaus etwa mit Haubentauchern messen (vgl. S.33). Bei eifriger Nahrungsjagd verschwinden die Vögel sehr oft unter Wasser, meist aber nicht länger als 40–50 Sekunden. Normalerweise werden wohl etwa 2–4 m Tiefe erreicht, doch sind schon über 10 m Tauchtiefe nachgewiesen worden. Bei Gefahr können Gänsesäger auch wesentlich länger unter Wasser bleiben, mitunter weit mehr als 1 Minute. Weibchen tauchen in solchen Situationen

Porträt eines Gänsesäger-Weibchens. Die feinen Sägezähnchen am Schnabelrand, die den Sägern ihren Namen gaben, dienen zum Festhalten der glitschigen Beute. Sie entsprechen dem feinen Seihapparat der Gründel- und Tauchenten.

auch mit ihren kleinen Jungen auf dem Rücken.

Die Jungen können schon gleich, wenn sie das Wasser erreicht haben, einige Sekunden untertauchen. Zunächst nehmen sie jedoch in der Regel als Nahrung kleine Partikel von der Wasseroberfläche auf oder stekken ihren Kopf in das Seichtwasser nahe am Ufer. Erst etwa ab 10 Tagen ist das Nahrungstauchen erfolgversprechend. Oft zieht das Weibchen mit seinen Jungen weit auf dem Wasser umher.

Kranich

Grus grus

K Langbeinig und langhalsig, größer als Storch, doch Schnabel viel kürzer, nur etwas über kopflang. Gefieder aschgrau. Ad. weiße Kopfseiten, die sich im Bogen an den Halsseiten entlangziehen; Kehle und Hals unterseits schwarz, ebenso Stirn und hinterer Oberkopf. Scheitelplatte rot. Alle Handschwingen schwarz. Der buschige und dunkle »Schwanz« besteht aus verlängerten sichelförmigen Ellenbogenfedern. Juv. sind insgesamt bräunlichgrau, Kopf hell rötlichbraun, Kehle grau. Am Oberkopf fehlt das Rot; der Federbusch aus verlängerten Ellenbogenfedern ist höchstens angedeutet. Im Flug wird wie bei den Störchen der Hals lang ausgestreckt; die Beine überragen den Schwanz. ■ Trompetende Rufe bei Balz und Begrüßung wie »gruh gruh ...«, ähnliche Rufe auch im Flug. ■ Auf dem Zug oft in großen keilförmigen Flugformationen.

V Br. in Eurasien von Nord- und Mitteleuropa bis Ostsibirien und im Süden bis ans Mittelmeer. ■ In Mitteleuropa lang anhaltender Rückgang und heute nur noch Br. im Norden, so in Niedersachsen und Schleswig-Holstein 20–30 Brutpaare und in der DDR (Mecklenburg und Brandenburg) mindestens 600 Brutpaare. In der Bundesrepublik vom Aussterben bedroht. R. Durchzügler im mittleren Deutschland (s. unten) vor allem Oktober/November und Ende Februar/März. ■ Br. in feuchten Niederungsgebieten, z. B. Verlandungszonen, Nieder- und Hochmooren, Waldbrüchen, Feuchtwiesen; Nahrungssuche auch im Kulturland; Schlafplätze auf dem Zug oft im Seichtwasser.

Kraniche fliegen wie Störche mit langausgestreckten Hälsen.

F Nest ist umfangreicher Bau aus Pflanzenmaterial, oft auf feuchtem Untergrund. ■ Legezeit April/Mai; 1 Jahresbrut. ■ (1)2(3) Eier; oliv bis rötlichbraun, matt graubraun gefleckt. ■ ♂ und ♀ brüten 28–31 Tage; Junge werden von beiden Eltern geführt, sind etwa mit 9 Wochen knapp flügge. Die Familie bleibt jedoch oft bis in den Winter hinein zusammen.

N Kleintiere und Pflanzen, z. B. Beeren, Getreide, Kartoffeln (besonders im Frühjahr), größere Insekten, Regenwürmer, Mollusken und auch kleine Wirbeltiere.

Bei Erregung trompeten und tanzen Kraniche.

Ähnlich dem Storch ist auch der Kranich ein Schmalfrontzieher, doch als Ruderflieger gegenüber Gebirgen und offenem Meer nicht so empfindlich. Die wichtigsten Winterquartiere der Brutvögel Europas liegen auf der Iberischen Halbinsel und im Westen Nordafrikas. Vor Beginn des Wegzuges werden Sammelplätze aufgesucht, an denen sich große Scharen zusammenfinden. Die bedeutendsten liegen im Süden Skandinaviens und im Norden der DDR. Über Mitteleuropa führt der Zug dann in Südwestrichtung. 20000–30000 Kraniche ziehen wohl alljährlich über Deutschland; die meisten stammen aus Fennoskandien und der UdSSR. Die Zugschneise des Kranichs ist aber scharf begrenzt, im Norden etwa durch die Linie Ostseeküste – Antwerpen – Lille und im Süden durch eine Grenze, die etwa von der Weichselmündung über Frankfurt/Oder, südlich Leipzig, Untermaingebiet und dann durch die Oberrheinische Tiefebene verläuft. Im Alpenvorland und im äußersten Nordwesten Deutschlands tauchen Kraniche nur höchst selten auf. Insgesamt ist also die Zugschneise etwa 300 km breit; sie wird jedoch nicht in der ganzen Breite regelmäßig beflogen. Nicht alle Kraniche ziehen allerdings nach Südwesten. Im Osten Polens führt eine Route ± direkt nach Süden und schwenkt dann z. T. nach Südwesten um, so daß Kraniche auch über Unteritalien und Sizilien nach Nordafrika einfliegen. Andere Zugvögel dieser Route kommen auch nach Griechenland und Kleinasien. Berühmte Sammel- und Rastplätze sind z. B. der Hornborga See in Schweden (vor allem Frühjahr) und die Insel Rügen.

Der geringe Brutbestand in Mitteleuropa bedarf des strengsten Schutzes. Besonders Arbeitsgemeinschaften in der Bundesrepublik und in der DDR versuchen, Brutplätze zu bewachen, weitere Lebensraumzerstörungen durch Entwässerung zu verhindern und durch Aufkaufen von Mooren, Brüchen usw. die Lebensmöglichkeiten zu sichern. Gelegentlich finden in Mitteleuropa auch Überwinterungsversuche statt.

Wasserralle

Rallus aquaticus

K Größer als Amsel; langer, leicht gebogener Schnabel. Oberseite dunkelbraun mit schwarzer Längszeichnung. Kopfseiten, Kehle, Hals und Brust schiefergrau, Flanken der ad. schwarzweiß gestreift. Unterschwanzdecken weißlich. Bei juv. Unterseite hell graubräunlich und schmutzigweiß, Kehle sehr hell; sonst ähnlich ad. Auch das Ruhekleid der ad. hat eine helle Kehle. Der Schnabel ist besonders beim ♂ an der Basis ± auffallend rot. ■ Häufigster Ruf ist das »Ferkelquieken«, ein grunzendes bis kreischendes »krruih«; der Gesang besteht aus langen Reihen von Stakkato-Lauten wie »tjick-tjick-tjuirr« oder langen »geg«-Reihen. Warnruf laut »zick-zick ...«. ■ Im allgemeinen im dichten Schilf wenig zu sehen; für die Feststellung der Anwesenheit ist daher die Kenntnis der Stimme wichtig. Läuft in geduckter Haltung, bei Erregung wippt der hochgestellte Schwanz ruckweise. Klettert auch gut auf Ästen und in Sträuchern.

V Br. in Eurasien von Island bis Japan in der gemäßigten und in der Subtropenzone; fehlt in den Hochländern. ■ Bei uns im Tiefland häufigste der typischen Schilfrallen, doch z.B. in der Bundesrepublik bedroht. Stand- und Strichvogel, Kurzstreckenzieher. Im Winter bei uns nur wenige; Hauptwinterquartier West- und Südeuropa, Nordafrika. ■ Br. hoher und dichter Ufervegetation, z.B. dichte Röhricht- und Großseggenbestände; mindestens kleine offene Wasserflächen sind wichtig. Im Winter auch an kleinen Wiesengräben.

F Nest meist gut versteckt im Schilf oder in Seggenbüscheln; tiefer Napf, oft mit einer geflochtenen Haube. ■ Legezeit April/Juni; meist 1, häufig 2 Jahresbruten. ■ 6–11 weißliche bis rahmfarbene Eier mit rotbraunen oder grauen Punkten. ■ ♂ und ♀ brüten 19–22 Tage; Junge verlassen oft erst nach einigen Tagen das Nest, sind mit 7–8 Wochen flugfähig, verlassen aber vielfach schon erheblich früher die Eltern.

N Kleintiere, z.B. Insekten, kleine Schnecken und Würmer.

Rallen gehören zu den besten Versteckkünstlern unserer Vogelwelt. Ihre Rufe und Gesänge sind daher für Vogelkundler ganz besonders wichtige Signale ihrer Anwesenheit. Lange Zeit war man sich aber über das Repertoire der verborgen in Röhricht und Seggen lebenden Arten nicht im klaren, so daß Verwechslungen auch in Handbüchern vorkamen bzw. manche Art übersehen wurde. Die Wasserralle ist durch ihre eigenartigen, quiekenden Rufe am leichtesten zu erkennen.
Wegen ihrer versteckten Lebensweise werden Rallen auch von den meisten Menschen nicht beachtet und natürlich auch nicht verfolgt. Doch die gravierende Zerstörung ihres Lebensraumes durch Entwässerungen, Deichbau und Verbauung natürlicher Ufer hat die Lebensmöglichkeiten von Wasserralle und Tüpfel-

sumpfhuhn bei uns stark eingeschränkt. Verlandungszonen und andere amphibische Flächen sind ohnehin besonders empfindliche Lebensräume. Geringe Wasserstandsänderungen können hier einschneidende Folgen haben. So beeinflußt z.B. auch künstliche Veränderung der Wasserführung von Flüssen und Seen oder Absenkung des Grundwasserspiegels den Bestand der kleineren Rallen entscheidend.

Wasserrallen sind für gewöhnlich Einzelgänger. Auch im Winter werden kleine Nahrungsreviere verteidigt. Die ausgesprochene Territorialität ist auch der Grund, warum man durch Tonbandaufnahmen recht gute Bestandskontrollen durchführen kann. Die Reviere sind aber sehr unterschiedlich groß; im Durchschnitt dürften sie etwa 300 m² umfassen. An kleineren Gewässern oder in sehr begrenzten Schilfparzellen rük-

Wasserralle brütet auf ihrem versteckten Schilfnest.

Der Zug spielt sich meistens nachts ab. Wasserrallen fliegen dabei wie ihre Verwandten meist recht niedrig und daher sind Verletzungsopfer an Hindernissen relativ zahlreich. Unter fast 3000 Vögeln, die man an einer niederländischen Hochspannungsleitung innerhalb von 4 Jahren tot auffand, war z.B. die erstaunliche Zahl von 37 Wasserrallen, die ja während der Brutzeit die dichte Ufervegetation kaum verlassen. Die Liste dieser Drahtopfer wird übrigens vom Bläßhuhn angeführt mit über 500 Individuen. Diese Art ist ungleich häufiger, fliegt aber ebenfalls meist in gerader Bahn relativ niedrig über Land.

ken die Brutpaare auch etwas zusammen. Man hat gleichzeitig besetzte Nester schon in einem Abstand von weniger als 50 m gefunden.

Die Küken aller im Schilf lebender Rallen (Tüpfelsumpfhuhn, Wasserralle, die beiden kleinen Sumpfhühner) sowie des Wachtelkönigs tragen ein pechschwarzes Dunenkleid ohne auffallende Farbabzeichen (vgl. dagegen Teich- und Bläßhuhn). Die Federfluren auf der Körperunterseite, die öfters mit Wasser in Berührung kommt, entwickeln sich rascher als auf der Oberseite. Schwungfedern wachsen relativ spät.

Tüpfelsumpfhuhn

Porzana porzana

[K] Kleiner als Wasserralle, etwa drosselgroß. Rücken dunkel olivbraun, Federn des Rückens und die Flügeldecken in der Mitte schwarz, am Innenrand des Flügels fahlgelbe Streifung; viele weiße Flecken und Kritzel auf der Oberseite. Unterseite und Kopfseiten ± graubraun; Unterseite mit vielen weißen Punkten besetzt, Flanken weiß gebändert; Unterschwanzdecken braungelblich (vgl. Wasserralle). Juv. mit hellerer Unterseite. ■ Balzgesang des ♂ vom Frühjahr bis Sommer lange Reihen scharfer »huitt ...«; kurze »keck«-Rufe und Knurrlaute. ■ Auch dämmerungsaktiv; läuft geduckt. Im kurzen Streckenflug mit herabhängenden Beinen. Hält sich wie die Wasserralle sehr gut versteckt.

[V] Br. von Europa bis Mittelsibirien. ■ Bei uns nicht häufiger Br. des Tieflandes, starker Rückgang seit mindestens 50 Jahren und gebietsweise sehr s[illegible]; in der Bundesrepublik stark bedroht. Zugvogel mit Hauptwinterquartier in Mittelmeerländern, Nordafrika, Vorderasien (Ende März/April bis Oktober). ■ Br. auf nassen Flächen mit niedrigem Wasserstand und sehr dichter Vegetation, z.B. in Verlandungsgebieten (hier vor allem

Tüpfelsumpfhuhn bei der Nahrungssuche im Schlamm einer Verlandungszone.

Seggenzone, weniger reines Schilf), Naßwiesen, verlandete Tümpel, Niedermoore. Gegenüber Wasserstandsveränderungen sehr empfindlich.

F Nest gut versteckt, meist dicht über dem Boden oder in einer Seggenbülte; kompakter Napf, oft mit einem Dach aus Blättern. ■ Legezeit April bis Juni; wohl oft 2 Jahresbruten. ■ 8–12 Eier; auf gelblicher Grundfarbe kleine rötlichbraune Flecken. ■ ♂ und ♀ brüten 18–19 Tage; Küken bleiben bis etwa 3 Tage im Nest bzw. kehren zum Übernachten wieder zurück; flugfähig mit 35–42 Tagen.

N Kleintiere im Seichtwasser und Schlamm, z. B. Insekten, Würmer, Schnecken; auch zarte Pflanzenteile.

Kleines Sumpfhuhn

Porzana parva

K Mit dieser Art außerordentlich ähnlich ist das seltenere Zwergsumpfhuhn *(Porzana pusilla)*. Beide sind kleiner als Tüpfelsumpfhuhn (etwa starengroß) und nur von guten Kennern bzw. mit Hilfe von Spezialliteratur bzw. Tonaufnahmen sicher zu unterscheiden. Oberseite des Kleinen Sumpfhuhns (KS) olivbraun mit helleren und dunklen Längsstreifen sowie undeutlichen, weißen Fleckenreihen; Zwergsumpfhuhn (ZS) mehr rötlichbraun, dunkler und lebhafter gezeichnet, mit scharf abgesetzten weißen Kritzeln und Punkten. Unterseite bei ♂ KS schiefergrau mit heller Kehle; ♀ hellgelb bis rostbräunlich mit weißer Kehle, Unterschwanzdecken helldunkel gestreift, Streifung reicht kaum auf die Flanken. Beim ZS ist diese Bänderung kontrastreicher und auf den Flanken bis fast zur Bauchmitte zu erkennen; ♂ und ♀ gleich gefärbt, vordere Hälfte der Unterseite schiefergrau. Juv.: KS Unterseite hellbräunlich; ZS Unterseite etwas dunkler, Oberseite lebhafter weiß gekritzelt, deutlichere Flankenbänderung. Schnabel bei ad. KS im Winkel ± ausgedehnt rot, bei ZS immer ohne Rot. ■ Die Stimmen der beiden kleinsten Rallen waren lange nicht ausreichend bekannt. Gesang des ♂ KS besteht aus kurzen Einzelelementen, wie »gack« oder »quäk«, die sich zu einer sich beschleunigenden Reihe anordnen (ohne Triller am Ende); ♀ rufen »pöck pöck, pörrr« oder »kikerr«, bei Erregung »twutt«. ♂ ZS singen hölzern knarrend/klappernd »trrr-trrr-trri . . .« (mit schwach durchklingendem i oder e), an- und abschwellend. ■ Beide Rallen sind nur durch Zufall zu sehen und singen vor allem in der Dämmerung. Man kann sie durch Tonbandgesänge zu Antworten veranlassen und dadurch ihre Anwesenheit feststellen (vgl. Wachtelkönig, S. 112).

V KS Br. Europa bis Westsibirien, besonders in Steppengebieten Osteuropas; ZS Br. in Asien und in verschiedenen Gebieten der Südhalbkugel. ■ Beide Arten in Mitteleuropa seltene und z. T. nur ganz ur. Br., am ehesten im Osten und Südosten; auch auf dem Durchzug sehr seltene Gäste (vielleicht aber auch oft übersehen); KS bei uns wesentlich häufiger als ZS, jedoch wegen seines geringen Bestandes potentiell bedroht. ZS in Deutschland kein r. Br. Zugvögel; Winterquartier Südeuropa, Nordafrika und auch Afrika südlich der Sahara (April bis September). ■ Beide Arten halten sich stets in dichtem Pflanzengewirr von Feuchtgebieten auf, z. B. in Schilf-, Binsen-, Rohrkolben- oder Großseggenbeständen.

F Nest in dichten Pflanzen bodennah versteckt. ■ Legezeit Mai/Juni. ■ 4–8 Eier; auf hellem Grund hellbräunlich gefleckt. ■ ♂ und ♀ brüten 21–23 Tage; Junge etwa mit 50 Tagen voll flugfähig (KS).

N Beide Arten vor allem Insekten und deren Larven.

Wachtelkönig

Crex crex

K Wenig zu sehen, daher Stimme wichtigstes Merkmal. Etwas größer als Wachtel. Oberseite hell graubraun mit dunklen Federmitten, die insgesamt dunkle Längsstreifen bilden. Flügel auffallend rot- bis kastanienbraun. Unterseite gelbbraun, gegen den Bauch zu weißlich; Flanken ± deutlich rostbraun gebändert. ■ Der Gesang des ♂ ist einer der merkwürdigsten Vogellaute, nämlich ein klangarmes, 2silbiges »rärrp rärrp«, das gelegentlich mit dem Laut verglichen wird, der beim raschen Durchstreifen der Zähne eines Kammes entsteht. Oft wird der Gesang in langen Reihen vorgetragen, vorzugsweise in der Dämmerung und nachts. ■ Die Vögel halten sich sehr geschickt in Deckung und weichen häufig laufend aus. Im kurzen Flug hängen die Beine herunter. Mit Tonband sind die ♂ hervorragend anzulocken.

V Br. in Europa bis Mittelasien; in Europa starke Schwankungen, heute aber starker Rückgang. ■ Bei uns Br. im Tiefland in stark wechselnder Dichte und Verbreitung; viele Brutplätze sind nicht r. besetzt; insgesamt starke Abnahme; in der Bundesrepublik stark bedroht. Langstreckenzieher, der im tropischen Afrika überwintert (Mitte April bis September/Oktober). ■ Br. in offenem Gelände, vor allem in extensiv genutzten Wiesen mit dichtem Bewuchs; der Untergrund kann feucht sein. Heute z.T. auch in Getreidefeldern, auf Rüben- und Kartoffeläckern, Kleeschlägen usw.

F Nest am Boden. ■ Legezeit Mai/Juni; wohl nur 1 Jahresbrut. ■ 7–12 Eier; gelblich mit dunkel rotbraunen Flecken. ■ ♀ brütet 16–19 Tage; Junge sind mit ca. 35 Tagen flugfähig.

N Kleintiere, vor allem Insekten; daneben auch Sämereien und grüne Pflanzenteile.

Vom amphibischen Lebensraum der dicht bewachsenen, nassen bis sehr feuchten Verlandungszone haben die Rallen gewissermaßen Vorstöße sowohl in Richtung Land als auch aufs offene Wasser unternommen. Der Wachtelkönig ist die für das Land bestimmte Anpassungsform der Rallen. Trotz seiner äußerlichen Ähnlichkeit mit der Wachtel und gewisser Überschneidungen im Lebensraum (Wachtelkönige bevorzugen aber in der Regel feuchtere Bereiche) hat die »Wiesenralle« typische Eigenschaften der Rallen bewahrt, wie z.B. Aussehen und Entwicklung der Jungen. Die Männchen lassen sich mit dem Tonband mitunter auf Meternähe heranlocken. Doch ist es ein seltener Glücksfall, wenn man auf ein Nest oder auf eine Familie mit kleinen Jungen stößt.
In der mitteleuropäischen Kulturlandschaft ist die Verbreitung recht unstet. Am sichersten kann man die Anwesenheit feststellen, wenn man in Mai- und Juninächten nach dem Vogel hört bzw. ihn mit Tonbandaufnahmen zum Gesang animiert. In weiten Teilen Europas ist der Bestand in letzter Zeit katastrophal zurückgegangen.

Teichhuhn

Gallinula chloropus

[K] Etwas kleiner als Rebhuhn; schlanker, hühnerähnlicher Vogel mit langen Beinen und Zehen. Ad. Oberseite dunkel olivbraun, Kopf, Hals und Unterseite grauschwarz. Kräftige, weiße Streifen an den Flanken, die ein unterbrochenes, weißes Band bilden können. Schwanz kurz, wird oft nach oben gestelzt getragen; auf der Unterseite ist dabei ein weißes Dreieck mit schwarzem Zentrum zu sehen. Rotes Stirnschild, gelbe Schnabelspitze. Lange grünliche Beine und Zehen mit gelbem Ring am Fersengelenk. Juv. einfarbig braun mit ± deutlich aufgehellter Kehle; Schnabel und Stirnschild olivfarben. ▪ Häufigster Ruf guttural »kürrk«; bei Störung »kirreck«; auch Serien scharfer »kickick . . .« oder im Flug »keck-keck«. ▪ Im Schwimmen starkes Kopfnicken und Zucken des gestelzten Schwanzes. Klettert geschickt in der bodennahen Vegetation; läuft auch auf dem Land. Beim Auffliegen von der Wasseroberfläche häufig Fluglauf (vgl. Bläßhuhn). Als Parkvogel manchmal ganz zahm (besonders häufig in Nordwestdeutschland).

[V] Weit verbreiteter Br., z. B. Nord- und Südamerika, Europa, Asien, Afrika, Insulinde, Philippinen usw. ▪ Bei uns im Tiefland verbreiteter und vor allem im Norden häufiger Br.; Teilzieher; in milden Gegenden auch im Winter häufig. ▪ Br. der Ufer- und Verlandungszonen stehender und langsam fließender Gewässer, der im Bergland selten ist oder fehlt. Im Tiefland fast überall an Seen, Teichen, Flußaltwässern, Lehm- und Kiesgruben (sofern etwas Deckung vorhanden ist), Dorfteichen oder Parkgewässern. Mitunter auch an winzigen Tümpeln oder in kleinen Wiesengräben. Zur Nahrungssuche auch an Land und vor allem im Winter viel in Parkanlagen.

[F] Nest meist gut gedeckt in der Ufervegetation. ▪ Legezeit April bis Ende Juli; häufig 2, selten auch 3 Jahresbruten. ▪ 5–11 Eier; gelbbraun bis rahmfarben, mit vielen dunkelbraunen Flecken und Punkten. ▪ ♂ und ♀ brüten 19–22 Tage; Junge sind mit etwa 35 Tagen flugfähig, Familie bleibt aber oft noch länger zusammen.

[N] Pflanzlich und tierisch, z. B. Samen und Früchte von Sumpf- und Wasserpflanzen, Grasspitzen, Insekten, Mollusken u. a. Kleintiere.

Teichhuhn im Jugendkleid (u. a. fehlt der weiße Seitenstreif).

Das Teichhuhn vermittelt zwischen den in der dichten Verlandungsvegetation lebenden Rallen (z. B. Wasserralle und Tüpfelsumpfhuhn) und dem großenteils auf dem offenen Wasser lebenden Bläßhuhn. Seine langen Zehen sind mehr Lauf- und Kletterinstrumente, weniger angesprochene Schwimmorgane. Größere offene Wasserflächen werden daher nicht gerne überschwommen.

Die kleinen schwarzen Dunenjungen tragen im Kopfbereich auffallende Farbabzeichen: Der Schnabel ist rotorange und besitzt eine gelbe Spitze, die Stirnplatte ist rot. Über den Augen leuchten blaue Stellen der Haut durch das sehr dünne Dunenkleid, die Haut von Scheitel und Nacken ist rotorange, Kehle und Hals sind gelb. Diese Signale spielen bei der Fütterung und Jungenführung eine Rolle. Während der ersten Lebenstage bleiben die Küken noch im Nest und werden dort gefüttert. Aber auch noch später kehren die Jungen zumindest zum Übernachten oder bei kühlem und nassem Wetter zum Nest zurück. Neben dem Nest, in dem das Gelege ausgebrütet wurde, werden in der Nähe oder auch außerhalb des ehemaligen Brutreviers Nestplattformen angelegt, die als Schlafnester von den Jungen benutzt werden. Oft handelt es sich dabei aber auch um eine schon vor Beginn der Brut angelegte Plattform, die nicht weiter ausgebaut wurde.

Normalerweise sind beide Eltern an der Jungenführung beteiligt. Doch gibt es beim Teichhuhn interessante Abweichungen, wenn sehr bald nach dem Schlüpfen ein zweites Gelege gezeitigt wird, noch bevor die Jungen des ersten mehr oder minder selbständig geworden sind. Da das Weibchen auf dem neuen Gelege brütet, ist das Männchen dann allein mit dem Führen der Jungen beschäftigt. Mit 3 Wochen können die Jungen aber ihre Nahrung schon selbständig suchen und werden nur noch gelegentlich vom Altvogel gefüttert; schon vorher hat die Fütterung der zunehmenden Nestflüchter etwas nachgelassen und sich auf zusätzliche Futtergaben beschränkt.

Wenn 2 Bruten eines Paares so dicht aufeinanderfolgen, daß das zweite Gelege bereits bebrütet wird, ehe die

Im Frühjahr gibt es oft heftige Auseinandersetzungen an den Reviergrenzen.

Bunte Farbabzeichen am Kopf von Alt- und Jungvogel wirken als Signale bei der Fütterung.

Jungen des ersten selbständig geworden sind, spricht man von einer Schachtelbrut (vgl. Band 2, S. 127). Durch solche Schachtelbruten wird natürlich Zeit gewonnen. Beim Teichhuhn ist das System insofern noch weiter entwickelt, als hier auch häufig die Geschwister der ersten Brut sich an der Fütterung der nachgeborenen Jungen beteiligen. Auch gegenseitiges Füttern innerhalb einer gleichalten Jungenschar ist schon beobachtet worden. Doch oft machen sich auch Geschwister gegenseitig die Nahrung streitig.
Obwohl Teichhühner nicht gerade zu den elegantesten Fliegern zählen und man ihnen keine allzugroße Ausdauer zutraut, sind erstaunliche Zugleistungen bekannt geworden. Von Westfalen flog ein Teichhuhn nach Südwestspanien 2010 km und ein anderes nach Portugal 1980 km; ein in den Niederlanden beringter Herbstvogel war im Januar sogar in Marokko, 2800 km südwestlich vom Beringungsort. Offenbar zieht ein kleiner Teil der Teichhühner über erhebliche Entfernungen. Mitteleuropa ist aber auch das Winterquartier von nördlichen und östlichen Brutvögeln. Teichhühner sind heute z. T. sogar auch als Brutvögel in Städte eingewandert und bilden gebietsweise ausgesprochen zahme Parkbestände, die sich aus nächster Nähe beobachten lassen. Allerdings ist die enge Gewöhnung an den Menschen nicht überall eingetreten. Mitunter halten sich Teichhühner selbst an den winterlichen Futterstellen für Wasservögel etwas abseits. Außerdem ist beobachtet worden, daß nach schlechten Erfahrungen Teichhühner sich sehr schnell wieder umstellen können. An schilfbewachsenen Ufern oder in stark zugewachsenen oder verlandenden stehenden Gewässern lassen sich Teichhühner ähnlich anderen Rallen oft kaum sehen. Die Unterschiede im Verhalten gegenüber dem Menschen sind gerade bei dieser Art so auffallend, daß man meint, je nach Situation verschiedene Arten vor sich zu haben. Man darf sich durch Zahmheit von wildlebenden Vögeln nicht täuschen lassen: Nicht immer bedeutet die »Anpassung« an den Menschen ein sicheres Überleben der Art.

Bläßhuhn

Fulica atra

K Etwas kleiner als Stockente; liegt beim Schwimmen hoch im Wasser. Schwarz mit leuchtend weißem Stirnschild. Juv. Kehle, Unterhals und Brust weißlich ▪ Geschlechter sind an den Rufen zu unterscheiden. ♂ rufen kurz und stimmlos »tsk« oder »tsi« bzw. wie ein knallender Sektkorken »tp«. Rufe des ♀ laut bellend »köw«. ▪ Schwimmt mit Kopfnicken, taucht mit kleinem Sprung. Mitunter auch am Land auf ufernahen Wiesen weidend.

V Häufiger Brutvogel Eurasiens einschließlich Nordafrikas, Australiens, Neuguineas. ▪ Bei uns weit verbreitet und stellenweise der häufigste Wasservogel. Bestand hat teilweise durch Nährstoffanreicherung des Wassers zugenommen. Stand- und Strichvogel, Kurzstreckenzieher. Winterquartier reicht bis Nordafrika; bei uns im Winter sehr häufig z. T. auch halbzahm an Futterstellen. ▪ Br. an stehenden und langsam fließenden, überwiegend nährstoffreichen Gewässern, z. B. Seen, Teiche, langsame Flüsse mit Altwässern, Stauseen, Baggerlöcher, aber auch Kleingewässer wie Kiesgruben, Tümpel, Parkteiche usw. Zur Anlage des Nestes ist Deckung am Ufer notwendig. Im Winter auch auf dekkungsfreien Gewässern in großen Schwärmen.

F Nest im Seichtwasser oder am Ufer an Halmen oder Ästen verankert; umfangreicher Bau aus Pflanzenmaterial oft mit schrägem Aufgang (»Rampe«). ▪ Legezeit (März) April/Mai (z. T. bis Juli/August); in der Regel 1 Jahresbrut. ▪ 5–10(14) Eier; hellgrau bis gelblichweiß, mit vielen feinen, rotbraunen bis schwarzen Punkten. ▪ ♂ und ♀ brüten 23–25 Tage; Junge verlassen das Neist meist erst nach einigen Tagen und sind mit etwa 8 Wochen flugfähig.

N Allesfresser. Die Nahrungszusammensetzung je nach Angebot und im Laufe des Jahres sehr unterschiedlich, z. B. als Sommernahrung viel Schilf, ferner aber auch Algen, Gras, verschiedene Wasserpflanzen, organischer Abfall. Ferner Kleintiere, vor allem kleine Mollusken, Insekten und deren Larven; im Winter auch Brotreste und Abfälle.

Das Bläßhuhn ist unter den Rallen als einzige Art zum eigentlichen Schwimmvogel geworden. Dies geht allein schon aus dem Körperquerschnitt hervor. Er ist wesentlich rundlicher als bei den anderen Rallen, deren seitlich zusammengedrückter Körper eine gute Anpassung an das Durchschlüpfen in dichter Vegetation darstellt. Die langen Zehen der Bläßhühner sind mit breiten Schwimmlappen besetzt, die wie die Zehenglieder unterteilt sind. Der Fußabdruck im weichen Schlamm oder im Schnee ist daher unverwechselbar. Im Winterhalbjahr, oft schon ab Hochsommer, formieren sich Bläßhühner in großen Trupps bis zu riesigen Schwärmen, die vor allem bei Gefahr oft eng zusammenrücken. In zunehmendem Maß kommen sie bei Einbruch der kalten Jahreszeit auch in die Städte und sind heute neben Stockenten und Lachmöwen oft die häufigsten Wasservögel an den winterlichen Futterstellen der Parkteiche oder Flußbrücken. Gegen Frühjahr lösen sich die Verbände auf; man kann jetzt auch sehr viel häufiger als im Winter die lauten und durchdringenden Rufe hören.

Reviere werden im Brutgebiet oft sehr auffällig und energisch gegen Artgenossen, aber auch mitunter gegen andere Wasservögel verteidigt. Daß das »zänkische« und lärmende Bläßhuhn jedoch die Enten vertreibe und dadurch sich negativ auf den Entenbestand eines Gewässers auswirke, ist trotz aller Behauptungen nicht richtig. Verschiedentlich ließ sich feststellen, daß Enten sogar ihre Nester in der Nähe eines brütenden Bläßhuhns anlegen und so von der Wachsamkeit des aufmerksamen Vogels profitieren. Vom Nest gehende Bläßhühner machen durch ihren Fluglauf, bei dem die Füße das Wasser treten, viel Geräusch, das auch die wesentlich versteckter in der Vegetation brütende Ente hört, deren Gesichtskreis durch die dicht stehenden Pflanzen nicht so groß ist.

Zwei Bläßhühner stehen in Drohhaltung einander gegenüber.

Im Unterschied zu Enten halten die Geschlechter des Bläßhuhns auch die Brutzeit über zusammen. Der nichtbrütende Partner schwimmt in Nestnähe und kann dabei die Umgebung beobachten. Er steht im Rufkontakt mit dem jeweils brütenden Vogel.

Das Aggressivverhalten des Bläßhuhns an den Reviergrenzen ist leicht zu beobachten. Mit gesenktem Kopf und gesträubtem Gefieder der Hals- und Rückenpartie wird ein Eindringling bereits aus größerer Entfer-

Außerhalb der Brutzeit bilden Bläßhühner meist große Schwärme, oft an Futterstellen.

In den ersten Tagen kehren die Jungen noch oft in das Nest zurück.

nung angedroht. Die weiße Stirnblässe und der ebenfalls weiße Schnabel heben sich von der dunklen Umgebung scharf ab und wirken als Abweisesignal. Unmittelbar an den für uns nicht sichtbaren Reviergrenzen schwimmen benachbarte Paare oft in verstärkter Drohhaltung aufeinander zu bzw. nebeneinander her. Dabei wird der Hals nicht sehr stark vorgestreckt, doch sind die Flügel hoch über dem Rücken gewölbt wie ein Schild. Besonders starkes Drohen scheint das Wassertreten zu bedeuten: Der Vogel hebt den Vorderkörper aus dem Wasser und tritt schnell mit den Füßen. Dadurch entsteht ein platschend-gurgelndes Geräusch und Wasser spritzt umher. Drohen hat die Aufgabe, den Gegner einzuschüchtern, so daß eine tätliche Auseinandersetzung vermieden wird. Sie kostet beiden Partnern Energie und könnte auch zu Verletzungen führen.

Doch nicht immer läßt sich ein Angriff vermeiden, denn mitunter fühlt sich keiner im Drohduell unterlegen. Mit hoher Bugwelle schwimmen die Gegner aufeinander zu, der letzte Teil der Strecke wird oft im rasanten Fluglauf überwunden. Falls einer der beiden im letzten Augenblick nicht doch noch die Flucht ergreift, ist ein Kampf unvermeidlich. Die Kontrahenten richten sich voreinander auf, stellen sich gewissermaßen auf den Schwanz, legen als Stütze die Flügel nach hinten und wenden einander die Unterseite zu. Mit den Füßen schlagen sie heftig gegeneinander und versuchen, sich auch zu hacken oder nach hinten umzuwerfen. Der Unterlegene gerät dabei oft für einige Sekunden unter Wasser, ehe er fliehen kann. Bei Bläßhühnern ist kämpferische Auseinandersetzung keineswegs nur Männersache; auch die Weibchen kämpfen. Doch hat man als Regel bisher nur den Kampf der Geschlechter untereinander beobachtet, also Weibchen gegen Weibchen und Männchen gegen Männchen. Die Geschlechter lassen sich am ehesten durch den Ruf unterscheiden (s. oben). Vor allem zur Zeit des Jungenführens werden auch andere ins Revier eindringende Wasservögel angegriffen.

Bläßhühner sind heute meist die

häufigsten Schwimmvögel geworden. Immer wieder wird die Meinung vertreten, daß der Mensch regulierend eingreifen müsse, um den Bestand nicht ins uferlose anwachsen zu lassen. Langjährige Zählungen haben gezeigt, daß Bläßhühner nur dann zunehmen, wenn Nährstoffanreicherung in Gewässern zu üppigem Pflanzenwuchs führt oder auch viel pflanzlicher Abfall und organische Stoffe ins Wasser geraten. Auch ausgesprochene Abwasserorganismen werden vom Bläßhuhn genutzt. Starke Zunahme des Bläßhuhns ist also ein Anzeiger sich verringernder Wassergüte. Rückgänge der nahrungssuchenden Bläßhuhnbestände als Folge verbesserter Kanalisation der Anrainer eines Sees sind in mehreren Fällen bewiesen. Der verstärkte Abschuß bringt also gar nichts. Leichtfertig wird auch immer wieder behauptet, die Bläßhuhnscharen würden zur Verschmutzung des Wassers beitragen. Bläßhühner sind nicht die Ursache, sondern die Folge von Wasserverschmutzung. Durch das Abweiden von Algenrasen, die Aufnahme von Pflanzen und den Abbau von Detritus trägt das Bläßhuhn sogar zur Wasserreinigung bei. Der Kot, den die zahlreichen Vögel ins Wasser abgeben, stellt ja nur einen Bruchteil der aufgenommenen organischen Substanz dar, von der ein Teil zu Energie, ein anderer in Körpersubstanz umgewandelt wurde.

Größere Konzentrationen nichtbrütender Bläßhühner kann man oft schon in den Sommermonaten beobachten. Wie bei den Enten hängen sie z.T. mit der sommerlichen Mauser des Großgefieders zusammen, denn auch die Rallen, und damit das Bläßhuhn, verlieren alle Schwungfedern gleichzeitig und werden vorübergehend flugunfähig. Wahrscheinlich werden auch regelrechte Mauserzüge durchgeführt. Der eigentliche Wegzug setzt besonders bei nördlichen und östlichen Populationen erst etwa ab September ein. In der Bundesrepublik Deutschland ist auf dem Durchzug und im Winter u.a. mit Bläßhühnern aus Finnland, aus der UdSSR, aus Dänemark, aus der CSSR und der DDR zu rechnen. Einzelne, sicher in der Bundesrepublik geborene wurden dagegen in Italien, Frankreich und Spanien und in der Schweiz wiedergefunden. Viele im Lande bleibende Vögel werden mitunter noch mitten im Winter gezwungen, der Kälte und dem Eis auszuweichen. Sie müssen dann noch Hunderte von Kilometern nach Südwesten fliegen. Manche der bei uns für den Winter zugewanderten Vögel sind ihrem Winterquartier außerordentlich treu, andere tauchen zur gleichen Jahreszeit in ganz unterschiedlichen Gegenden auf. So sind z.B. Wintervögel aus Großbritannien in späteren Wintern schon in vielen Gebieten Mitteleuropas gefunden worden.

Auch herangewachsene Junge werden noch von den Altvögeln gefüttert. Das Dunenkleid mit rötlichem Kopf (vgl. Bild S. 118) wird allmählich durch das Jugendkleid ersetzt. Dabei verschwinden die roten Dunen am Kopf; die gesamte Oberseite wird einheitlich braunschwarz. Das am weißen Vorderhals gut kenntliche Jugendkleid verschwindet dann ab Herbst.

Austernfischer

Haematopus ostralegus

K Größer als Kiebitz (etwa kleine Krähe); gedrungen, überwiegend schwarze Ober- und weiße Unterseite; langer, seitlich etwas zusammengedrückter, roter Schnabel und rote Beine. Auffällige Vogelgestalt der Küste. Im Brutkleid Kopf, Brust, Oberseite und Endband des Schwanzes schwarz; im Flug breite weiße Flügelbinde, Hinterrücken bis Schwanzbinde ebenfalls weiß. Im Ruhekleid wirkt das Schwarz etwas stumpfer, an den Halsseiten kann man ein weißes Kehlband erkennen. Juv. mit heller bräunlichen Federsäumen, an Kehle und Halsseiten oft weißliche Flecken. ■ Stimme weithin zu hören, auffälliger Ruf »kliip« oder 2silbig, etwa »kwiewiep«. Bei den Trillerzeremonien die Rufe in allmählicher Steigerung. ■ Häufig an der Küste; bei Flut außerhalb der Brutzeit oft in großen Trupps.

V Br. in Nordwest- und Mitteleuropa bis Vorderasien und Mittelsibirien; isoliertes Vorkommen dann in Ostasien. In nahe verwandten Arten an vielen Küsten der Welt. Bei uns r. und z. T. häufiger Br. der Küste, der dank intensiver Schutzmaßnahmen zugenommen hat. Im Binnenland nur im Bereich der norddeutschen Tiefebene einschließlich Niederlande Br. Teilzieher, und daher an der Küste ganzjährig, jedoch im Winter seltener. Im Binnenland nur sehr ur. Gast. ■ Küstenvogel, der vor allem an Fels-, Kies- und Sandstränden, in Dünen und Wattwiesen, binnendeichs auch auf Wiesen und Weideland anzutreffen ist. Im Binnenland Br. auf Wiesen meist in Wassernähe. Außerhalb der Brutzeit z. T. in großen Schwärmen auf dem Watt.

F Nest flache Mulde auf kahlem Boden oder auf kurzrasiger Fläche. ■ Legezeit April/Mai (Juni); 1 Jahresbrut; 3 hell- bis olivbraune Eier mit dunkleren Schnörkeln und Flecken. ■ ♂ und ♀ brüten 24–27 Tage; Junge werden mit 32–35 Tagen flügge, meist löst sich dann auch die Familie auf.

N An der Küste vor allem Muscheln, Schnecken, Krebse und Ringelwürmer, aber auch Insekten.

Austernfischer sammeln sich bei auflaufender Flut.

Zum Aufspüren und zur Behandlung der Beute haben Austernfischer komplizierte Techniken entwickelt. Auch im Schlick tiefer sitzende Muscheln werden häufig optisch geortet, z. B. durch kleine Besonderheiten in der Beschaffenheit der Oberfläche. Nachts oder auch bei geringer Muscheldichte am Tag pflügen die Vögel dagegen mit geöffnetem Schnabel durch den weichen Schlick und spüren die Muscheln durch Berührungsreize auf. Auf einer festen Unterlage werden z. B. Miesmuscheln mit kräftigen Schnabelhieben bearbeitet, bis ein Stückchen Schale herausbricht. Jetzt kann die Schnabelspitze den Schließmuskel der Muschel durchtrennen, die Schale klafft dann leicht auf. Durch Drehung und Öffnen des Schnabels werden die Schalenhälften endgültig auseinandergedrückt. Bei sehr großen und hartschaligen Muscheln muß der Austernfischer versuchen, rasch zwischen die leicht geöffneten Schalen der ruhig im Schlamm sitzenden Muschel zu stechen. Sein seitlich stark komprimierter, kräftiger Schnabel ist hervorragend geeignet, auch in schmale Spalten einzudringen.

Die ältesten beringten Austernfischer sind über 30 Jahre alt geworden und von einigen Ringvögeln weiß man sehr viel über ihre Lebensgeschichte. So veröffentlichten britische Ornithologen einen regelrechten Nachruf auf ein Weibchen, das den Beobachtern besonders ans Herz gewachsen war. Der Vogel wurde im Mai 1963 beringt und im November 1980 6 km vom Beringungsort wiedergefunden. 7 Jahre lang brütete das Weibchen mit dem gleichen Ehegatten an derselben Stelle und zeitigte sein Gelege immer zwischen 22. und 30. April. In 6 Brutzeiten wurden 9 Junge flügge; einmal ging die Brut dieses Weibchens durch Störungen des allzu eifrigen Beobachters zugrunde. 1973 kam das Weibchen nicht an seinen angestammten Brutplatz zurück; sein Männchen war mit einem anderen Partner verheiratet. 2 Jahre später entdeckte man den Vogel auf einer Nachbarinsel und wieder 2 Jahre später war er in seiner ursprünglichen Brutheimat zurück. 5 der 9 flügge gewordenen Jungen kehrten an den Geburtsort zurück und 4 davon wurden Brutvögel. Das Schicksal der übrigen blieb unbekannt.

Auch bei einigen anderen langlebigen Seevögeln (z. B. S. 182) hat man markierte Individuen viele Jahre beobachtet.

Die beiden Austernfischer im Vordergrund stehen einander aggressiv gegenüber. Sie führen ein sog. Trillerspiel aus, das sich zu richtiggehenden Trillerturnieren erweitern kann. Fälschlicherweise hat man früher dieses Verhalten als eine Art Balz interpretiert. Meist dient eine solche weithin zu hörende akustische Auseinandersetzung aber dazu, sich gegenseitig auf Distanz zu halten, z. B. an der Grenze eines Nestreviers, aber auch auf der Wattfläche bei der Nahrungssuche.

Kiebitz

Vanellus vanellus

K Etwa taubengroß und auffällig schwarzweiß gefärbt. Oberseite schwärzlich mit deutlichem grünen Metallglanz; Unterseite weiß, scharf halbkreisförmig abgesetztes Brustschild; Unterschwanzdecken rostfarben, Schwanz weiß mit breiter, dunkler Endbinde. Im Flugbild weiße Flügelunterseite, Flügelspitze schwarz. Flugbild sehr charakteristisch, da die Flügel breit abgerundet sind; Flügelschlag langsam schaufelnd. Am Kopf lange, abstehende Federholle; Kopfseiten weiß, um das Auge und an der Schnabelwurzel dunkle Zeichnung. Geschlechter kann man im Frühjahr unterscheiden: ♂ ad. etwa ab März völlig schwarze Kehle und lange Holle; 1jährige ♂ und ♀ auch im Sommer mit weißer Kehle, bei ♀ Holle kurz. Im Herbst beide Geschlechter mit weißen Federn im dunklen Kehlschild. Juv. tragen sehr kurze Federholle, Kopf- und Halsseiten sind bräunlich, auf der Oberseite sind rostbraune Federsäume zu erkennen. ▪ Häufigster Ruf etwas klagend und weinerlich »ki-wi«. Während des Ausdrucksfluges im Frühjahr in den Brutrevieren Gesang: »chä-chuit« (im Aufsteigen), »wit-wit-wit-wit« (Flugbahn in der Höhe), »chiu-witt« (im Sturzflug). Dabei in einzelnen Phasen auch wuchtelnde Fluggeräusche zu hören. ▪ Außerhalb der Brutzeit sind Kiebitze oft in Schwärmen, die sich in der Luft meist zu breiten Bändern formieren.

V Br. in Europa und Asien in der gemäßigten und mediterranen Zone. ▪ Bei uns verbreiteter Br. des Tieflandes; Kurzstreckenzieher, in milden Gegenden auch Stand- und Strichvogel und daher im Winter zu beobachten, sonst meist Februar bis November. ▪ Br. auf Ebenen, weithin offenen und baumarmen Flächen mit fehlender oder kurzer Vegetation. Im 20. Jahrhundert als Br. des Kulturlandes auf Wiesen und Äcker eingewandert und heute Br. auf sehr unterschiedlichen Flächen, wie Seggenrieder, Mähwiesen, Viehweiden, Heideflächen, Flugplätzen, Ackerland, Schotterflächen, Böden abgelassener Teiche usw., sowohl auf feuchten als auch auf trockenen Böden. Heute jedoch durch moderne landwirtschaftliche Bearbeitungsmethoden von Äckern und Wiesen hohe Brutverluste, so daß sich manche Binnenlandsiedlungen wohl nur durch Zuzug aus Überschußgebieten halten können. Außerhalb der Brutreviere ebenfalls auf ebenen kurzrasigen Flächen oder Schlammbänken an Seen, Flüssen und Teichen.

F Nest flache Mulde am Boden. ▪ Legezeit März bis Ende Mai (Anfang Juni); 1 Jahresbrut. ▪ 4 Eier; kreisel- oder birnenförmig, olivbraun, mit zahlreichen schwarzen Flecken gut getarnt. ▪ ♂ und ♀ brüten 26–29 Tage; Junge sind etwa mit 35–40 Tagen flugfähig.

N Hauptsächlich kleine Bodentiere, Insekten und deren Larven, Regenwürmer; daneben auch etwas pflanzliche Substanz.

Wie viele Brutvögel des offenen Landes zeigen auch Kiebitze auffällige Flugspiele über dem Brutgebiet. Der Ausdrucksflug des Männchens dient der Markierung des engeren Nestrevieres und der Werbung. Aus einem niedrigen Flug dicht über dem Boden steigt der Vogel plötzlich steil auf; dann geht die Flugbahn in die Horizontale über. Nach wenigen Metern steigt der Vogel nochmals kurz auf, um sich dann kopfüber in die Tiefe fallen zu lassen. Dabei wirft er sich auf den Rücken und führt auch regelrechte Rollen um die Körperlängsachse aus (Stimmlaute s. oben). Erst dicht über dem Boden wird der Sturzflug aufgefangen und man hört jetzt beim Weiterfliegen auch ein wuchtelndes Fluggeräusch, für das die verlängerten inneren Handschwingen verantwortlich sind. Dabei wirft sich der Vogel mit plötzlichem Schwung auf die eine, dann wieder auf die andere Seite. Durch dieses Herumwerfen wird abwechselnd die dunkle Ober- und die weiße Unterseite präsentiert. Kiebitze setzen also optische und akustische Signale ein. Daneben gibt es noch eine Bodenbalz, bei der u. a. das Scheinnisten eine Rolle spielt. Verhaltensweisen des Muldenscharrens und des Ablegens von Nistmaterial über den Rücken sind dabei zu beobachten.

Das Gelege des Kiebitzes ist gut getarnt durch entsprechende Eifärbung. Geradezu hervorragend aber funktioniert die Tarnung bei den erdfarbenen Küken. Auf einen Warnruf der Eltern drücken sich die kleinen Kerle sofort auf den Boden und lösen sich dabei regelrecht mit der Umgebung auf. Etwas älter laufen sie bei Alarm meist auf ein kleines Versteck zu; die kleinsten Unebenheiten des Bodens werden dann sehr geschickt ausgenutzt. Man muß daher sehr vorsichtig sein, wenn man von warnenden Kiebitzen umflogen wird. Schon oft wurden Junge einfach zertreten, da sie nicht weglaufen, ehe »Entwarnung« durch die Altvögel erfolgt.

Kiebitzmännchen mit seinen verlängerten inneren Handschwingen (vgl. Text).

Schon Ende Mai/Juni, lange bevor sich bei anderen Vogelarten Zugerscheinungen bemerkbar machen, fliegen Kiebitze auf die Wanderschaft. Dieser Frühwegzug führt zunächst meist nur über geringe Strekken, aber doch schon oft etwas in Richtung des späteren Winterquartiers. So kann man mitten im Sommer bereits wandernde Kiebitzschwärme sehen.

Jungkiebitz drückt sich bei Gefahr fest auf den Boden, um so den Blicken seiner Feinde zu entgehen.

Sandregenpfeifer

Charadrius hiaticula

K Etwas größer und kräftiger als Flußregenpfeifer; Oberseite erdbraun, Unterseite weiß. Ad. im Brutkleid Kopfzeichnung ähnlich Flußregenpfeifer; schwarzes Brustband meist breiter, schwarzes Stirnband vom braunen Oberkopf nicht weiß abgesetzt. Im Ruhekleid entweder mit schwarzer Gesichtszeichung oder mit breitem, dunkelbraunem Brustband. Juv. mit dunkler braunem Oberkopf, breitem, dunkelbraunem Brustband, das auf der Halsmitte oft verengt ist und ± unterbrochen erscheint. Im Flug helle Flügelbinde (wichtiges Unterscheidungsmerkmal zu Flußregenpfeifer!). Schnabel allgemein kräftiger als bei Flußregenpfeifer; bei juv. schwarz mit orangefarbenem Fleck an der Basis des Unterschnabels; bei ad. zur Brutzeit orange mit schwarzer Spitze, im Herbst ähnlich juv.; Füße bei juv. bräunlichrot, bei ad. zur Brutzeit orangerot. ▪ Ruf im Abfliegen anders als bei Flußregenpfeifer nach oben gezogen, weich »tüip«. Gesang besteht aus heiser kehligen Rufreihen und wird im Singflug, bei dem sich der Vogel oft von einer Seite auf die andere wirft, vorgetragen. ▪ Läuft wie alle Regenpfeifer sehr schnell, um dann plötzlich zu stoppen. Bei Erregung wird der Kopf kurz hochgestoßen.

Sandregenpfeifer setzt sich mit abgespreizten Bauchfedern zum Brüten auf die Eier.

V Br. im Norden Europas, Asiens und Amerikas. ▪ In Mitteleuropa Br. im Küstengebiet (Niederlande, Schleswig-Holstein, Niedersachsen, Mecklenburg); im Binnenland als Br. völlig fehlend, doch regelmäßiger Durchzügler (besonders April/Mai, August/Oktober). Strichvogel, Kurz- bis Langstreckenzieher. Winterquartiere je nach Herkunft Westeuropa, Nordwestafrika, südliches und tropisches Afrika, Ostmittelmeer. ▪ Br. auf offenen, ± vegetationslosen Flächen, an Küsten und Salzwasser. Auf dem Durchzug in größeren Schwärmen im Watt, einzeln und in kleinen Trupps auf Schlamm- und Sandküsten überall im Binnenland.

F Nest flache Mulde in weicher vegetationsloser Unterlage. ▪ Legezeit April/Mai; 1–2 Jahresbruten. ▪ 4 kreiselförmige Eier; sandfarben mit vielen schwarzen und grauen Flekken und Punkten; hervorragend getarnt. ▪ ♂ und ♀ brüten 21–28 Tage; Junge mit etwa 24 Tagen flügge.

N Kleine Tiere auf der Bodenoberfläche, vor allem Insekten.

1982 ermittelte man an der deutschen Nordseeküste 570 Brutpaare, davon 280 in Niedersachsen.

Seeregenpfeifer

Charadrius alexandrinus

K Kleiner, gedrungener Regenpfeifer mit dunklem Schnabel, dunklen Füßen, auffällig weißen Schwanzkanten und weißem Flügelband. Stirn weiß, dunkle Augen und weißer Überaugenstreif; ein geschlossenes Brustband fehlt, dafür dunkle Flekken an den Seiten der Vorderbrust. ♂ im Brutkleid: Oberkopf ± orangebraun, deutlich von der hell sandbraunen Oberseite unterschieden; braunschwarze Querbinde oberhalb der weißen Stirn; Ansätze des Brustbandes an den Seiten schwarz (im Herbst bräunlich). ♀ im Brutkleid ohne schwarzes Stirnquerband; Oberkopf wie Rücken hell sandfarben, dunkle Flecken an der Vorderbrust braun. ▪ Beim Abflug kurze helle »tit«; schnurrender Gesang im Singflug. ▪ Einzeln und in Trupps meist auf vegetationsfreien Flächen.

V Br. der Küsten und Steppengebieten Europas und Asiens, ferner in Nord-, Mittel- und Südamerika (dort aber meist nicht allgemein verbreitet). ▪ In Mitteleuropa nur unmittelbar an der Küste Br. im Binnenland auch als Durchzügler äußerst selten. Brutbestand in der Bundesrepublik potentiell bedroht. ▪ Br. auf vegetationsarmen bis kahlen Böden, am Salzwasser sowohl an der Küste als auch in salzhaltigen Binnengewässern der Steppengebiete. Außerhalb der Brutzeit auf Sand- und Schlickflächen.

F Nest dürftige Mulde im Boden. ▪ Legezeit an der Nordsee Mitte April bis Mitte Juli; 1 Jahresbrut. ▪ 2 Eier; Grundfarbe bräunlich, viele Flecken und kleine Schnörkel. ▪ ♀ und ♂ brüten 23–29 Tage; Junge sind mit 30–35 Tagen flügge.

N Kleintiere, wie Ringelwürmer, Muscheln, Schnecken, Krebstiere, Insekten.

Männchen (oben) und Weibchen (unten) des Seeregenpfeifers.

Noch mehr als die beiden anderen kleinen Regenpfeifer sind die zierlichen Seeregenpfeifer ausgesprochene Renner, die auf dem vegetationslosen Boden ihrer Nahrungsgebiete im schnellen Tempo auch längere Strecken zurücklegen. Sie benutzen ihre Fähigkeit auch, um wie eine Maus von Jungen oder Eiern wegzurennen. Wie andere Bodenbrüter suchen auch sie Gelege und Junge durch geeignete Verhaltensweisen zu schützen (s. S 127).

Flußregenpfeifer

Charadrius dubius

K Etwas kleiner und zarter als Sandregenpfeifer (Stimme!); Oberseite erdbraun, Unterseite weiß. Am Kopf schwarzes Stirnband, das meist deutlich durch einen schmalen, weißen Saum vom erdbraunen Scheitel getrennt ist. Zitronengelber Augenring; Stirn weiß; schwarzes Band vom Schnabel durch das Auge, hinter dem Auge meist verbreitert; schmales, schwarzes Kehlband. Im Ruhekleid ohne schwarze Gesichtszeichnung, Kopf braun. Ähnlich auch juv. Im Flug keine weiße

Gelege des Flußregenpfeifers.

Flügelbinde; bei juv. ist helle Flügelbinde jedoch angedeutet. Schnabel allgemein schlanker als Sandregenpfeifer und schwarz; bei ad. kleiner rötlichgelber Fleck an der Basis. Beine bei juv. gelblich, bei ad. bräunlich fleischfarben. ■ Häufigster Ruf bei Erregung im Gegensatz zu Sandregenpfeifer abwärts gerichtet, etwa wie »piu«. Fledermausartiger Singflug im Brutrevier mit rauhen Lauten. ■ Sehr gut getarnter Bodenvogel, der mit schnellen Trippelschritten läuft und plötzlich abstoppt (vgl. Sandregenpfeifer).

V Br. in Europa und Asien einschließlich Nordafrika. ■ Bei uns verbreiteter, aber nirgends häufiger Br. im Tiefland; starke Abnahme zu Beginn des 20. Jahrhunderts. Meist Langstreckenzieher mit Winterquartieren in Afrika südlich der Sahara (Ende März bis Oktober). ■ Br. auf vegetationsarmen Flächen, meist in Wassernähe (Binnengewässer). Ursprüngliche Brutplätze waren die Schotter-, Kies- und Sandufer bzw. -inseln an Flüssen. Heute vielfach Bruten in künstlichen Erdaufschlüssen, z.B. Kies- und Sandgruben, Steinbrüchen, Halden, Tagebauen, abgelassenen Fischteichen, Ödflächen, Klärbecken usw. Auf dem Durchzug an Schlammbänken und Sandufern, in der Regel aber nicht in größeren Trupps wie Sandregenpfeifer. Fehlt am Meer.

F Nest flache Mulde in Stein und Sand. ■ Legezeit April/Juni; 1 Jahresbrut, einzeln auch Zweitbruten nachgewiesen. ■ 4 hervorragend getarnte Eier; hellgrau mit schwarzbraunen Punkten. ■ ♂ und ♀ brüten 22–28 Tage; Junge sind mit etwa 24–29 Tagen flügge.

N Kleintiere auf der Bodenoberfläche, vor allem Insekten.

Der Flußregenpfeifer ist ein Beispiel dafür, wie sich auch ein Vogel urtümlicher Biotope bis zu einem gewissen Grad auf die Verhältnisse der Kulturlandschaft umstellen kann. In vielen Gegenden nahm der Bestand Ende des 19. Jahrhunderts bis in die 20er Jahre des 20. Jahrhunderts ab, z. T. als Folge der immer stärker zunehmenden Flußregulierungen, die den kleinen Regenpfeifer seiner angestammten Brutplätze beraubten. Heute sind von Zeit zu Zeit durch Hochwasser überspülte und dadurch kahl gebliebene Flußschotterbänke sehr selten geworden. Mittlerweile aber haben Flußregenpfeifer »künstliche« Lebensräume zu nutzen gelernt, z. B. Kiesgruben, Ödländer, Trümmergebiete. Diese Umstellung hat ganz offensichtlich zu einer erfreulichen Bestandsvermehrung, aber z. B. auch zur Einwanderung der Art nach Großbritannien geführt. Heute verdient der Flußregenpfeifer ähnlich der Uferschwalbe (s. Band 1, S. 24) eigentlich gar nicht mehr seinen Namen, da er ganz andere Lebensräume besiedelt.

Man hat allerdings triftigen Grund zur Annahme, daß auch Klimaveränderungen diese Umstellung bzw. die Vermehrung des Flußregenpfeifers begünstigt haben. Menschliche Erdaufschlüsse, Spülflächen oder Ödflächen sind jedoch meist sehr kurzlebige Lebensräume, die rasch genutzt werden müssen, aber nach wenigen Jahren, mitunter schon nach Jahresfrist, wieder verschwunden oder durch zu starken Bewuchs ungeeignet geworden sind. Zur Nutzung solcher unstabilen Biotope ist der Flußregenpfeifer wahrscheinlich von Natur aus prädestiniert, denn auch Kiesbänke in natürlichen Flußläufen sind, bedingt durch häufiges Hochwasser, oft recht kurzlebig. Eine Population hält wahrscheinlich auch eine Brutreserve von fortpflanzungsfähigen Altvögeln bereit.

Flußregenpfeifer verleitet. Durch einseitiges Flügelschlagen und -abspreizen »täuscht« der Vogel Verletzung vor; oft kippt er auch regelrecht auf die Seite oder taumelt. Die Schwanzzeichnung tritt auffällig in Erscheinung. Damit versucht der Regenpfeifer von seinen kleinen Jungen abzulenken. Das Verleiten kann man erst nach dem Schlüpfen der Jungen beobachten.

Im offenen Brutbiotop ist das Gelege so hervorragend getarnt, daß man die Eier für Kieselsteine hält. Auch die Jungen drücken sich bei Gefahr auf den Boden; schon nach 3 Tagen lernen sie, jede Deckung gezielt auszunutzen. An einem Brutplatz des Flußregenpfeifers ist also größte Zurückhaltung geboten, da unbeabsichtigt Eier oder Junge gefährdet werden.

Die Dunenjungen auf dem sonnigen, kahlen Boden werden auf merkwürdige Weise gekühlt: Die Altvögel durchtränken ihr abgespreiztes Bauchgefieder mit Wasser und rennen oder fliegen rasch zu den Jungen, die sich unter das nasse Gefieder kauern und dadurch Kühlung erhalten.

Goldregenpfeifer

Pluvialis apricaria

K Größer als Drossel; etwas kleiner als der ähnliche Kiebitzregenpfeifer mit zarterem Schnabel; in allen Kleidern weiße Achselfedern (im Flug zu sehen). Brutkleid: Oberseite braunschwarz, mit vielen goldgelben Federspitzen übersät, daher insgesamt gelblich bis grünlich wirkend. Stirn und Überaugenstreif weiß. Kehle, Unterhals, Brust- und Bauchmitte schwarz, Flanken weiß bis hellgelb, Unterschwanzdecken weiß. Dunkle Färbung der Unterseite kann an Hals und Brust von den hellen Halsseiten her ganz schmal eingeengt und je nach Jahreszeit sehr fleckig und mit hellen Federn durchsetzt sein (nordische Vögel oft mehr Schwarz). Im Ruhekleid Rücken ähnlich wie Brutkleid, doch dunkle Federteile mehr braun; dadurch wirkt die Rückenfärbung fahler. Unterseite ohne Schwarz oder Braun. ■ Häufigster Ruf weiches »dlüh«, viel weicher als Rotschenkel. Reviermarkierung im Brutgebiet mit Rollern und Trillern im Flug. ■ Bei uns meist einzeln oder in lockeren Trupps verteilt. Typisches Regenpfeiferverhalten: Rennt sehr schnell und bleibt dann wartend stehen.

V Br. im Norden Eurasiens von Island über Großbritannien und Fennoskandien bis Mittelsibirien. ■ In Mitteleuropa fast ganz ausgestorben bis auf einen winzigen Rest von 25–30 Brutpaaren in Niedersachsens Hochmooren. R. Durchzügler vor allem September/November bzw. März/Mai, an der Küste in großen Scharen, als Teil- bzw. Kurzstreckenzieher auch im Winter dort einzeln. Im Binnenland meist einzeln und in kleinen Trupps, gebietsweise auch ausgesprochen selten. ■ In Nordeuropa Br. der nassen Heiden und arktischen Tundra, bei uns Br. in Hochmoorresten. Nahrungssuche auf Wiesen, Weiden, Äckern, Durchzügler vor allem auf kurzrasigen Wiesen, abgeernteten Ackerflächen, an der Küste auch im Watt.

F Nestmulde am Boden. ■ Legezeit April bis Anfang Juli; 1 Jahresbrut. ■ 4 hellbraune mit vielen Flekken versehene Eier. ■ ♀ und ♂ brüten 27–30 Tage; Junge sind mit etwa 1 Monat selbständig.

N Insekten und deren Larven, Würmer, kleine Schnecken, Spinnen und andere Bodentiere, auch Beeren.

Goldregenpfeifer im Frühjahr auf einer Marschwiese; viele Vögel tragen schon das Brutkleid. Im Unterschied zum Kiebitzregenpfeifer trifft man diese nordischen Gäste meist hinter dem Deich.

Kiebitzregenpfeifer

Pluvialis squatarola

Kiebitzregenpfeifer im Schlichtkleid, wie er bei uns vor allem an der Küste häufig zu beobachten ist. Beachte: Kräftigerer Schnabel als Goldregenpfeifer; Rückenfleckung mehr weiß (statt grünlichgelb oder goldgelb); insgesamt wirkt der Vogel sehr viel grauer.

K Größer als Goldregenpfeifer; Schnabel stärker; in allen Kleidern schwarze Achselfedern (im Flug zu sehen), Bürzel und Schwanz weißlich (bei Goldregenpfeifer wie Oberseite dunkel), deutliche weiße Flügelbinde. Im Brutkleid bei uns nicht häufig zu sehen: Oberseite auffallend schwarzweiß getupft, hohe, weiße Stirn, weiße Halsseiten. Auffällige schwarze Unterseite vom Auge und Schnabel bis zum Bauch, Hinterende weiß. Schwarze Unterseitenfärbung sehr viel breiter als beim Goldregenpfeifer. Im Ruhekleid Oberseite grau mit vielen hellen Tupfen und undeutlicher gesprenkelt als bei Goldregenpfeifer. Unterseite weißlich, Brustseiten grau oder fleckig. Juv. sind oberseits gelblich getönt, doch heller als Goldregenpfeifer. ■ Hauptsächlich im Flug ein 3silbiger Ruf, wie »tli-o-ii«, nicht so wehmütig pfeifend wie beim Goldregenpfeifer. ■ Im Binnenland meist einzeln, an der Küste in größeren Trupps, doch meist großer individueller Abstand. V Br. in der arktischen Tundra von der Ostküste des Weißen Meeres bis Nordostsibirien sowie im arktischen Nordamerika. ■ Bei uns regelmäßiger Durchzügler auch in größerer Zahl an der Küste, im Binnenland r. einzeln, in manchen Gebieten auch selten. Durchzug im Binnenland September/Anfang November bzw. April/Mai, an der Küste auch einzeln überwinternd. Gelegentlich einzelne Übersommerer. ■ Br. der Tundra; bei uns auf dem Durchzug im Unterschied zum Goldregenpfeifer häufiger an der Küste oder außendeichs im Watt, im Binnenland meist auf offenen Schlammflächen. N In der Brutheimat hauptsächlich Insekten; im Watt kleine Würmer, Mollusken, Krebstiere.

Im Schlichtkleid ist der Goldregenpfeifer dem Kiebitzregenpfeifer (s. rechts oben) sehr ähnlich. Im Hintergrund ruht ein Austernfischer.

Im Wattenmeer der Niederlande bleiben auch größere Verbände den Winter über da; über 2500 Vögel wurden hier im Januar schon gezählt.

Bekassine

Gallinago gallinago

[K] Knapp drosselgroß; relativ kurzbeinig und langschnäbelig. Oberseite braun bis rotbraun, am Rücken schwarze und rahmfarbene Längsstreifen. Oberkopf mit 2 dunkelbraunen Längsstreifen (vgl. Waldschnepfe); Hals und Vorderbrust braun gestrichelt; Bauch an den Seiten quergebändert, sonst größter Teil der Unterseite weiß. Schwanz beim Abflug mit hellen Seiten. Sehr ähnlich ist die bei uns äußerst seltene Doppelschnepfe *(Gallinago media)* mit etwas kürzerem Schnabel, deutlichen weißen Schwanzaußenseiten (im Freiland außerordentlich schwer zu bestimmen!). ▪ Beim Abflug gedämpfter und nasaler Ruf, der wie »ätch« klingt; ♂ und ♀ während der Brutzeit am Boden oder auch im Flug im Stakkato »tük-ke«. Berühmt ist das Meckern als Instrumentallaut (s. unten). ▪ Versteht vorzüglich, sich zu tarnen. Hält oft lange am Boden aus und fliegt mit reißendem Flug unmittelbar vor dem Beobachter ab.

[V] Br. in Eurasien und in Nordamerika; sehr ähnliche und nahe verwandte Formen auch in Afrika und Südamerika. ▪ Bei uns ehemals verbreiteter Vogel im Tiefland und heute durch Entwässerung und Biotopzerstörung teilweise sehr selten geworden. In der Bundesrepublik stark bedroht; r. Durchzügler an Gewässern und in Sumpfgebieten, Kurzstreckenzieher, der auch einzeln in Niederungsgebieten zu überwintern versucht. ▪ Br. auf nassen bis feuchten Flächen mit dichter, aber nicht zu hoher Vegetation, z.B. in Hoch- und Flachmooren, auf Feuchtwiesen, extensiv beweidetem Marschland oder

Die Bekassine ist ein ausgesprochener Sondierer: Mit ihrem langen Schnabel kann sie tief in den weichen Schlamm bohren und nach »Gefühl« Kleintiere aufspüren.

kleinen sumpfigen Stellen. Rastplätze auf dem Durchzug in der Seichtwasserzone stehender Gewässer, an kleinen Tümpeln, Wiesengräben usw.

[F] Nest gut versteckt in der Bodenvegetation. ■ Legezeit April/Mai; 1 Jahresbrut. ■ 4 große Eier von grauer, grünlicher oder bräunlicher Grundfarbe, mit dunklen Flecken besetzt. ■ ♀ brütet 18–20 Tage; ♂ und ♀ führen Junge (Familie teilt sich oft) mindestens 20 Tage. Die Jungen sind meist erst nach 4 Wochen voll flugfähig.

[N] Kleintiere der oberen Bodenschichten, die durch Bohren im weichen Substrat hervorgeholt werden, z. B. kleine Schnecken, Regenwürmer, schlammbewohnende Insektenlarven. Daneben auch etwas Pflanzenmaterial.

Seit über 150 Jahren streiten sich die Ornithologen, wie die Bekassine ihr merkwürdiges Meckern, das im Brutgebiet zu hören ist, zustande bringt. Heute ist eindeutig geklärt, daß hierzu ein besonderes Flugmanöver erforderlich ist. Im Ausdrucksflug über dem Revier (vgl. S. 123) lassen sich die Männchen (seltener Weibchen) in einer schrägen Flugbahn mit ausgebreiteten Flügeln und breitgefächertem Schwanz heruntergleiten. Die beiden äußersten, besonders konstruierten Schwanzfedern werden dabei auffallend abgespreizt. Durch den beim Abgleiten des Vogels entstehenden Luftstrom geraten sie in Schwingungen, die ab einer bestimmten Geschwindigkeit hörbar werden. Das meckernde Geräusch ist also ein Instrumentallaut. Die ausgebreiteten Flügel kontrollieren den Luftstrom, damit er nicht zu stark wird und die feine Federfahne zerreißt. Dadurch schwillt das Meckern auf und ab. Flügel und Schwanz arbeiten also sinnvoll bei der Tonerzeugung zusammen.

Zwergschnepfe
Lymnocryptes minimus

[K] Etwa lerchengroß; relativ kurzschnäbeliger, doch Färbung sehr ähnlich Bekassine. Rücken sehr dunkel mit 2 scharf abgesetzten, breiten, gelblichen Längsstreifen; Oberkopf mit dunkler Platte ohne helleren Scheitelstreif. ■ Stimme bei uns selten zu hören, allenfalls gedämpftes »ätch« ähnlich Bekassine beim Auffliegen. ■ Versteckt sich außerordentlich gut am Boden und läßt den Beobachter oft auf Meternähe herankommen (drückt sich unter Ausnutzung der Tarnfarbe). Fliegt häufig stumm auf, fledermausartiger Flug.

Zwergschnepfe drückt sich bei Gefahr.

[V] Br. im Norden Eurasiens von Skandinavien bis Ostsibirien. ■ In Mitteleuropa r. Durchzügler auch im Binnenland, meist August/Anfang Dezember bzw. Ende Februar/Anfang Mai. Einzelne überwintern auch r. ■ Rastplätze sind Flachmoore, feuchte bis nasse Wiesen, Verlandungszonen mit dichter Vegetation. Im Winter häufig auch sehr kleine offene Stellen.

[N] Kleintiere und Sämereien.

Waldschnepfe

Scolopax rusticola

K Größe etwa wie Haustaube; gedrungener Körper, langer, gerader Schnabel, kurze Beine. Das Gefieder ist außerordentlich tarnfarben, braun, schwarz und weiß gemustert. Auf Oberkopf und Nacken 3 breite schwarze Querstreifen (vgl. Bekassine). Unterseite etwas heller. Großes relativ weit vom Schnabel entferntes Auge. ▪ Der Balzgesang des ♂ besteht aus dumpfen Quorren (oft mehrmals wiederholt) und einem anschließenden sehr hohen »Pfuitzen«. Beide Lautäußerungen werden im Flug vorgetragen. Als Flugruf auch ein hohes »ziwitz«. ▪ Dämmerungs- und nachtaktiv; geräuschloser Abflug. Infolge seiner Tarnung am Boden (auch brütende ♀) oft außerordentlich schwer zu entdecken.

V Br. in der Waldzone Eurasiens, von Westeuropa bis Japan mit größeren Verbreitungslücken in den Hochgebirgen Asiens. ▪ Bei uns im allgemeinen verbreiteter Brutvogel des Tieflandes und der Mittelgebirge; in der Bundesrepublik jedoch bedroht. Wegen der Heimlichkeit der Art ist über die genaue Brutverbreitung und Bestandsgröße sehr wenig bekannt (vgl. unten). Kurzstreckenzieher, Stand- und Strichvogel, der in günstigen Gebieten auch in Mitteleuropa zu überwintern versucht. ▪ Br. in reich gegliederten Laub- und Mischwäldern mit Auflichtungen. ♂ führen ihre Singflüge in der Dämmerung meist an Lichtungen oder Waldrändern aus. Nester stehen meist auf feuchteren Böden, auch in Feldgehölzen. Gefährdung durch moderne Forstwirtschaft und Beunruhigung der Wälder.

F Nest flache Mulde, mit wenig Material aus der nächsten Umgebung ausgelegt. ▪ Legebeginn Mitte März bis Juni; 1, vielleicht auch 2 Jahresbruten. ▪ 4 Eier; Grundfarbe hellbraun bis weißlich mit hellen bräunlichen Flecken. ▪ ♀ brütet 21–24 Tage und führt auch die Jungen allein; Junge können etwa ab 10 Tage etwas fliegen und sind mit 1 Monat voll flugfähig, werden aber erst nach 5–6 Wochen selbständig.

N Kleintiere des Bodens, vor allem Regenwürmer und Insekten zwischen der Laubstreu des Waldes. Pflanzliche Anteile sehr gering.

Über die Waldschnepfe ist zwar schon viel geschrieben worden, doch sind selbst wichtige Fragen der Lebensweise dieses heimlichen Vogels noch weitgehend unbekannt. Dies ist insofern bedauerlich, da die Waldschnepfe in Europa immer noch bejagt werden darf, ohne daß wir über die Lebensraumansprüche, Bestandsverhältnisse oder die Nachwuchsrate ausreichend informiert sind. So bedurfte es z. B. langer Auseinandersetzungen, ehe in der Bundesrepublik Deutschland die Frühjahrsjagd verboten wurde, die ja vor allem in den Bestand der Überlebenden des Winters eingreift. Noch aber darf die Waldschnepfe zwischen 16. Oktober und 15. Januar bejagt werden.

Trotz zahlreicher Schilderungen des Balzfluges der Männchen, in der Jägersprache als Morgen- und Abendstrich bezeichnet, ist z.B. über die Eheverhältnisse noch wenig bekannt. Der »Schnepfenstrich«, bei dem das Männchen seine Stimme hören läßt, dient wahrscheinlich der Zusammenführung der Geschlechter und der Markierung eines Gebietes, in dem später vom Weibchen die Jungen betreut werden. Richtiggehende Reviere werden nicht verteidigt. Männchen und Weibchen begegnen sich in einer Bodenbalz, doch scheint es keinerlei eheliche Bindung zu geben.

Die Männchen kann man auf ihrem Singflug ab dem Frühjahrszug im Februar/März (auch durchziehende Männchen balzen) bis weit in den Sommer hinein in der Dämmerung beobachten. In höheren Lagen streichen einzelne sogar noch im August. In den Morgenstunden liegt der Schnepfenstrich meist deutlich vor Sonnenaufgang, im Juni etwa im Mittel bei 3 Uhr Normalzeit. Der Morgenstrich ist immer kürzer als der Abendstrich, der im März/April kaum länger als eine halbe Stunde dauert, im Juni aber fast 2 Stunden anhalten kann. Er erreicht seinen Höhepunkt in der Zeit unmittelbar nach Sonnenuntergang, im Frühsommer etwa zwischen 19 und 20 Uhr.

Für keinen anderen Vogel gibt es so viele Nachrichten über das Forttragen von Jungen durch einen Altvogel bei Gefahr wie für die Waldschnepfe. Ein Teil solcher Beobachtungen beruht aber wahrscheinlich auf einer Verwechslung: Eine Waldschnepfe, die kleine Junge führt, fliegt oft sehr schwerfällig weg, um den Feind wegzulocken (»Verleiten«, vgl. S. 127). Dies sieht so aus, als ob sie schwerfällig ein Küken wegtrage. Doch werden tatsächlich kleine Junge durch das Weibchen aus einem Gefahrenbereich getragen. Meist wird das Küken dicht an den Bauch zwischen die Beine geklemmt; der gesenkte und gespreizte Schwanz stützt ab. Zu Fuß werden kleine Junge auch mit dem Schnabel transportiert. Meist ist die Entfernung, über die Junge weggetragen werden, nur sehr kurz, wobei vor allem wichtig zu sein scheint, daß eine Deckung gegenüber dem Eindringling besseren Schutz verspricht.

Waldschnepfe im Spätherbst vom ersten Schnee überrascht.

Brachvogel

Numenius arquata

K Mit gut Krähengröße größter einheimischer Watvogel, langer, kräftig gehobener Schnabel, mit Ausnahme des sehr ähnlichen Regenbrachvogels unverwechselbar. Gefieder graubraun mit hellen Zeichnungen; im Flug Hinterrücken keilförmig weiß. ▪ Klangvoller Flötenruf im Flug »tlüih«, manchmal auch mit heiserem Beginn; bei Erregung öfters wiederholt etwa »tüi tüi tüi«. Gesang wird im wellenförmigen Reviermarkierungsflug vorgetragen; er beginnt mit einleitenden »guug« und endet vor der Landung in einem allmählich leiser werdenden und absinkenden Triller. ▪ Rufe und Gesang des Brachvogels gehören zu den stimmungsvollsten Vogellauten der Moore, Wiesen und der Wattlandschaft. Zur Zugzeit in großen Schwärmen im Watt, im Binnenland meist nur in kleineren Trupps.

V Br. im mittleren und nördlichen Eurasien in der gemäßigten Zone. ▪ Bei uns Br. des Tieflandes, heute jedoch in der Bundesrepublik stark bedroht und daher nur noch kleine Bestände (s. unten). Kurzstreckenzieher, der bis Wintereinbruch im milden Tiefland ausharrt, an der Küste auch in größerer Zahl, im Binnenland selten überwintert. Während der Zugzeit im Watt riesige Scharen. Ankunft an den Brutplätzen etwa im März. ▪ Br. offener Flächen ohne Sichthindernisse, ehemals hauptsächlich auf Feuchtflächen und Mooren. Bei uns heute bevorzugt auf Streuwiesen; im gewissen Umfang Umstellung auf Weideland, Mähwiesen, hier aber oft mit schlechtem Bruterfolg. Bestandsgefährdung und Bedrohung durch Intensivierung der Grünlandwirtschaft (s. unten). Auf dem Durchzug im Watt auf Schlickflächen, Ödländern usw.

F Nest einfache Bodenmulde. ▪ Legebeginn meist April/Mai; 1 Jahresbrut (heute viele Ersatzgelege im Kulturland notwendig). ▪ 4 Eier; bräunlich oder grünlich mit dunkleren Flecken. ▪ ♂ und ♀ brüten 27–30 Tage; Junge werden mit etwa 5 Wochen flügge.

N Hauptsächlich Kleintiere, wie Regenwürmer, Larven, Insekten, kleine Mollusken (im Watt auch kleine Krebstiere). Daneben auch pflanzlich, z. B. Beeren und frische Triebe.

Im Zeichen des um sich greifenden Waldsterbens wird ein anderes Problem unserer Kulturlandschaft oft in den Hintergrund gedrängt, nämlich das Verschwinden der Wiesen, die z. T. zu Äckern umgebrochen oder in intensiv gedüngte und gemähte Grünflächen umgewandelt werden. Immer noch legt man auch feuchte Wiesen trocken. Der Brachvogel ist geradezu zu einem Symbol der Wiesenbrüter geworden und hat z. B. bei Bestrebungen des Naturschutzes, Lebensgemeinschaften der Wiesen zu retten, die Funktion eines Zeigervogels. Schutzprogramm für den Brachvogel = Schutz für die Lebensgemeinschaft Wiese. Diese Gleichung geht fast immer auf. Das hat in manchen Gebieten auch die Landwirtschaft erkannt, so daß z. B. in Bayern ein von der Landesregierung gefördertes Schutzprogramm Wiesenbrüter ins Leben gerufen wurde. Vor allem im Binnenland sind die Brutbestände stark zusammengeschwunden. Um 1980 zählte man in der Schweiz noch höchstens 10, in Schleswig-Holstein ca. 200, in Niedersachsen ca. 2100, in Hessen etwas über 50, in Baden-Württemberg 125, in Bayern ca. 930 Brutpaare. Ein Problem des Brachvogels ist, daß er viel Platz braucht, und zwar offenes Gelände ohne allzu enge Sichthindernisse. So ermittelte man z.B. Reviergrößen von 10 bis 70 ha. Ein Brachvogelpaar benötigt also vorübergehend die Wirtschaftsfläche eines mittleren Bauernhofes! Natürlich ist der Brachvogel in der Lage, diese Fläche mit dem Landwirt zu teilen. Doch die zunehmende Intensivierung der landwirtschaftlichen Nutzung führt dazu, daß während der gesamten Zeit, in der das Gelege bebrütet wird und die noch kleinen Küken einen begrenzten Aktionsradius haben, die Brutvögel gestört und viele Gelege vernichtet werden. Bei der Annäherung eines Traktors drücken sich z.B. die Jungen häufig in eine noch nicht gemähte Wiesenparzelle. Den rasiermesserscharfen Kreiselmähwerken, die das Gras unmittelbar über dem Boden abschneiden, entkommt keines. Werden Junge auf einer abgemähten Fläche überrascht, hilft ihnen das Niederdrücken auf den Boden auch dann nicht, wenn z.B. ein Gülle oder Schwemmist verteilendes Fahrzeug vorbeifährt und die Vögel nicht unter die Räder geraten: Sie werden mit ätzender Gülle oder breiigem Schwemmist überkleistert.

Die landwirtschaftliche Nutzung auf die Bedürfnisse des Brachvogels abzustellen, ist sehr schwierig und kostet vor allem viel Geld. 3 Millionen Deutsche Mark wurden daher vom Freistaat Bayern zur Rettung des Brachvogels bereitgestellt. Aber damit sind nicht alle Probleme gelöst. Auf extensiv genutzten Flächen kom-

Brachvogel läßt sich zum Brüten auf sein Gelege nieder.

men noch viele andere Störungen dazu, die man mit den Begriffen Freizeit und Erholung umschreiben kann, nicht zuletzt auch durch ahnungslose Spaziergänger oder wenig rücksichtsvolle Naturbeobachter. In Westfalen haben eingehende Untersuchungen ergeben, daß nur etwa 0,3 Junge pro Brutpaar flügge werden. Um diesen Wert richtig einschätzen zu können, muß man die Sterblichkeit in späteren Lebensabschnitten kennen. Wahrscheinlich kommen die meisten Brachvögel erst im 2. oder 3. Lebensjahr zur ersten Brut. Die Sterblichkeit in den ersten beiden Lebensjahren darf man nach Ringfunden etwa mit 70% veranschlagen. Auch wenn sie etwas niedriger läge, müßten in Westfalen

Wenn Gras oder Getreide hochschießen, wird es für die kleinen Brachvogelküken schwierig, den Eltern zu folgen. Moderne Bewirtschaftungsformen haben für die Wiesenbrüter die Umwelt total verändert. Es ist für sie äußerst schwierig geworden, sich den Bearbeitungsrhythmus der Landwirtschaft anzupassen, um jeweils die richtige Zeit für Eiablage und Jungenführen zu »erraten«.

etwa 0,8 Junge pro Brutpaar flügge werden, um den Bestand stabil zu halten.

Doch in der Regel wird sich ein solches Defizit nicht sofort bemerkbar machen, wenn man nur die Zahl der Altvögel registriert. Brachvögel können nämlich sehr alt werden – und sie sind außerordentlich reviertreu. Der älteste Ringvogel wurde mit 31 Jahren erlegt; er starb also keines natürlichen Todes. Mit einem Alter von über 15 Jahren sind bereits mehrere Vögel bekannt geworden. Man muß also damit rechnen, daß überlebende Brutvögel immer wieder in ihr angestammtes Revier zurückkehren, wie es viele farbmarkierte Vögel Westfalens taten. Dabei hat sich herausgestellt, daß Brachvögel auch dann am alten Platz zu brüten versuchen, wenn sich der Lebensraum verändert hat. So gibt es z.B. Nachweise von Ackerbrütern. Doch handelt es sich dabei nicht um eine Umstellung auf Kulturland, wie etwa beim Flußregenpfeifer (s. S. 127), sondern nur um das Festhalten am alten Platz, der früher Wiese gewesen war. Die Nachwuchsrate solcher Ackerbrüter ist aus verschiedenen Gründen fast Null. Die Population muß also zwangsläufig aussterben, wenn die Altvögel nach und nach verschwinden. Es ist ja kein Nachwuchs mehr da, der sie ersetzen könnte.

Das Beispiel Brachvogel zeigt also sehr eindringlich, daß die aktuelle Bestandsgröße oft noch gar nichts aussagt über den tatsächlichen Zustand der Population und ihrer Zukunft. Bei Vogelarten, deren Individuen eine relativ lange Lebenszeit haben, ist also besondere Vorsicht geboten. Dies gilt für den Steinadler der Alpen (vgl. Band 2, S. 53) gleichermaßen wie z.B. für das Auerhuhn unserer Wälder (vgl. Band 2, S. 78/79).

Altvögel ohne Bruterfolg verlassen

Regenbrachvogel in seinem Brutgebiet in Nordeuropa auf kargen Heideflächen. Man kann den im Vergleich zum heimischen Brachvogel kürzeren Schnabel erkennen und einen der dunkelbraunen Streifen über dem Auge.

den Brutplatz mitunter schon Ende Mai. Männchen halten meist länger bei den Jungen aus als Weibchen, die auch oft schon Anfang Juni wegziehen. Für gewöhnlich sammeln sich schon im Juli Zehntausende im Wattenmeer. In der ersten Phase des Wegzuges wird oft noch ein günstiger Mauserplatz aufgesucht.
Noch ein Wort zur Namensgebung: Da unser heimischer Brachvogel in Europa der größte seiner Gattung ist, nennt man ihn für gewöhnlich »Großer Brachvogel« oder in moderner Kurzform auch »Großbrachvogel«. Neben dem Regenbrachvogel (s. unten) kommt in Südosteuropa als seltener Durchzügler und Wintergast der Dünnschnabelbrachvogel vor, dessen Brutgebiet in Südwestsibirien liegt.

Regenbrachvogel

Numenius phaeopus

K Etwas kleiner und relativ kurzschnäbeliger als Brachvogel. Oberseite wirkt etwas dunkler und kontrastreicher, der Bürzel ist weiß. Wichtigstes optisches Kennzeichen ist jedoch die Kopfzeichnung: Seitlich ein ± deutlicher, heller Überaugenstreif, darüber dunkelbraune Kopfplatte, die durch einen hellen Mittelstreifen zweigeteilt ist. Flügelschlag rascher als Brachvogel. ■ Stimme ebenfalls sehr wichtiges Kennzeichen! Ruf im Flug (auch während des Zuges) schnell und hoch »tititi . . .«.

V Br. in der Tundra und der nördlichen Taigazone in Eurasien mit großen Verbreitungslücken in Mittel- und Ostsibirien; ferner Br. in Alaska und Nordkanada. ■ Bei uns r. Durchzügler zu beiden Zugzeiten vor allem an der Küste, in kleinerer Zahl auch im Binnenland. August/Oktober und Ende März/Mai. ■ Br. auf offenen Gras- und Heideflächen, nicht wie Großer Brachvogel im Kulturland. Durchzügler in Mitteleuropa an sandigen, schlammigen Küsten und entsprechenden Ufern der Binnengewässer, aber auch in Moor- und Heideflächen (hier gelegentlich gemeinsame Schlafplätze).

N Ähnlich Großer Brachvogel; Kleintiere, aber auch Beeren.

Uferschnepfe

Limosa limosa

K Langbeinig, langer, gerader Schnabel, Kopf relativ klein. Im Brutkleid sind Hals und Brust rostbraun gefärbt, Bauch weiß, Oberseite braun und grau. Im Ruhekleid sind Kopf und Brust hellgrau, Bauch einfarbig weiß. Im Flug fällt in allen Kleidern ein breites, weißes Flügelband auf, ebenso sind Bürzel, Oberschwanzdecken und Basis der Schwanzfedern weiß; eine breite, schwarze Schwanzendbinde hebt sich davon ab. ■ Rufe kurz »wäd« oder »gäk«, einzeln oder in lockeren Reihen. Im Ausdrucksflug Gesang aus auf- und absteigender Tonreihe

Am weißen Flügelband ist die Uferschnepfe im Flug leicht zu erkennen.

etwa wie »gruitugruitu . . .«, laut und durchdringend. ■ Außerhalb der Brutzeit häufig in Gruppen; geht oft bis zum Bauch ins Wasser bei der Nahrungssuche.

V Br. Eurasiens mit großen Verbreitungslücken. ■ In Mitteleuropa verbreiteter und häufiger Br. im Nordwesten, z. B. in den Niederlanden und in der norddeutschen Tiefebene. Im Süden Deutschlands sehr seltener Br. Insgesamt in der Bundesrepublik bedroht. R. Durchzügler an der Küste und im Binnenland. Mittel- und Langstreckenzieher; März bis Oktober. Hauptwinterquartier an der Atlantikküste von Frankreich bis zur Sahelzone in Afrika, ferner auch Ostmittelmeer, Vorderasien, Ostafrika. ■ Ursprünglich Br. in Heide-, Moor- und Steppengebieten. Bei uns heute hauptsächlich auf feuchten Wiesen mit extensiver Nutzung. Auf dem Durchzug häufig in Überschwemmungsgebieten oder in sehr flachen, offenen Verlandungszonen; Nahrungssuche dann im Seichtwasser.

F Nest einfache Mulde im Boden. ■ Legezeit April/Mai; 1 Jahresbrut. ■ 4 olivgrüne bis braune, hell bis dunkelbraun gefleckte Eier. ■ ♂ und ♀ brüten 22–24 Tage; Junge werden mit 30–35 Tagen flügge.

N Viele Kleintiere des Bodens, aber auch Sämereien.

Auch in Mitteleuropa mit verhältnismäßig langem Sommer sind Uferschnepfen oft nur etwa 3 Monate an ihrem Brutplatz, ähnlich wie Watvögel an ihren hochnordischen Brutplätzen der Tundra. Schon Ende der Brutzeit suchen die Brutvögel möglichst rasch Feuchtgebiete auf, um wenigstens einen Teil der Schwungfedern vor dem Abzug ins Winterquartier zu mausern. Anfang Juli sind die Brutplätze größtenteils verlassen; ab Mitte Juli halten sich mitteleuropäische Brutvögel z. T. schon in Frankreich, Spanien oder sogar Marokko auf; ab Anfang September kann der Einzug im tropischen Westafrika festgestellt werden. 5 bis 7 Monate sind Uferschnepfen in ihrem Winterquartier, 1–2 Monate darf man für den Heimzug veranschlagen. Die ersten brechen in der Sahelzone schon ab Dezember/Januar auf. Wie viele Wiesenbrüter sind auch Uferschnepfen in einer Zwickmühle: Fangen sie früh zu legen an, besteht die Gefahr, daß Verluste durch kühles Wetter eintreten; spätere Bruten werden jedoch von der immer stärker einsetzenden Bearbeitung der Wiesen durch den Landwirt gefährdet. Deshalb sind besonders in den Niederlanden Wiesenvogel-Schutzgebiete eingerichtet worden.

Pfuhlschnepfe

Limosa lapponica

K Sehr ähnlich Uferschnepfe, etwas kleiner; Beine etwas kürzer (überragen im Flug den Schwanz nur um etwas mehr als Zehenlänge). Schnabel kürzer als bei Uferschnepfe, leicht aufwärts gebogen. Im Flug keine weiße Flügelbinde, Bürzel einfarbig weißlich, Schwanz eng dunkel quergebändert, keine kontrastreiche schwarzweiße Schwanzzeichnung. Im Brutkleid ist ♂ intensiv rostrot, ♀ etwas matter und mehr rotbräunlich auf Hals, Brust und Vorderbauch. Im Ruhekleid blaß hellbraungrau. ■ Stimme bei uns wenig zu hören. ■ Oft in großen Trupps an der Küste, im Binnenland sehr selten.

V Br. in der Arktis und im Norden der Waldzone von Lappland über Eurasien bis nach Westalaska. ■ Bei uns r. und sehr häufiger Durchzügler, im Wattenmeer in Scharen von Zehntausenden; im Binnenland einzeln und ur. Hauptzugzeiten Juli/Oktober und Ende März/Mitte Mai. Langstreckenzieher, Winterquartier in Westeuropa, an der Atlantikküste Afrikas bis Südafrika, auch Vorderasien und Ostafrika. ■ Br. der feuchten Tundra. Bei uns auf Schlickflächen der Wattenküste, in kleiner Zahl an Schlammufern der Binnengewässer.

N Zur Brutzeit vor allem Insekten; an der Küste Meereswürmer usw.

Pfuhlschnepfen im Schlichtkleid.

Rotschenkel

Tringa totanus

K Etwas größer als Drossel; Schnabel länger als Kopf. Im Brutkleid Oberseite braun mit dunkler Fleckung; im Ruhekleid Oberseite einheitlicher gefärbt. Unterseite weißlich, am Hals oft dunkler überflogen, undeutlich gefleckt. Im Flug weißer Bürzel und weißer Hinterrücken, Schwanz schwarzweiß gebändert. Auffallend ist ein deutlicher, breiter, weißer Flügelhinterrand. Schnabel schwärzlich, an der Basis rötlich; Füße hellrot bis orange. ■ Häufigster Ruf vor dem Auffliegen langes »tüt« (weicher als Grünschenkel); im Flug dann oft kürzer, auch in lockeren Reihen. Fluggesang »dahidldahidldahidl ...« (Jodeln). Alarmrufe hart »tschip ...«. ■ Rufe sind sehr charakteristisch und weit zu hören (vgl. Grünschenkel).

V Br. in Europa und Asien vom Mittelmeer und den Steppen- und Wüstengebieten Asiens bis an den Nordrand des Waldes. ■ Bei uns noch häufiger Br. an Küsten und im küstennahen Binnenland, weiter im Süden jedoch außerordentlich selten und bis auf kleine Bestandsreste ausgestorben. In der Bundesrepublik stark bedroht. Größtenteils Zugvogel; Überwinterung von Angehörigen nordischer Populationen an der Küste. Im Binnenland Durchzug von Juli bis September (Oktober nur Nachzügler) bzw. März/April. ■ Br. offener Flächen mit nicht zu hoher Vegetation, besonders in küstennahen Grasländern. Nahrungssuche in nassen Gebieten und im Seichtwasser. Im Binnenland früher auch in Hochmooren, auf Ödländern, Fluß-

Rotschenkel warnend am Brutplatz.

kiesbänken. Außerhalb der Brutzeit Nahrungssuche vor allem im Seichtwasser.

F Nest am Boden meist gut in der Vegetation versteckt. ■ Legezeit April/Mai (Nachgelege Juni); 1 Jahresbrut. ■ 4 hellbraune Eier mit dunkelgrauen Flecken. ■ ♂ und ♀ brüten 22–29 Tage. Junge werden mit 30–35 Tagen flügge. Das ♀ verläßt die Familie meist vor dem ♂.

N Kleintiere des Bodens und des Flachwassers, wie Würmer, kleine Krebstiere, Mollusken; am Land hauptsächlich Insekten.

Seit einer Reihe von Jahren bemüht man sich, zumindest an den wichtigsten Küstenpunkten Europas und Afrikas die Mengen der rastenden Watvogelscharen zu ermitteln. Den Winterbestand an Rotschenkeln entlang der atlantischen Küste Europas schätzt man auf etwa 150 000 Vögel; etwa 9000 überwintern im Mittelmeerbecken und rund 200 000 an der Atlantikküste Afrikas. Die Brutpopulationen einzelner Länder haben z.T. unterschiedliche Winterquartiere, zu denen sie auf verschiedenen Zugwegen gelangen. Allerdings darf man nicht erwarten, daß dabei immer strenge Trennungen eingehalten werden.
Die geringste Zugneigung zeigen Rotschenkel Großbritanniens, die entweder im Land bleiben oder höchstens die Küsten Frankreichs erreichen, ausnahmsweise bis Portugal gelangen. Fast nur aus Zugvögeln setzen sich die Brutvögel Fennoskandiens, der Ostseeanrainer und Norddeutschlands zusammen. Diese Vögel wandern auf 2 Routen, nämlich einmal der Küste entlang, zum anderen aber auch durch das Binnenland in Richtung Südwesten. Die Küstenroute führte die Rotschenkel um Frankreich und die Iberische Halbinsel herum bis nach Marokko und Mauretanien (einzelne auch bis in den Golf von Guinea). Vor der Küste Mauretaniens ist die Banc d'Arguin als einer der bedeutendsten Winterquartiere europäischer und sibirischer Watvögel bekannt geworden. Eine holländische Expedition ermittelte an diesen verlassenen Küstenstrich im Januar 1980 über 2,2 Millionen Watvögel, darunter auch fast 70 000 Rotschenkel.

Typisch ist der weiße Flügelhinterrand.

Die durch das europäische Binnenland ziehenden Rotschenkel erreichen dagegen zunächst die Mittelmeerküste Frankreichs und die Adriaküste Italiens. Diese Vögel verteilen sich entweder über das Mittelmeer, das ja auch zu den Winterquartieren zählt, oder wandern nach Westen, um sich auch den großen Beständen im atlantischen Nordafrika anzuschließen. Wahrscheinlich wandern nordische Rotschenkel weiter als südliche auf diesen Routen, so daß die südlicheren von den nördlicheren gewissermaßen »übersprungen« werden. Diese Erscheinung ist bei vielen in verschiedenen Breiten brütenden Zugvögeln festgestellt worden. Oft haben nördliche Populationen längere Flügel.

Grünschenkel

Tringa nebularia

K Größer als Rotschenkel; auffallend hell; Schnabel kräftig, in der Spitzenhälfte leicht aufwärts gebogen. Oberseite bräunlichgrau, im Brutkleid relativ dunkel. Unterseite weiß, Kopf und Halsseiten dunkel gestrichelt. Im Flug einfarbige Flügeloberseiten, dunkler als Rücken; weißer Rücken keilförmig nach vorn reichend. Füße überragen den Schwanz weit. Schnabel grau mit hellerer Spitze, Füße und Beine olivgrünlich. ▪ Charakteristischer Ruf ähnlich Rotschenkel, aber härter, etwa »kjück kjück kjück«, meist 4–5 Silben, bei überraschtem Abfliegen oft ausgesprochen kreischend. Im Brutgebiet bei Störung lange »tjip«-Reihen; Gesang flötend.

V Br. im Norden Europas und Asiens von Schottland bis Kamtschatka. ▪ Bei uns r. Durchzügler an der Küste und auch im Binnenland. Hauptdurchzugszeiten Juli/Oktober, Ende März/Mai. Wichtigste Winterquartiere an den Atlantikküsten Westeuropas im Mittelmeergebiet und in Vorderasien. Gelegentlich versuchen einzelne bei uns zu überwintern. ▪ Vogel offener Gras-, Heide- und Tundralandschaften, auch in Waldmooren mit lichten Baumbeständen. Bei uns Durchzügler auf der Wattenfläche an der Küste, an flachen Stränden, aber auch an Ufern von Binnengewässern, mitunter auch auf steinigen Flußkiesbänken. Vielseitiger als andere Wasserläufer.

N Wirbellose Tiere im Schlamm- oder Flachwasser, z. B. Würmer, kleine Krebstiere, Insekten und deren Larven, auch kleine Fischchen, Kaulquappen.

In den Methoden der Nahrungssuche gibt es unter den an einem flachen Strand an der Küste oder an einem Seeufer im Binnenland zusammenkommenden Watvögeln verschiedener Arten ähnlich wie bei den Singvögeln am Baum feine, aber für das Überleben bedeutungsvolle Unterschiede. Der relativ große Grünschenkel kann für einen Wasser- oder Strandläufer noch bemerkenswert tiefe Wasserschichten nutzen. Er lokalisiert die Beute hauptsächlich optisch. Mit halb geöffnetem Schnabel rennt er z. B. kleinen Fischchen im Seichtwasser hinterher, wobei der Unterschnabel oft ins Wasser taucht. Mit diesem Durchpflügen des Wassers werden ihm auch z. B. Kaulquappen zur leichten Beute. Kleine Insekten werden dagegen von der Wasseroberfläche oder vom Boden abgepickt, sogar in der Luft geschnappt oder von der niedrigen Vegetation im Vorbeigehen abgelesen. Wie bei den meisten Watvögeln ist auch der Schnabel des Grünschenkels ein gutes Sondierinstrument. Er bohrt oft nur kurz und wenig tief in den Boden, um dann bei lohnender Beute tief einzustechen, so daß mitunter der Kopf im Wasser verschwindet. Viele Watvögel und Möwen klopfen auch mit den Füßen auf den Boden oder rennen herum. Dabei werden offensichtlich Beutetiere aufgestöbert oder zu Bewegungen veranlaßt, durch die sie für den nahrungssuchenden Vogel leichter sichtbar werden.

Dunkler Wasserläufer

Tringa erythropus

K Größer als Rotschenkel, nur wenig kleiner als Grünschenkel. Schnabel dünn, im Brutkleid schwarzbraun (Unterschnabel dunkelrot), im Ruhekleid heller bräunlich. Füße und Beine rot. Brutkleid unverkennbar: Unterseite und größter Teil der Oberseite schieferschwarz mit feinen weißen Flecken (♀ etwas matter gefärbt). Im Flug weißer Hinterrücken, der bis über die Rückenmitte nach vorne spitz zuläuft; Bürzel weiß, dunkel gefleckt; Schwanz hell fein dunkel quergebändert. Keine Flügelbinde! Im Ruhekleid Oberseite hellbraungrau, Unterseite weiß bis hellgrau; deutlicher heller Überaugenstreif. Im Ruhekleid im Sitzen mit Rotschenkel zu verwechseln. ▪ Häufigster Ruf ein scharfes nach oben gezogenes »tjuit«. ▪ Langbeiniger Wasserläufer, der in der Regel im Seichtwasser zu beobachten ist.

V Br. der Arktis und im Norden der Waldzone von Norwegen bis Sibirien. ▪ Bei uns zu beiden Zeiten r. Durchzügler an der Küste und in kleinerer Zahl im Binnenland. Hauptzugzeiten August/Oktober bzw. März/Mitte Mai. Langstreckenzieher mit Hauptwinterquartier in Afrika südlich der Sahara von der Sahelzone bis Sudan und Ostafrika, ferner an der Südküste des Mittelmeers und in Vorderasien. ▪ Gäste in Mitteleuropa an Salz-, Süß- und Brackwasser nahe dem Ufer.

N Wasserlebende Insekten, kleine Krebstiere, Würmer, Mollusken.

Dunkle Wasserläufer suchen noch ausgeprägter als Grünschenkel Nahrung im tieferen Wasser. Das Nasenloch des relativ langen und dünnen Schnabels ist sehr hoch angesetzt, so daß länger nach Beute im Wasser gesucht werden kann. Dunkle Wasserläufer schwimmen auch am häufigsten von allen Wasserläufern, natürlich nur in Ufernähe. Mitunter arbeiten mehrere Individuen bei der Verfolgung von Beute zusammen oder einzelne schließen sich größeren Wasservögeln an, die den Grund aufwühlen (z. B. Enten, Reiher). Meist scharen sich Dunkle Wasserläufer nur zu kleineren Trupps zusammen, die sich an der Küste erst bei aufkommender Flut zu größeren Schwärmen vereinen.

Dunkler Wasserläufer im Brutkleid, in dem er bei uns nur selten zu sehen ist.

Dunkler Wasserläufer im Schlichtkleid, das von Herbst bis Frühling getragen wird.

Waldwasserläufer

Tringa ochropus

[K] Etwas größer als Star; sehr ähnlich Bruchwasserläufer, doch Oberseite dunkler braun, sticht auffallend gegen weiße Oberschwanzdecken und Schwanzbasis ab. Vor allem beim Auffliegen bilden die schwarzbraunen Flügel und der ebenso gefärbte Rücken einen scharfen Kontrast zum weißen Bürzel, wie er bei keinem anderen Wasserläufer zu beobachten ist. Weißer Schwanz mit 3 kräftigen, schwarzbraunen Querbinden. Im Brutkleid Oberseite heller gefleckt, im Ruhekleid einfarbiger. ▪ Ruf im Abflug wichtiges Kennzeichen, nach oben gezogen »tluit« auch oft mit angehängtem »it-it«. ▪ Einzelgänger, der häufig abseits der übrigen Wasser- und Sumpfvögel zu beobachten ist.

[V] Br. in der nördlichen Nadelwaldzone Eurasiens. ▪ Bei uns nur seltener Br. im Norden, meist nur in wenigen Paaren und wohl nirgends r.; als Durchzügler r. in allen Teilen des Binnenlandes. Kurz- und Langstreckenzieher, der einzeln auch bei uns r. überwintert; Hauptwinterquartier Westeuropa, Mittelmeergebiet und tropisches Afrika; Durchzug beginnt bereits im Juli, ab September Rückgang der Zahlen; Frühjahrszug März/Mitte Mai. Einzelne übersommern auch bzw. der Abstand zwischen den letzten Heimzüglern und den Wegzüglern beträgt nur wenige Wochen. ▪ Br. in baumbestandenen Mooren, feuchten Bruch- und Auwäldern. Außerhalb der Brutzeit an allen Gewässertypen zu erwarten, auch in kleinsten Wasserlöchern, Wiesengräben, Kanalufern usw.; unmittelbar am Meer selten.

[F] Als Nester werden häufig alte Drosselnester, aber auch andere Baumnester bezogen. ▪ Legezeit April/Mai; 1 Jahresbrut. ▪ 4 grünliche bis gelbliche mit vielen Flecken besetzte Eier. ▪ ♀ und ♂ brüten 20–24 Tage; die Jungen werden etwa 25–28 Tage geführt.

[N] Insekten und deren Larven im Seichtwasser, kleine Krebstiere und Würmer.

Waldwasserläufer. Beachte den Kontrast zwischen dunkler Ober- und weißer Unterseite.

Waldwasserläufer sind bei uns auf dem Durchzug ausgesprochene Einzelgänger, die sich meist etwas abseits der von anderen Watvögeln besetzten Schlammflächen halten. Nicht selten stöbert man sie auch ganz überraschend an kleinsten Tümpeln und Pfützen auf. Sie lieben vor allem Deckung und sind auch an solchen Wasserstellen anzutreffen, die von dichtem Gebüsch umgeben sind.

Bruchwasserläufer

Tringa glareola

K Knapp starengroß; ähnlich Waldwasserläufer, Beine jedoch etwas länger. Oberseite graubraun, heller als Waldwasserläufer und daher geringerer Kontrast zur weißen Unterseite und zum weißen Bürzel. Flügelunterseite hellgrau (bei Waldwasserläufer dunkel); der weiße Schwanz ist mit 5–8 feinen, in der Mitte verschwommenen Querbändern versehen (vgl. Waldwasserläufer). Im Brutkleid Oberseite mit dichten weißen Flecken, Kopf und Hals fein gestreift; weißer Überaugenstreif, deutlicher als bei Waldwasserläufer. Ruhekleid einfarbiger. ▪ Häufigster Ruf ist ein kurzes »djib«, das beim Auffliegen oder auch im Zug oft länger gereiht wird, bei Erregung kurz und hart »gip gip« (Ähnlichkeit mit Kreuzschnabelrufen). Gesang im Singflug melodische Reihen wie »tühile tühile tühile«. ▪ Im Gegensatz zum Waldwasserläufer gern gesellig und häufiger auf dem Durchzug an offenen Schlammflächen.

V Br. in der nördlichen Waldzone oder Tundra von Nordeuropa bis Kamtschatka. ▪ Bei uns nur wenige Br. im Norden; in der Bundesrepublik vom Aussterben bedroht. Als Durchzügler jedoch r. und häufig im Binnenland wie an der Küste; überwiegend Langstreckenzieher mit Winterquartier im tropischen und südlichen Afrika sowie an der Atlantikküste Nordafrikas. Herbstzug Juli bis September, Frühjahrszug April bis Mai; keine Überwinterer wie bei Waldwasserläufer, doch einzelne Übersommerer. ▪ Br. in Hoch- und Waldmooren, abgelegene Gebiete. Auf dem Durchzug vorzugsweise am Süßwasser.

F Bodennester, aber auch Baumnester wie Waldwasserläufer. ▪ Legezeit Mai/Juni; 1 Jahresbrut. ▪

Nur etwa halbe Höhe des Dunklen Wasserläufers (Hintergrund) erreicht der zierliche Bruchwasserläufer, dessen Oberseite meist deutlich heller und stärker gefleckt ist als die des sonst sehr ähnlichen Waldwasserläufers.

4 hellbräunliche bis grünliche Eier mit dunklen Flecken und Spritzern. ▪ ♂ und ♀ brüten 22–24 Tage; Junge sind mit etwa 30 Tagen flugfähig und werden zuletzt häufig nur noch vom ♂ geführt.

N Land- und Süßwasserinsekten, kleine Krebstiere, Mollusken.

Bruchwasserläufer an einem Brutplatz in Skandinavien. Ein erregter Altvogel sitzt auf einer erhöhten Warte und beschimpft den Eindringling in langer Rufreihe. Gleichzeitig warnt er damit seine Jungvögel und andere Artgenossen.

Flußuferläufer

Actitis hypoleucos

K Kleiner und kurzbeiniger als alle Wasserläufer; gerader Schnabel, kaum länger als Kopf. Oberseite braungrau, Unterseite weiß, Seiten der Vorderbrust grau, ± deutlich abgesetzt. Im Flug deutliche weiße Flügelbinde, schmaler weißer Flügelhinterrand; Bürzel und Schwanzmitte dunkel, Schwanzseiten jedoch breit weiß. Wichtiges Kennzeichen ist Stimme und Verhalten. ▪ Im Abflug (auch im Sitzen) hoch und hell »hididi« (erste Silbe meist betont). Daneben auch längere Reihen und

Flußuferläufer sind kurzbeiniger und kurzschnäbliger als typische Wasserläufer.

rhythmisch gegliederte hohe Rufe. ▪ Am besonders typischen Verhalten leicht zu erkennen: Fliegt über kurze Strecken meist ganz dicht über dem Wasser mit zuckenden bzw. ruckweisen Flügelschlägen, dazwischen eingeschaltet kurze Gleitflugstrekken mit gewölbten, nach unten weisenden Flügeln. Läuft schnell, dazwischen Anhalten mit auffälligem Körperwippen. Sitzt gern etwas erhöht am Wasser.

V Br. in Europa und Asien von Großbritannien bis Japan. ▪ Bei uns als Br. heute z. T. sehr selten geworden mit großen Verbreitungslücken. Am häufigsten noch an ursprünglichen Flüssen und Bächen der Alpen und des Mittelgebirges; in der Bundesrepublik vom Aussterben bedroht. Als Durchzügler und Gast r. und überall, wo Wasser ist, einzeln oder in kleiner Zahl anzutreffen. Hauptdurchzugszeiten Juli/Oktober, April/Mai; einzelne Übersommerer. Gelegentliche Überwinterungen in besonders milden Gebieten. ▪ Br. auf locker bewachsenen Flußkiesbänken oder an Ufern urwüchsiger Bäche und Flüsse (bei uns heute meistens Gebirgsflüsse); gelegentlich auch Br. in Kies- und Sandgruben. Als Durchzügler an Binnengewässern aller Art, auch an kleinen Tümpeln und Pfützen, auf betonierten Kanalufern, auch an der Küste.

F Gut verstecktes Bodennest, meist in der Nähe von Wasser. ▪ Legezeit Ende April/Anfang Juni; 1 Jahresbrut. ▪ 4 relativ große, bräunliche Eier, die mit zahlreichen dunklen Punkten und Flecken besetzt sind. ▪ ♂ und ♀ brüten 21–22 Tage. Junge werden 26–28 Tage geführt.

N Vor allem Insekten, die geschickt am Boden gefangen werden.

Außerhalb der Brutzeit ist der Flußuferläufer einer der verbreitetsten Watvögel und vor allem in der Wahl

Auf hochwassersicheren Flußinseln oder Ufern, auf denen sich bereits ein kleiner Auwald ansiedeln konnte, liegen die Nester des Flußuferläufers. Wildflußlandschaften, die solchen Bedingungen genügen, sind in Mitteleuropa sehr selten geworden. Die meisten Durchzügler an unseren Flüssen stammen aus Skandinavien.

seiner Biotope äußerst vielseitig, wenn auch, zumindest untertags, ein ausgesprochener Einzelgänger. Am Abend sammeln sich oft mehrere Vögel, um nach vielem Rufen und Umherfliegen einen gemeinsamen Ruheplatz aufzusuchen.

Einzelgängertum und Vielseitigkeit des Uferläufers werden aus der besonderen Art des Nahrungserwerbs verständlich, was wiederum am Schnabelbau zu erkennen ist. Die Nasenlöcher sind langgestreckt und reichen bis weit gegen die Spitze. Dadurch wird der relativ kurze Schnabel etwas beweglicher als bei typischen Wasserläufern. Zum Sondieren im weichen Untergrund ist er daher weniger gut geeignet. Kleine sich bewegende, aber auch reglose Beutetiere und genießbare Partikel werden vielmehr von der Bodenoberfläche aufgelesen, aber auch zwischen Spalten oder Steinen hervorgeholt. Mit tief gesenktem Kopf schleicht sich der Flußuferläufer langsam auch an sitzende und niedrig fliegende Insekten heran, um dann schnell zuzuschnappen. Dieser Nahrungserwerb befähigt den Vogel, selbst an Betonufern eines Kanals zu rasten und dort erfolgreich nach Nahrung zu suchen.

Die unmittelbare Nähe eines Artgenossen ist dagegen weniger erwünscht; mitunter werden daher auch auf einem Rastplatz Nahrungsterritorien verteidigt. Flußuferläufer verhalten sich also ganz ähnlich wie die Bachstelzen, die häufig mit ihnen den Lebensraum außerhalb der Brutzeit teilen (vgl. Band 1, S. 37): Der Fang flugfähiger Insekten, die sich nur kurz auf einer festen Unterlage niederlassen, lohnt die Vertreibung von Konkurrenten, durch die potentielle Beute aufgescheucht werden könnte.

Viele Watvögel ziehen nachts. So kann man besonders im Herbst vom Nachthimmel das helle Rufen der Flußuferläufer hören. Meist ist der Zug vor Mitternacht am lebhaftesten, dauert aber auch bis morgens an.

Knutt

Calidris canutus

[K] Größter bei uns vorkommender Strandläufer; gedrungen, Schnabel gerade, nur etwa kopflang; Hals und Beine relativ kurz. Im Brutkleid ist die Oberseite schwarzbraun, grau und rostbraun gemustert, die Unterseite wie beim Sichelstrandläufer ± rostbraun, Unterschwanz weiß. Im Ruhekleid Oberseite viel heller aschgrau, Unterseite mit feiner Längsstreifung an Kopf und Hals. Bei den juv. ähnlich, doch durch hellere Federränder schuppige Zeichnung. In allen Kleidern sind die Schwanzfedern aschgrau, Schwanzmitte kaum dunkler als die Seiten, Bürzel und Oberschwanzdecken hellgrau. Helle Flügelbinde, weiße Unterflügel. Schnabel schwarz; Füße bei juv. olivgelb, im Ruhekleid graugrün, im Brutkleid schwärzlich. ■ Stimmfühlungslaut und Flugruf »wit wit«. ■ Im Wattenmeer oft in riesigen Scharen.

[V] Br. in der Arktis Nordamerikas, Asiens und in Grönland. ■ Im Wattenmeer vor der deutsch-niederländischen Küste ganzjähriger Gast, im Juni wenige, zu den Gipfelzeiten jedoch Hunderttausende. Im Ostseebereich kleine Zahlen; im Binnenland selten und auch an r. Durchzugsplätzen meist nur einzelne. Zugvogel, dessen Winterquartier von den Küsten Mittel- und Westeuropas bis in die Tropen Afrikas reicht. ■ Br. in der Tundra. Außerhalb der Brutzeit fast ausschließlich auf sandigen und schlickigen Flächen der Gezeitenzone des Meeres. Im Binnenland an Sand- und Schlammufern größerer Seen.

[N] Im Brutgebiet Insekten; auf dem Durchzug vor allem Kleintiere des Watts.

Im Wattenmeer bildet der Knutt zu den Zugzeiten riesige Scharen.

Zusammen mit dem Alpenstrandläufer bildet der Knutt die größten Watvogelmassen des Wattenmeeres. Der gesamte Winterbestand an den Meeresküsten Westeuropas wird auf 350000 Vögel geschätzt, weitere 400000 überwintern an der Atlantikküste Afrikas. Für den Alpenstrandläufer belaufen sich die Schätzungen auf 1,5 Millionen und 1 Million in den beiden Gebieten. Die Bedeutung des Wattenmeeres als Rastplatz großer Massen nordischer Brutvögel auf der Wanderschaft wird gerade durch diese beiden Strandläufer aufs eindruckvollste belegt. Nur bei ausreichend vorhandenen Möglichkeiten zur Zwischenrast, kann der Weiterzug zahlreicher Wasservögel ohne größere Verluste stattfinden.

Sichelstrandläufer

Calidris ferruginea

K Etwa so groß wie Alpenstrandläufer; Beine, Hals und Schnabel etwas länger, sonst sehr ähnlich. Im Vergleich zu Knutt relativ langschnäbeliger und langbeiniger. Schnabel meist gleichmäßig sichelförmig gebogen. Oberschwanzdecken weiß; weiße Bürzelseiten. Im Brutkleid Wangen, Hals und Unterseite rostbraun; ♀ meist etwas blasser und am Bauch ausgedehnt weiß. Gelegentlich sieht man von Durchzüglern Brutkleidreste. Im Ruhekleid Oberseite graubraun, Kopf gelbbräunlich grau, Kopfseiten und die ganze Unterseite weiß, an Wangen, Hals und Kropf feine Strichelung. Schnabel und Füße schwarz. Vom Alpenstrandläufer vor allem an der Schwanz- und Bürzelfärbung und auch an der Größenproportion zu unterscheiden. ▪ Häufigster Ruf schnurrend »dirrit«, weicher als Alpenstrandläufer. ▪ In großen Scharen zu den Zugzeiten im Watt. Geht häufiger bis zum Bauch im Wasser als Alpenstrandläufer.

V Br. der Tundra Mittel- und Ostsibiriens. ▪ Bei uns r. Durchzügler an der Küste, Tausende im Spätsommer und Herbst; im Frühjahr relativ selten. Im Binnenland r., doch selten und nur kleine Zahlen. Langstreckenzieher; Hauptwinterquartier Afrika südlich der Sahara. Durchzugszeiten in Mitteleuropa vor allem Anfang Juli/Anfang Oktober bzw. April/Mai.

N Kleine Würmer, Schnecken und Muscheln, Krebstiere, Insekten und deren Larven aus den obersten Bodenschichten.

Sichelstrandläufer im Schlichtkleid (vgl. Alpenstrandläufer S. 152).

Knutt im Schlichtkleid (größer und kurzschnäbliger als Sichelstrandläufer).

Zwergstrandläufer

Calidris minuta

K Größe wie kleiner Singvogel; sehr ähnlich Temminckstrandläufer, jedoch Schnabel und Füße schwarz. Im Brutkleid Oberseite lebhaft rotbraun mit angedeuteten hellen V-förmigen Streifen auf dem Vorderrükken. Unterseite weiß, Brustseite hell rötlichbraun überflogen. Im Ruhekleid Oberseite mehr graubraun mit undeutlicherer Fleckung; Unterseite weiß mit sehr undeutlichen, grauen Brustseiten. Juv. Oberseite mehr kastanienbraun, auf Vorderrücken und Schulterfedern meist eine besonders auffällige weiße V-Zeichnung, Unterseite weiß. ■ Beim Auffliegen und Einfallen sanft »dirr dirr dirrit . . .«, oft auch nur kurze »it« als Stimmfühlung. ■ Außerhalb der Brutzeit bei uns oft in kleinen Trupps.

Zwergstrandläufer.

V Br. im Norden Eurasiens. ■ In Mitteleuropa r. Durchzügler zu beiden Zugzeiten an der Küste (hier aber höchstens Hunderte beisammen) und r. im Binnenland. Langstreckenzieher; Winterquartier Mittelmeer, Vorderasien, jedoch hauptsächlich in Afrika. Einzelne Winterbeobachtungen auch Nordwest- und Mitteleuropa. Hauptzugzeiten Juli/Mitte Oktober bzw. April/Mai. ■ Br. feuchter Stellen der Arktis. Auf dem Zug und im Winter vor allem auf vegetationslosen Schlick-, Schlamm- und Sandflächen an der Küste bzw. an großen Binnengewässern.

N Insekten, die vom Boden abgepickt werden, auch kleine Würmer und Mollusken.

Temminckstrandläufer

Calidris temminckii

K Größe wie Zwergstrandläufer; kürzere Beine, dünnerer Schnabel, Füße grünlich bis olivgrau. Im Brutkleid Oberseite braungrau bis leicht oliv, unregelmäßig gemustert, lange nicht so lebhaft gefärbt wie Zwergstrandläufer. Kinn, Kehle und Unterseite weiß, grau gemusterte Brust- und Halsseiten, da mehr oder minder scharf davon abgesetzt. Im Ruhekleid ist die Oberseite einfarbig grau, Brust- und Halsseiten grau gewölkt. Temminckstrandläufer wirken also viel einfarbiger als Zwergstrandläufer. Im Flug schmale weiße Flügelbinde, Schwanzseiten weiß. ■ Beim Abflug trillernd »tirr«. ■ Oft Einzelgänger.

V Br. am Nordrand Eurasiens von Großbritannien bis Nordostsibirien. ■ Bei uns r. Durchzügler zu beiden Zugzeiten an der Küste wie im Binnenland, meist jedoch in sehr geringer Zahl. Langstreckenzieher;

Winterquartier südliches Mittelmeer, Vorderasien, Afrika; Durchzug in Mitteleuropa Ende Juli/Anfang Oktober bzw. Ende April/Ende Mai. ■ Auf dem Durchzug an Flachküsten, vegetationsfrei bis locker mit Pflanzen bestanden; hält sich oft etwas abseits der anderen Strandläufer.
N Insekten.

Sanderling

Calidris alba

K Größe knapp Alpenstrandläufer; etwas langbeiniger, gerader Schnabel. Im Brutkleid (bei uns selten zu sehen) Hals, Kopf, Vorderbrust und Oberseite hell rostbraun mit dunkelbrauner Sprenkelung; übrige Unterseite reinweiß. Im Ruhekleid Oberseite hellgrau; mit angedeutetem dunkleren Fleck am Flügelbug. Unterseite reinweiß. Wirkt sehr hell. Bei juv. Oberseite relativ dunkel gefleckt. In allen Kleidern im Flug deutliche weiße Flügelbinde, Schwanz weiß mit dunkler Mitte. Schnabel und Füße schwarz. ■ Bei Beunruhigung kurz und wenig auffällig »pitt«, auch in Reihen. ■ Sehr schnell laufender, zarter Vogel, der häufig im Rhythmus der anspülenden Wellen an Flachküsten hin- und herläuft.
V Br. der Tundrenzone von Mittelsibirien über das arktische Nordamerika bis Grönland. ■ In Mitteleuropa an der Nordseeküste ganzjährig, im Sommer und Mittwinter meist nur wenige. Im Binnenland r., aber spärlicher und in vielen Gebieten seltener Durchzügler. Langstreckenzieher; Winterquartiere innerhalb der gemäßigten und warmen Zonen überall auf der Welt. Durchzugszeiten bei uns vor allem im Juli/Oktober bzw. April/Mai. ■ Br. der Tundra; außerhalb der Brutzeit an der Küste vor allem im Bereich der Brandungszone.
N Kleine Insekten.

Die Zahl der in Nordwesteuropa und Nordwestafrika an den Küsten überwinternden Sanderlinge schätzte man grob auf 26000 Vögel. Vor der Küste Mauretaniens wurden im Januar schon 34000 gezählt. In der Tundra der Neuen Welt scheinen noch viel größere Mengen zu brüten: nicht weniger als 450000 überwintern z. B. in Peru. Im Wattenmeer der Nordsee wird meist im September der Höhepunkt mit einigen tausend Vögeln erreicht.
Viele Sanderlinge bleiben auch den Sommer über fern ihrer nordischen Brutplätze, so daß man in warmen Gebieten der Erde diesen kleinen Strandläufer das ganze Jahr über sehen kann.

Temminckstrandläufer.

Sanderling im Schlichtkleid.

Alpenstrandläufer

Calidris alpina

K Etwa starengroß; relativ langer Hals, langer, manchmal leicht gebogener Schnabel. Sehr ähnlich Sichelstrandläufer, aber kurzbeiniger. Im Brutkleid Rücken lebhaft rostbraun und schwarz gestreift; Unterseite weiß, mit auffallendem schwarzen Bauchfleck, der oft auch noch im Herbst zumindest an einzelnen schwarzen Federn erkennbar ist. Ruhekleid Oberseite grau, Hals und Vorderbrust undeutlich längsgestrichelt, schwarzer Fleck verschwunden. Schnabel und Füße schwärzlich. ■ Häufigster Ruf vor allem im Abfliegen gepreßt »trrii«. Gesang im Singflug vorgetragen mit rollenden und schnurrenden Lauten. ■ An der Küste in riesigen Scharen ähnlich Knutt; auch im Binnenland oft in Trupps mit anderen Strand- und Wasserläufern vergesellschaftet.

V Br. im Norden Eurasiens und Amerikas. ■ In Mitteleuropa im Bereich der norddeutschen Tiefebene noch kleine Restvorkommen als Br.; in der gesamten Bundesrepublik unter 50 Paare; vom Aussterben bedroht. Durchzügler, r. in großen Mengen an der Küste (hier ganzjährig) und auch r. im Binnenland in kleineren Trupps. Zugvogel mit Winterquartier von Nordwesteuropa bis Westafrika, Mittelmeer usw. Im Binnenland Hauptdurchzug August/Oktober bzw. März/Mai. Br. auf Flächen mit niedriger, doch deckungsgebender Vegetation in der Nähe von Wasser, z. B. Weiden und Moore. Außerhalb der Brutzeit feste und feuchte Schlickflächen im Wattenmeer, an Flußmündungen und Schlammflächen an Binnengewässern aller Art.

Alpenstrandläufer im Schlichtkleid.

F Nest versteckt in der Bodenvegetation. ■ Legezeit Mai/Juni; 1 Jahresbrut. ■ 4 kreiselförmige, variabel gefärbte Eier (heller Untergrund mit dunklen Flecken). ■ ♂ und ♀ brüten 20–24 Tage, Junge sind etwa mit 20 Tagen flugfähig, werden aber häufig schon nach 10 Tagen vom ♀ verlassen, so daß nur noch das ♂ führt.

N Im Sommer kleine Insekten; auf dem Durchzug Würmer, schlammbewohnende Insektenlarven, kleine Krebstiere usw.

Meerstrandläufer

Calidris maritima

K Größer als Alpenstrandläufer; wirkt gedrungen und kurzhalsig, kurze Beine, schwach gebogener, etwa kopflanger Schnabel. Kopf und Oberseite im Ruhekleid (bei uns am häufigsten zu sehen) ± einfarbig rußbraun; Kinn und Kehle weiß, Flanken dunkler. Insgesamt etwas düster wirkend. Schnabel dunkelbraun, oft mit gelblicher Spitze; Füße gelblich!

Meerstrandläufer (auch Klippenstrandläufer genannt) sind nur an der Küste anzutreffen.

V Br. im arktischen Amerika, auf Grönland, Island, Spitzbergen, im Norden Skandinaviens und Asiens. ▪ Bei uns nur an den Küsten r. Durchzügler und Wintergast in kleiner Zahl. Im Binnenland seltene Ausnahme. ▪ Durchzügler vor allem an steinigen und felsigen Küsten; Nahrungssuche in der Gezeitenzone des Meeres; Plätze mit starkem Wellenschlag werden bevorzugt.

Viele in arktischen und subarktischen Gebieten brütende Watvögel können oft nur einige Wochen in ihrem eigentlichen Brutgebiet verbringen, um sofort nach Selbständigwerden der Jungen (oft sogar schon vorher) wieder Rast- und Mauserquartiere außerhalb des Brutgebietes aufzusuchen. Viele Arten sind daher den größten Teil des Jahres fernab der Brutplätze anzutreffen. Auf ihren langen Wanderungen gelangen sie mitunter auch in Gebiete weitab der normalen Zugrouten. Seltene Gäste aus weit abgelegenen Brutgebieten Sibiriens oder aus der neuen Welt sind daher in Europa unter den Watvögel fast jedes Jahr zu beobachten, besonders an der Küste. Der erfahrene Vogelbeobachter kann daher immer wieder einmal ganz unverhofft seltenen, in den üblichen europäischen Bestimmungsbüchern oft nicht aufgeführten Strand- oder Wasserläufern begegnen.

Unter den weitgereisten Seltlingen ist auch in Mitteleuropa mit gewisser Regelmäßigkeit z. B. der Sumpfläufer *(Limicola falcinellus)* zu beobachten, der etwa die Größe eines Alpenstrandläufers besitzt, doch auch etwas an eine kleine Schnepfe erinnert.

1956 wurde zum ersten Mal in Mitteleuropa der in der Küstentundra Sibiriens und des arktischen Amerikas beheimatete Graubruststrandläufer *(Calidris melanotus)* festgestellt. Seither tauchen einzelne der graubraunen Vögel in der Größe zwischen Alpenstrandläufer und Knutt fast regelmäßig in Mitteleuropa und in anderen europäischen Ländern als Durchzügler auf. Besonders häufig werden Limikolen aus der Neuen Welt in Irland und Großbritannien beobachtet.

Kampfläufer

Philomachus pugnax

K Im Schlichtkleid ähnlich einem Wasserläufer, doch viel kürzerer Schnabel, relativ kleiner Kopf und aufrechte Körperhaltung mit gerundetem Rücken. ♀ etwa Größe wie Rotschenkel, ♂ deutlich größer. In schlichten Kleidern Oberseite grau mit dunkler Schuppenzeichnung, Unterseite heller und einfarbiger grau. Juv. oberseits braunschwarz mit gelblichen Federsäumen, Unterseite z.T. blaß ockerfarben bis rotgelblich. Schmale undeutliche Flügelbinde; 2 helle ovale Flecken an den Bürzelseiten. Der Schnabel ist schwärzlich, bei ♂ auch orange. Beine bei juv. grünlich, ad. orange bis rosa (daher z.T. auch Verwechslung mit Rotschenkel). Im Brutkleid ist das ♂ ganz bunt gefärbt. Auffallend gefärbte Federreste finden sich auch oft bei Durchzüglern, z.B. große schwarze Flecken im Bereich von Hals und Brust, so daß Verwechslungen mit Dunklen Wasserläufern möglich sind. Das volle Hochzeitskleid des ♂ besteht aus einer Perücke und Halskrause in den Hauptfärbungstypen schwarz, braun, gelb, weiß und grau. Im einzelnen sind die ♂ ganz verschieden gefärbt. ■ Stimme sehr wenig zu hören. ■ Im Frühjahr und Herbst oft in größeren Trupps im Seichtwasser, mitunter auch vermischt mit anderen Wasserläufern.

V Br. im Norden Europas und Asiens bis Ostsibirien. In der Bundesrepublik vom Aussterben bedroht; heute nur noch Br. in Schleswig-Holstein, Niedersachsen und am Niederrhein; geringer Bestand in Mecklenburg, größerer in den Niederlanden. Als Durchzügler r. auch im Binnenland, hier oft einer der häufigsten Wasser- und Strandläufer; in manchen Gebieten überwiegt der Frühjahrszug, in manchen häufiger im Herbst. Langstreckenzieher; Hauptwinterquartier Afrika südlich der Sahara bis Südafrika; Hauptdurchzugszeiten März/Mai bzw. August/Oktober. ■ Br. in feuchten Niederungswiesen, Mooren und Seggenwiesen, bei uns vor allem feuchte Grünflächen mit extensiver Nutzung. Durchzügler im Herbst vor allem auf Schlammflächen, im Frühjahr auch häufig auf nassen bzw. überschwemmten Wiesen.

F Nest meist gut gedeckt in der Vegetation am Boden. ■ Legezeit Mai/Juni; 1 Jahresbrut. ■ 4 Eier; Grundfarbe grau bis olivgrün, dunklere Flecken. ■ ♀ brütet 20–23 Tage; Junge sind mit 25–27 Tagen flügge und werden ausschließlich vom ♀ geführt.

N Kleintiere des Seichtwassers und am Boden.

Die Balz des Kampfläufers ist ein ähnlich prächtiges, aber auch außerordentlich kompliziertes Schauspiel, wie z.B. die Balz des Birkhahns. Auch Kampfläufer balzen auf festen, mitunter jahrelang benutzten Arenen. Immer noch sind nicht alle Einzelheiten des komplizierten Systems klar. Bei den Kampfspielen und Imponierbewegungen lassen sich territoriale oder unabhängige und sog. Satellitenmännchen unterscheiden. Doch kommt es z.B. bei Satellitenmännchen, die kein eigenes Balzterritorium verteidigen, auch auf den Platz an, ob sie sich peripher oder mehr zentral einordnen können. Territoriale Männchen verlieren ihre Bedeutung oder steigen auf; Satellitenmännchen können offenbar nie die Rolle eines Revierherren übernehmen. Sie dürfen die Territorien der unabhängigen Männchen auch während deren Anwesenheit besuchen, werden also geduldet. Zwischen den Territorialherren kann es heftige Kämpfe geben, mitunter aber nur kurze mehr auf Schau abgestellte Auseinandersetzungen.

Die eigentliche Partnerwahl ist wie bei anderen Arten mit Arenabalz und fehlender ehelicher Bindung Sache der Weibchen. Sie treten zunächst ganz unbeteiligt in das Territorium des von ihnen ausgewählten Männchens, ehe sie dann zur Begattung durch Hinkauern auffordern. Mitunter wechseln Weibchen nacheinander die Territorien. Vorwiegend kommen nur territoriale Männchen zur Begattung. Die Satellitenmännchen haben nur eine kurze Chance zur Begattung, wenn z.B. der Platzherr in eine Auseinandersetzung mit einem anderen Revierbesitzer verwickelt ist. Welche Bedeutung haben Satellitenmännchen dann eigentlich? Ihre Anwesenheit im Schatten eines Territorialherren erhöht dessen anlockende Wirkung und führt die Weibchen zu häufigeren Revierbesuchen. Territoriale Männchen haben in der Regel schwarze, Satellitenmännchen dagegen weiße Schmuckfedern an Kopf und Hals. Offenbar regelt ein komplizierter Erbgang Federkleid und Verhalten am Balzplatz und damit auch die Chancen der Fortpflanzung.

Die Männchen kümmern sich überhaupt nicht um die Nachkommenschaft. Schon die Wahl des Neststandortes ist Sache der Weibchen. Die Männchen legen ihr buntes und bizarres Prachtkleid erst allmählich auf dem Heimzug an, so daß es bis zum Eintreffen am Brut- bzw. Balzplatz vollständig ist. Ab Anfang Juni, oft auch etwas später, werden die bunten Kopf- und Halsfedern wieder abgelegt. Man sieht daher auf dem Durchzug nur selten fertige Prachtkleider. Der ganze Aufwand dient also nur der Balz, bei der aber nur ein Teil der Männchen Fortpflanzungschancen hat.

Kampfläufer: Männchen im Prachtkleid. Die auffallendon Federn am Kopf und die Halskrause sind bei einzelnen Individuen ganz verschieden gefärbt; als Hauptfarben sind Schwarz, Braun, Gelb, Weiß und Grau vertreten. Am häufigsten aber sieht man Kampfläufer im Schlichtkleid (vgl. Abb. auf nebenstehender Seite).

Säbelschnäbler

Recurvirostra avosetta

K Auffallender Küstenvogel, überwiegend weiß mit schwarzen Abzeichen, etwa taubengroß; langbeinig und säbelartig aufgebogener, schwarzer Schnabel. Scheitel, Nakken, Flügelspitze, Diagonalstreifen auf dem Armflügel und Schulterstreifen schwarz. Beine hell- bis graublau. ■ Häufigster Ruf klangvoll »küt« oder »plüit«, bei Erregung auch rasch wiederholt. ■ Einzeln und in kleinen Gruppen an der Küste im Seichtwasser zu beobachten.

V Br. an den Küsten Nord-, Mittel-, West- und Südeuropas, meist auf wenige Plätze beschränkt; ferner im Binnenland und in Steppen Südosteuropas und Asiens, auch in Ost- und Südafrika. ■ In Mitteleuropa Br. an der Nordseeküste und in der ungarischen Steppe bis ins Burgenland. Kurzstreckenzieher mit Hauptwinterquartier an der europäischen Atlantikküste bis Westafrika; Winterausharrer auch im Wattenmeer der Nordsee. Im Binnenland seltener Durchzügler, in den meisten Gebieten sehr ur. ■ Lebt in Seichtwasserzonen an Küsten und an flachen Steppenseen.

F Nest seichte Mulde, ziemlich offen. ■ Legezeit Mai/Juni; 1 Jahresbrut. ■ 4 hellbraune mit dunkleren Flecken besetzte Eier. ■ ♂ und ♀ brüten 23–25 Tage; Junge sind mit 35–42 Tagen flügge.

N Kleine wirbellose Tiere des Seichtwassers, wie Ringelwürmer, Krebstiere, Insekten.

Das Schicksal der Säbelschnäbler als Brutvogel Mitteleuropas spiegelt zunächst einen erfreulichen Erfolg des klassischen Seevogelschutzes wider, denn die Art zählt zu den ganz wenigen, die man vor geraumer Zeit aus der Roten Liste entlassen konnte. In Belgien siedelten sich Säbelschnäbler ab 1927 an und erreichten um 1981 etwa 480 Brutpaare. In den Niederlanden schätzte man Mitte der 50er Jahre rund 1800, 1978 dagegen bereits etwa 4800 und in Niedersachsen betrug der Bestand

Durch Verleiten sucht der Säbelschnäbler das Schaf vom Nest abzulenken.

1977 etwa 1600 Paare. Die gleiche Zahl etwa ermittelte man in Schleswig-Holstein 1969, davon die meisten an der Nordseeküste.
Die Einrichtung von Seevogelschutzgebieten und Bemühungen um die Erhaltung der Brutvögel der Wattenküste führten jedoch zu einem Erfolg, der durch die neuesten Entwicklungen wieder in Frage gestellt werden könnte. Eine der schwersten Gefahren droht durch umfassende Eindeichungspläne an verschiedenen Stellen der Nordseeküste. Darüber hinaus ist das Ökosystem Wattenmeer durch Industrieansiedlungen mit allen ihren Folgen derzeit in ständiger Bedrohung. Die Frage eines Nationalparkes Wattenmeer ist daher brennend. Der klassische Schutz kleiner Bezirke als Brutplätze für Seevögel und einzelner Teile des unersetzlichen Wattenmeeres als Nahrungsplatz, eines Lebensraumes, der in diesem Umfang auf der Welt einmalig ist, kann umfassende Bedrohungen nicht mehr abwenden. Neue großräumige Schutzkonzepte müssen die Nordsee und ihre Wattenküste retten.
Die merkwürdige Schnabelform ist natürlich im Zusammenhang mit einer besonderen Technik des Nahrungserwerbs zu sehen. Kopf und Schnabel werden seitwärts bewegt und dabei der Schnabel an seiner gebogenen Stelle leicht geöffnet durch den Schlick gezogen. So entsteht im Takt des Vorwärtsschreitens eine Mähbewegung, die bei jedem Zug etwa 30 cm^2 Schlamm abtastet. 2–3 cm tief liegt der Schnabel dabei im Schlick. Diese Spezialisation zwingt den Säbelschnäbler zur Nahrungssuche im Seichtwasser (bis etwa 15 cm tief); nur so lange der Schlick sehr naß ist, kann sie auch bei Ebbe angewendet werden. Mehrere Vögel gehen oft aber auch gemeinsam in Reihen dicht nebeneinander auf die Jagd. Bei diesem sozialen Säbeln ist die Bewegung meistens schneller, weil jetzt der Schnabel nicht durch den Schlick, sondern nur durch das Wasser gezogen wird. Die nebeneinander laufenden Vögel wirbeln die Beutetiere hoch, so daß sie im Wasser gefaßt werden können. Auf trockenem Boden ist das Säbeln sinnlos geworden; dann werden einzelne Beutetiere aufgepickt. Die Küken schlüpfen übrigens mit einem geraden Schnabel. Sie können recht gut schwimmen und daher den Eltern ins seichte Wasser folgen.

Stelzenläufer.

Ein besonders auffälliger Watvogel ist der Stelzenläufer *(Himantopus himantopus)*, unverkennbar mit seinem leuchtend weißen Unterkörper, dem dazu kontrastierenden dunklen Rücken und den geradezu grotesk langen roten Beinen. Er ist in Südeuropa weit verbreitet und erscheint auch in Mitteleuropa als ur. Gast. In manchen Jahren lassen sich geradezu kleine Invasionen feststellen und dabei kommt es auch zu einzelnen Brutversuchen oder vorübergehenden Ansiedlungen. Brutvorkommen sind in neuester Zeit z. B. aus Belgien, den Niederlanden Schleswig-Holstein, Niedersachsen, Bayern und der DDR bekannt geworden.

Triel

Burhinus oedicnemus

[K] Größer als Taube; Kopf breit und flach, kräftiger, kurzer Schnabel. Oberseite hellbraun, schwarz längsgestrichelt; weißer Überaugenstreif, weißes Kinn. Im Bereich der Flügel kann man am sitzenden Vogel ein weißes oben und unten schwarz eingefaßtes Band erkennen. Im Flug 2 weiße, schwarz eingefaßte Längsbinden. Unterflügel und hintere Unterseite weiß. Auffallend große, gelbe Augen; Schnabel an der Spitze schwarz, an der Basis gelb; Beine gelb. ■ Rufe vor allem in der Dämmerung, etwa wie »chrräit«. ■ Tagsüber wenig zu sehen; meist fliegt der Vogel überrascht dicht vor dem Beobachter auf.

[V] Br. der Trockengebiete Europas und Asiens. ■ In Mitteleuropa als r. Br. weitgehend ausgestorben, nur noch im Osten wenige Paare (z. B. Polen, CSSR, Niederösterreich und Burgenland, Ungarn); auch als Gast außergewöhnlich selten. Im Mittelmeergebiet noch häufiger anzutreffen. Hauptwintergebiet Mittelmeerraum und Nordwestafrika. ■ Brutvogel auf weitgehend offenen, trockenen, steinigen, sandigen oder lehmigen Böden mit nicht zu dichter bzw. hoher Vegetation; früher bei uns auch auf Schotterbänken in halb ausgetrockneten Flußbetten. Gelegentlich auch Umstellung auf Kulturflächen. Als Durchzügler in ähnlichen Biotopen.

[N] Kleintiere des Bodens, z. B. Regenwürmer, Schnecken, Spinnen, Asseln, Insekten, auch kleine Amphibien, Reptilien und Kleinsäuger.

Steinwälzer

Arenaria interpres

[K] Gut drosselgroßer, gedrungener und kurzbeiniger Küstenvogel mit kräftigem Schnabel. Im Brutkleid ist die Oberseite auffällig rotbraun und schwarz gefärbt, Kopf und Hals tragen eine kontrastreiche schwarze Maske, die Unterseite ist weiß mit schwarzem Brustfleck. Im Ruhekleid ist die Oberseite bräunlich-schwarz, die maskenartige Kopfzeichnung nur undeutlich zu erkennen. Von der weißen Unterseite ist eine graubraune bis schwarze Maske abgesetzt. Die Füße und Beine gelblich bis orange. ■ Rufe im Flug scharf und etwas metallisch klingend »ktrüktrüktrü . . .«.

[V] Br. der Küsten im Norden Eurasiens und Amerikas. ■ Bei uns r. Durchzügler an den Küsten (bis zu Hunderte übersommernd), auch im Winter. Im Binnenland einzeln jedoch meist sehr ur. ■ Außerhalb der Brutzeit im Sand- und Schlickwatt, aber auch an Felsküsten, künstlichen Uferbauten, tangbedeckten Flächen und am Spülsaum.

[N] Vielseitige Kleintiernahrung, aber auch Sämereien, vor allem im Sommer, und Küchenabfälle, Aas.

Der Name des Vogels bezieht sich auf eine auffällige Spezialisierung in der Nahrungssuche: Steinwälzer picken nicht nur Nahrung von der Oberfläche auf, sondern können auch versteckte Beutetiere aufspüren, indem sie ihren kräftigen Schnabel unter Steine, Muscheln oder Tangstücke schieben und die Gegenstände mit einem schnellen Ruck herumdrehen.

Odinshühnchen

Phalaropus lobatus

K Kleiner, zierlicher Vogel, etwas kleiner als der Alpenstrandläufer; Schnabel fein, etwa kopflang. Im Jugend- und Ruhekleid sehr schwer vom ganz ähnlichen Thorshühnchen *(Ph. fulicarius)* zu unterscheiden. Beide Arten sind im wesentlichen auf der Unterseite weiß, Oberseite dunkel gefärbt. Beim Thorshühnchen reicht das Weiß auf dem Oberkopf meist über die Mitte des Scheitels nach hinten, Rücken mehr oder minder hellgrau. Bei Odinshühnchen endet das Weiß auf dem Oberkopf vor der Scheitelmitte, Rücken etwas dunkler. Die Thorshühnchen haben einen etwas kräftigeren Schnabel, dessen Basis aufgehellt ist. Im Brutkleid, das aber bei uns kaum zu sehen ist, sind die beiden zu den Wassertretern zählenden Limikolen leicht zu unterscheiden, beim Thorshühnchen ist die Unterseite im wesentlichen rostbraun, beim Odinshühnchen das Rostbraun nur auf ein mehr oder minder deutliches Brustband begrenzt. Zur genauen Bestimmung der Wassertreter vor allem bei uns auf dem Durchzug ist Spezialliteratur nötig. ▪ Wassertreter können mit schnellen Schritten wie Strandläufer laufen, schwimmen aber häufig hoch auf dem Wasser sitzend; bei jedem Schwimmstoß Kopfnicken, oft drehen sie sich beim Schwimmen schnell um die eigene Achse.

V Br. in der Arktis und Randgebieten Eurasiens und Nordamerikas (beide Arten). ▪ Bei uns beide Arten r. auf dem Durchzug, vorzugsweise in Küstennähe, im Binnenland s.; Odinshühnchen sehr viel häufiger als Thorshühnchen; vorwiegend einzeln und in kleinen Trupps. Beide Arten Langstreckenzieher mit Winterquartieren in tropischen Meeren. Hauptdurchzugszeiten Odinshühnchen August/September, Thorshühnchen oft später; im Frühjahr (April/Mai) beide Arten seltener. ▪ Als Durchzügler und Wintergast vor allem auf dem offenen Meer; Odinshühnchen auf Binnengewässern häufiger als Thorshühnchen.

N Kleintiere (vor allem Insektenlarven), die aus dem Wasser genommen werden.

Bei Wassertretern (unter diesem Namen faßt man beide Arten zusammen) ist die bei Vögeln übliche Rollenverteilung vertauscht: Die Männchen bebrüten das Gelege und kümmern sich um die Jungen. Das Brutkleid der Weibchen ist bunter gefärbt als das der Männchen, denn die Weibchen suchen sich den Partner.

Steinwälzer. Der Vogel trägt noch Reste des bunten Brutkleides.

Raubmöwen

Gattung *Stercorarius*

K 4 Raubmöwenarten können in Mitteleuropa beobachtet werden. Sie sind oft schwer in Freiheit zu bestimmen, weil einige von ihnen vor allem im Jugendkleid sich außerordentlich ähnlich sehen, und zudem 3 Arten in verschiedenen Farbtypen vorkommen. Für den Anfänger ergeben sich auch noch Verwechslungsmöglichkeiten mit den braunen Jugendkleidern der größeren Möwen (z.B. Silber- und Heringsmöwe). Gemeinsame Merkmale sind: Flügel mit dunkler Unterseite; Körper entweder ganz braun oder Teile des Körpergefieders weißlich; die dunklen Gefiederteile sind aber immer dunkler als bei jungen Möwen. Im Flügel oft scharf begrenzte weiße Abzeichen.

Skua *(Stercorarius skua)*: Größe etwa Silbermöwe; dunkelbraun mit auffallenden weißen Flecken im Außendrittel der Flügel; die mittleren Schwanzfedern überragen den Schwanz nur wenig.

Spatelraubmöwe *(S. pomarinus)*: Größe etwa Sturmmöwe; ad. entweder Oberseite schwarzbraun und dunkle Kopfkappe, Unterseite, Kopf- und Halsseiten weiß bis gelblichbraun oder ganz schwarzbraun mit hellem Fleck im Außendrittel des Flügels; mittlere Schwanzfedern deutlich länger als Schwanz, an der Spitze breit abgerundet und meist schraubig gedreht; juv. kaum längere mittlere Schwanzfedern, Färbungsunterschiede zwischen hellen und

Skua: Breite Flügel, keine verlängerten Schwanzfedern; helle Flügelabzeichen.

Schmarotzerraubmöwe: Altvogel der hellen Form.

dunklen Vögeln verwaschener als bei ad.
Schmarotzerraubmöwe *(S. parasiticus):* Größe etwa Lachmöwe; ad. entweder Oberseite dunkelbraun, Unterseite weiß, dunkle Kopfkappe mit aufgehellter Stirn oder dunkelbraun mit nur wenig hellerer Unterseite (Zwischenformen zwischen hell und dunkel möglich!); mittlere Schwanzfedern als spitze Spieße verlängert; juv. nur wenig verlängerte spitze mittlere Schwanzfedern, helle und dunkle Vögel.
Falkenraubmöwe *(S. longicaudus):* Größe etwa wie Lachmöwe, wirkt jedoch fast seeschwalbenartig schlank; bei ad. lange mittlere Schwanzspieße nicht steif, sondern flatternd; nur helle Vögel mit dunkler Kopfkappe, graubrauner Oberseite (heller als bei den anderen Arten), Halsoberseite und Ohrgegend gelblich; juv. mit kurzen Schwanzspießen, z.T. auch dunkler als ad.
Bei den 3 kleineren Arten sind juv./immat. an der Färbung allein oft nicht sicher zu bestimmen; bei ad. können die verlängerten mittleren Schwanzfedern abgebrochen sein.
V Raubmöwen brüten an Küsten und in Tundren an den Nordrändern Eurasiens und Nordamerikas sowie auf vielen nordatlantischen Inseln; die Skua als einzige (z.T. durch nah verwandte Formen vertreten) auch im Bereich der Antarktis. Alle sind Meeresvögel und kommen höchstens an den mitteleuropäischen Küsten r. vor. Im Binnenland erscheinen sie ausnahmsweise, am seltensten Spatelraubmöwe und Skua. In manchen Jahren tauchen Raubmöwen in größerer Zahl im Binnenland auf. Solche Einflüge gehen meistens auf besondere Witterungslagen zurück. Viele Vögel gehen auch dabei zugrunde. Auf dem Meer wandern sie nach der Brutzeit meistens weit umher und sind daher auch auf offener See zu beobachten.

N Im Sommer an Brutplätzen Kleinsäuger und Landtiere, auch Eier und Vogeljunge. Außerhalb der Brutzeit meistens Fische, die z.T. Möwen und Seeschwalben abgejagt, aber auch selbst gefangen werden. Manche Arten gehen auch an Küchenabfälle, Aas usw.

Raubmöwen jagen häufig hinter Möwen und Seeschwalben her und erzeugen dadurch, ähnlich jagenden Greifvögeln, panikartige Reaktionen bei Wasservögeln.
Besonders spezialisiert als Beuteräuber ist die Schmarotzerraubmöwe. Ihre Hauptopfer sind Papageitaucher, Küstenseeschwalbe und Dreizehenmöwe. Die mit Beute zum Brutplatz fliegenden Opfer werden entweder schon weit draußen über dem Meer attackiert oder kurz vor dem Anflug an den Brutfelsen abgepaßt. Durch einen heftigen, meist nur kurzen Angriff wird der futtertragende Vogel oft veranlaßt, die Beute fallen zu lassen, die dann die Raubmöwe geschickt auffängt.

Skua am Brutplatz in Imponierhaltung. Sie läßt das auch bei Möwen übliche, bei den einzelnen Arten aber ganz verschieden klingende »Jauchzen« hören.

Mantelmöwe

Larus marinus

[K] Etwas größer als Heringsmöwe und kaum größer als Silbermöwe; besonders kräftiger Schnabel und breite Flügel. Ad. Flügeloberseite fast schwarz, Vorderrand schmal, Hintersaum breiter weiß abgesetzt, die 2 äußersten Handschwingen an der Spitze weiß. Körper weiß. Juv. sehr ähnlich Silbermöwe. Flügel werden ab dem 2. Jahr deutlich dunkler. Schnabel bei juv. braunschwarz mit heller Spitze, dann zunehmend heller. Schnabel ad. gelb mit weißlicher Spitze und orangerotem Unterschnabelfleck. Füße ad. fleischfarben. ■ Rufe tiefer als Silbermöwe, etwa »kau« oder »krao«; Jauchzen langsam und tiefer als Silbermöwe. ■ Bei uns an der Küste meist nur einzeln oder in kleinen Trupps.

[V] Br. in Nordostamerika und in Nordeuropa. ■ In Mitteleuropa kein Br., doch ganzjähriger Gast an Nord- und Ostseeküste (im Sommer relativ wenig); im Binnenland nur am Unterlauf der großen Flüsse, im küstenfernen Binnenland sehr selten. Strichvogel und Kurzstreckenzieher. ■ Viel ausgeprägterer Küstenvogel als Silber- und vor allem Heringsmöwe. Im Winter wie Silbermöwen auch an Mülldeponien, in Fischereihäfen oder in Stadtgebieten nahe dem Meer.

[N] Vielseitig wie Silbermöwe, hauptsächlich Fische, Mollusken, Krebstiere, auch Vögel und im Sommer räuberisch in Seevogelkolonien. Im Winter auch hoher Anteil an Abfall aller Art.

Mantelmöwen brüten zwar nicht an mitteleuropäischen Küsten, doch sind die Bestände bereits unmittelbar weiter nördlich sehr ansehnlich. In Dänemark betrug der Brutbestand um 1975 knapp 500 Paare; in Schweden und Norwegen schätzte man ungefähr zur gleichen Zeit über 60000 Brutpaare. Etwa seit 1920 ist in Europa eine Bestandszunahme und Ausweitung des Brutgebietes festzustellen. Besonders auffällig ist in den letzten Jahrzehnten die Vermehrung in Nordwest-Frankreich; heute brüten hier weit über 1000 Paare. Auf den Britischen Inseln schätzte man um 1970 über 22000 Paare.

Heringsmöwe

Larus fuscus

[K] Deutlich kleiner als Mantelmöwe und etwas zierlicher als Silbermöwe, doch sind die Größenverhältnisse grundsätzlich ein recht unsicheres Feldmerkmal. Flügelspitzen überragen im Sitzen den Schwanz deutlich, bei Silbermöwe und Mantelmöwe nur wenig. Ad. Rücken und Oberseite schiefergrau bis schieferschwarz (verschiedene Rassen), Spitzenteile der äußeren Handschwingen schwarzweiß, Handschwingen von unten ganz dunkel. Hinterrand des Flügels schmal weiß, kleines weißes Fenster auf der äußersten Handschwinge. Im Brutkleid Kopf und Hals weiß, im Ruhekleid fein gestrichelt. Juv. nur bei großer Erfahrung von Silber- und Mantelmöwe zu unterscheiden; überwiegend braun, Flügel einheitlich braunschwarz; mit zunehmendem Alter dunkler werdende Flügel, die etwa im 3. Winter ad. ähnlich sind. Schnabel bei juv. dunkel; ad. gelb, mit rotem Unterschnabelfleck. Füße juv. schwach gelblich bis fleischfarben; ad. zur Brutzeit gelb, im Winter gelb bis fleischfarben. ■ Rufe etwas tiefer und weniger laut als Silbermöwe.

V Br. in Nordwesteuropa bis Nord- und Mittelsibirien; die ad. der einzelnen Populationen auf der Oberseite mit unterschiedlichen Helligkeitsabstufungen. ■ In Mitteleuropa Br. an den Küsten, z.B. Niederlande fast 9000, an der deutschen Nordseeküste knapp 1000 Paare, an der Ostsee nur ur. Br. Das ganze Jahr über an der Küste zu beobachten, sehr viel seltener als Silbermöwe. Im Binnenland einzeln, hier aber normalerweise regelmäßiger als Silbermöwe. ■ Br. an Flachküsten mit Vegetation, mitunter zusammen mit Silbermöwen, auch im Binnenland an größeren Binnenseen. Außerhalb der Brutzeit vor allem an der Küste, aber auch auf der offenen See und s. an großen Binnengewässern.

F Nest am Boden mitunter auch an Gebäuden. ■ Legezeit April/Mai, meist etwas später als Silbermöwe; 1 Jahresbrut. ■ 2–3 Eier, wie bei Silbermöwe gefärbt. ■ ♂ und ♀ brüten 26–31 Tage, füttern auch gemeinsam die Jungen, die etwa mit 35–40 Tagen flügge sind.

N Oberflächenfische, Regenwürmer, Insekten, Aas (doch weniger häufig an Abfällen wie Silbermöwe).

Großmöwen werden meist erst mit 4 Jahren geschlechtsreif. Man sieht daher bei ihnen immer einen ansehnlichen Teil unausgefärbter Individuen, die zusätzliche Bestimmungsschwierigkeiten bedeuten. Meist lassen sich erst im 2. oder 3. Jahr die Arten auch für den Anfänger sicher erkennen, da die Kleider dann ähnlicher den ad. werden.

Ein Paar Heringsmöwen am Brutplatz.

Silbermöwe

Larus argentatus

K Etwa bussardgroß; kleiner und schlanker als Mantelmöwe. Ad. Körper weiß, Rücken und Oberflügel zart blaugrau, schwarze Zeichnungen an den Flügelspitzen. Im Ruhekleid Kopf und Hals dicht graubraun längsgefleckt. Schnabel gelb, mit rotem Fleck nahe der Unterschnabelspitze. Füße fleischfarben bis rosa. Bei den Silbermöwen des Mittelmeeres und vielen Vögeln des süddeutschen Binnenlandes Beine gelb, Rücken etwas dunkler grau. Diese Möwen werden heute auch als eigene Art unter dem Namen Weißkopfmöwe *(L. cachinnans)* betrachtet. Juv. braun, oberseits heller als Heringsmöwe. Wie bei allen Jungmöwen trägt der weiße Schwanz eine breite, schwarzbraune Endbinde. Bei den noch nicht ausgefärbten Silbermöwen werden mit zunehmendem Alter die Schwingen heller grau, bei Mantel- und Heringsmöwe dagegen dunkler. ■ Stimme ein helles oder gellendes »kju«; auffälliges Jauchzen. Warnruf am Brutplatz »ga ga gag«. ■ Häufigste Großmöwe an unseren Küsten. Man sieht neben Altvögeln auch viele unausgefärbte.

Gelbfüßige Silbermöwen, Alt- und Jungvögel.

V Br. in verschiedenen Rassen in Nordamerika, Europa, Asien und Nordafrika. ■ In Mitteleuropa häufiger Br. an den Küsten der Nord- und Ostsee, z.B. Niederlande über 60000 Paare (1979), Bundesrepublik über 30000 Paare. Im mitteleuropäischen Binnenland weitab von der Küste im allgemeinen selten und nur einzeln, doch neuerdings kleine Ansiedlung von gelbfüßigen Weißaugenmöwen *(L. cachinnans)* in der Schweiz. Als Gast das ganze Jahr über an der Küste und im küstennahen Binnenland häufig, folgt vielfach auch den Schiffen. ■ Br. in Dünen, lockeren Grasinseln usw.; Nahrungssuche an der Küste auch auf dem Meer, im Winter vielfach an Mülldeponien, Schlachthöfen und in Fischereihäfen.

F Nest auf dem flachen Boden, auf Felsen, aber auch auf Gebäuden. ■ Legezeit Ende April/Mai; 1 Jahresbrut. ▪ 2–3 Eier, die sehr variabel gefärbt sind, z.B. brauner bis grauer Untergrund und zahlreiche dunkle Flecken und Spritzer. ▪ ♂ und ♀ brüten 26–32 Tage; Junge werden mit 35–49 Tagen flügge, aber auch noch als flügge mitunter eine Zeitlang von den Eltern gefüttert.

N Sehr vielseitig; Hauptnahrung Meerestiere, wie Krebse, Mollusken, Stachelhäuter, Fische, aber auch Abfall, Vegetabilien; auch Eier und Kükenraub bei Artgenossen und anderen Seevögeln.

Flugbild einer alten Silbermöwe (oben) und einer alten Heringsmöwe (unten; vgl. S. 163).

Möwenarten mit vielseitiger Ernährung, die vor allem von der Verwertung von Abfällen der modernen Kulturlandschaft profitieren, haben in den letzten Jahrzehnten beträchtlich zugenommen. Hierbei scheint insbesondere die Verringerung der Wintersterblichkeit als Folge der besseren Ernährungsbedingungen eine wichtige Rolle zu spielen. Doch muß man die Verhältnisse bei den verschiedenen Arten sehr sorgfältig untersuchen, um nicht durch grobe Verallgemeinerungen zu falschen Beurteilungen zu kommen.

Bei der Silbermöwe setzte eine Bestandszunahme schon etwa ab 1920 ein, offensichtlich eine Folge von Schutzbestimmungen. Doch parallel begann auch die Verfolgung und »Bestandslenkung« zum Schutz von Brutkolonien anderer Seevogelarten (z.B. Seeschwalben) durch Eierabsammeln, Töten von Jungen, Vergiften und Abschießen von Altvögeln usw. Etwa ab 1950 begann jedoch eine 2. Welle der Vermehrung als Folge des Anschlusses an den Menschen und der Nutzung seiner riesigen Abfallhaufen. Übrigens hat sich der Küken- und Eierraub der Silbermöwe für die Bedrohung anderer Seevogelarten häufig nicht als so entscheidend erwiesen, wie allgemein angenommen. Ob die Silbermöwen tatsächlich z.B. Seeschwalben verdrängen und für den Rückgang von Kolonien verantwortlich sind, ist häufig nur behauptet und nicht bewiesen worden. Bestandslenkungen des klassischen Stils haben sich jedenfalls generell nicht bewährt, von begründeten Einzelfällen abgesehen.

Ökologisch sinnvoller ist es dagegen, an den Ursachen der Bestandszunahme anzusetzen. Neuregelung und Beseitigung der Abfalldeponien haben sich bereits an einigen Stellen auf Großmöwen ausgewirkt: Das Verschwinden offener Müllkippen bedeutet Verringerung des Nahrungsangebots und in der Folge eine wirksame Dezimierung der Populationsgrößen abfallfressender Möwen in der Umgebung.

Sturmmöwe

Larus canus

K Sehr ähnlich Silbermöwe, aber viel kleiner, etwas größer als Lachmöwe; Schnabel relativ dünn. Ad. Kopfunterseite und Schwanz weiß, Rücken und Flügeloberseite bläulichgrau, Hinterrand des Innenflügels weiß, Flügelspitze schwarz, mit deutlichem weißen Fleck auf den beiden äußersten Handschwingen. Im Ruhekleid sind Oberkopf, Wangen und Nacken fein dunkel gestrichelt. Juv. auf der Oberseite hellbräunlich, Federsäume auf Rücken und Oberflügel heller, Kopfseiten und Unterseite schmutzigweiß. Schwingen dunkler; weißer Schwanz mit dunkelbrauner Endbinde. Bereits im 1. Winter sind sie etwas heller, aber noch deutlich als Jungvögel zu erkennen. Schnabel bei juv. fleischfarben, mit schwarzem Ring vor der Spitze, im 1. Winter dann mehr oder minder graugrün; bei ad. im Ruhekleid hell blaugrau, mit blaßgelber Spitze und dunklem Fleck auf den Seiten; bei ad. im Brutkleid hellgrün. Beine im Ruhekleid hellgrau, im Brutkleid grünlich bis orange. ■ Rufe höher als Silbermöwe, gellend »kiä«; jauchzen mit schrillen Lauten, die am Ende tiefer werden.

V Br. im Norden Eurasiens und in Nordamerika. In Mitteleuropa große Brutbestände an den Nord- und Ostseeküsten, im Binnenland nur kleine Kolonien oder einzelne Brutpaare, gelegentlich auch in küstenfernen Gebieten. Als Wintergast im Binnenland r. in kleiner Anzahl, mischen sich auch oft unter futterzahme Lachmöwen. Br. in Kolonien auf trockenem Untergrund, meist in unmittelbarer Nähe des Wassers, auf Landzungen, Uferstreifen oder in Sümpfen. Nahrungssuche über dem Land aber auch im Watt, im Winter auch an Schuttplätzen. Folgt wie Silber-, Lach- und Heringsmöwen oft den Schiffen.

F Nest auf dem Boden oder etwas erhöht auf einer Unterlage im Wasser usw.; Koloniebrüter. ■ Legezeit Mai; 1 Jahresbrut. ■ Meist 3 Eier; Grundfarbe braun bis oliv mit schwarzen bis hellbraunen Flecken, mitunter auch ungefleckt. ■ ♂ und ♀ brüten 23–28 Tage. Junge bleiben im Nest bzw. in der Nestumgebung und sind mit 28–33 Tagen flügge, etwas später selbständig.

N Vielseitig. Hauptnahrung Würmer im Watt, Regenwürmer, Insekten, Fische, Kleinnager, aber auch Pflanzenreste, Abfälle usw.

Auch Sturmmöwen haben in Europa großräumig zugenommen aus ähnlichen Gründen wie die Silbermöwe (vgl. S. 165), vielleicht waren auch Klimaschwankungen mit im Spiel. So kam es bei uns auch zu Neuansiedlungen im Binnenland, auch weitab von der Küste. Erste Brutversuche einzelner Paare, oft im Anschluß an

Lachmöwenkolonien, fanden z.B. in Baden-Württemberg und Bayern schon vor 1960 statt. Mittlerweile werden dort fast alljährlich einzelne Brutversuche, aber auch erfolgreich brütende Paare beobachtet; zu größeren Beständen ist es jedoch bis jetzt nicht gekommen. Seit 1966 ist die ursprünglich nur an Küsten gebundene Art auch in der Schweiz regelmäßiger Brutvogel in wenigen Paaren.

Als Koloniebrüter sind viele Möwen auch in großer Zahl beringt worden. Bei der Sturmmöwe beträgt die jährliche Sterblichkeit für mehrjährige Vögel etwa 20–25%, in manchen Populationen auch unter 20%. Wie bei fast allen genauer untersuchten Vögeln ist die Sterblichkeit im 1. Lebensjahr jedoch viel höher, in Einzelfällen über 50%. Unter den Todesursachen spielen offenbar als Folge des Anschlusses an den Menschen heute vielfach zivilisationsbedingte Unfälle eine Rolle, z.B. bei Lach- und Sturmmöwen Anflüge an Leitungen und Verkehrsopfer, Verletzungen durch Aufnahme hartkantiger Gegenstände auf Müllkippen, Unfälle mit Angelleinen usw. Wenn sich Möwen bei großer Kälte auf Metall setzen, können Erfrierungen und Fußverletzungen entstehen. Auch Seuchen, wie Botulismus (vgl. S.80), fordern in manchen Jahren recht große Opfer.

Möwen und Seeschwalben können wie auch manche Watvögel sehr alt werden. Man darf wohl damit rechnen, daß z.B. alle Möwenarten zumindest in Einzelfällen mehr als 20 Jahre erreichen können. Natürlich ist der Anteil derart alter Vögel innerhalb der Population sehr gering; die bisher ermittelten Höchstalterswerte hängen z.B. auch von der Anzahl beringter Vögel oder der Haltbarkeit der verwendeten Ringe ab. Dies muß man bei Vergleichen stets bedenken. Silbermöwen sind z.B. mit 33 Jahren noch fortpflanzungsfähig; auch Lachmöwen wurden mindestens je einmal mit 30 bzw. 32 Jahren nachgewiesen; für die Sturmmöwe wurden bisher als Höchstalter fast 26 Jahre ermittelt, ebenso für die Heringsmöwe.

Sturmmöwen folgen dem Pflug; ihre Beute sind Regenwürmer und Mäuse.

Lachmöwe

Larus ridibundus

[K] Größe etwa wie Haustaube, doch schlanker; kleinste der häufigen Möwen Mitteleuropas; Flügel schlank und spitz. In allen Kleidern weißer Keil am Vorderrand des Handflügels, der sich zur Flügelspitze verbreitert. Ad. Brutkleid: Dunkelbraune, nicht bis in den Nacken reichende Gesichtsmaske (vgl. Zwergmöwe), weißer Augenhinterrand; Oberseite hellgrau, Bürzel und Schwanz weiß, Handflügel oberseits mit dunklem Hinterrand, Unterseite weiß. Ad. Ruhekleid: Kopf weiß, kleiner dunkler Ohrfleck und sichelförmiger dunkler Fleck vor dem Auge; mitunter 1–2 dunkle Streifen über dem Oberkopf angedeutet, sonst wie im Brutkleid. Juv. im Spätsommer: Oberkopf, Halsoberseite, Vorderrücken und Schultern gelblichbraun; gelbbraune Partien im Flügel; Schwanz mit breitem braunen Hinterrand. Im 1. Winter weißer Kopf mit ähnlicher Kopfzeichnung wie ad., im Flügel jedoch braune Federn; Schwanz weiß, mit scharf abgesetzter dunkelbrauner Endbinde. Im Frühjahr erwirbt ein Teil der Vögel eine dunkle Maske, oft aber mit weißen Federn durchsetzt. Die Schwanzendbinde wird dann heller. Schnabel bei juv. bräunlich fleischfarben, im 1. Winter gelblich bis braun; ad. im Winter orange bis dunkelrot, ad. im Brutkleid leuchtend rot. Die Füße und Beine ähneln in ihrer Färbung dem jeweiligen Schnabel. ■ Im Winter helle Stakkatorufe, z. B. »ke ke ke« bei Streit um Futter, hohe »piiee« von Einjährigen, aggressiv rauh »krä krä krä«. Im Frühling und zur Brutzeit fallende Krächzlaute. In den großen Brutkolonien lautes Geschrei. ■ Fast das ganze Jahr über gesellig.

[V] Br. im mittleren und nördlichen Eurasien von Island bis Kamtschatka. ■ Bei uns häufigste Möwe des Binnenlandes, aber auch in großer Zahl an der Küste. Br. in kleineren und größeren Kolonien, außerhalb der Brutzeit fast an allen Gewässern, im Winter auch in großer Zahl in den Städten futterzahm. Stand- und Strichvogel, Teil- und Kurzstreckenzieher. Die Wintermöwen in Mitteleuropa stammen auch oft aus Gebieten im Osten und Nordosten, während die einheimischen in Südwesteuropa überwintern. ■ Brutkolonien in der Verlandungszone flacher Gewässer, meist im Wasser liegend, vor allem in Röhricht und Großseggengesellschaften, aber auch auf verschiedenen Inseln. Die Zahl geeigneter Brutplätze ist vor allem im Binnenland oft sehr beschränkt. Nahrungsplätze können bis zu 25–30 km von den Kolonien entfernt liegen. Außerhalb der Brutzeit an den verschiedensten Gewässertypen, bevorzugt auch in Kläranlagen, an Müllkippen, im Winter futterzahm in den Städten.

[F] Nester meist in großen Kolonien, auf Vegetation oder anderer fester Unterlage im Wasser bzw. auf kleinen Inseln. ■ Legezeit April/Mitte

Mai; 1 Jahresbrut. ■ 3 Eier; Grundfarbe braun bis olivgrün, verschiedenfarbene dunklere und hellere Flecke; Färbung und Zeichnung im einzelnen sehr variabel. ■ ♂ und ♀ brüten 20–25 Tage. Junge bleiben zunächst im Nest bzw. den größten Teil ihres Lebens in unmittelbarer Nestumgebung; sie werden von ♂ und ♀ gefüttert und sind mit 26–28 Tagen flugfähig und mit ca. 35 Tagen selbständig.

Aber noch etwa 25% der bekannten Kolonien liegen zwischen 100 und 1000 Paaren; über 1000 (bis über 20 000 Paare sind schon bekannt geworden) und weniger als 10 Paare sind selten. Doch ist eine Lachmöwenkolonie keineswegs ein stabiles Gebilde. Ungestört durchläuft sie vielmehr eine recht dramatische Entwicklung. Nach der Gründung findet meist eine rapide Vermehrung statt, die schließlich einen Gipfel erreicht,

Lachmöwen brüten oft in ausgedehnten Kolonien in der Verlandungszone von flachen Binnengewässern.

N Außerordentlich vielseitig, bevorzugt tierisch, aber auch nennenswerte pflanzliche Anteile; z.B. Regenwürmer, bodenbewohnende oder an der Wasseroberfläche lebende Insekten und deren Larven, auch Jagd auf fliegende Insekten, kleine Fische, an der Küste Ringelwürmer und kleine Krebstiere. Im Winter auch vielfach Abfälle, das ganze Jahr über Aas, auf den Äckern auch Mäuse.

Lachmöwen brüten wie die meisten Möwen und Seeschwalben fast nur in Kolonien, die am häufigsten zwischen 10 und 100 Paare umfassen.

dem ein ± plötzlicher Zusammenbruch folgt, so daß der Brutplatz aufgegeben werden muß oder nur noch ein kleiner Restbestand bleibt. An einem solchen Zusammenbruch haben die Möwen meist selbst Schuld, da die immer größere Dichte die sehr empfindlichen ökologischen Verhältnisse verändert oder auch die Sozialstruktur gestört wird.

Häufig wird aber diese Entwicklung durch Eingriffe des Menschen verändert. Auch bei der Lachmöwe werden ähnlich wie bei der Silbermöwe (vgl. S. 165) immer wieder »Bestandslenkungen« gefordert, z. T. um

Lachmöwe im Winterkleid.

angebliche wirtschaftliche Schäden zu verringern. Aus Naturschutzgründen ist eine solche Maßnahme in der Regel nicht einzusehen, denn seltene Wasservögel (z.B. Lappentaucher, Enten) werden durch solche Kolonien nicht vertrieben, sondern sogar eher angelockt, im Schutz der Möwen zu brüten (vgl. z.B. S.37).

In Ersatzgelegen ist oft ein Ei nicht mehr vollständig gefärbt.

Das Koloniebrüten hat ohne Zweifel Vorteile (vgl. z.B. Graureiher, S.57). So ist z.B. die Nachwuchsrate in sehr kleinen Kolonien oder bei Paaren in peripheren Koloniebezirken bei der Lachmöwe geringer als in zentralen Teilen einer Großkolonie. Verschiedene Vorteile gegenüber Nesträubern sind denkbar, u.a. die Abwehr eines Eindringlings.

Die Nester stehen innerhalb einer Kolonie meist dicht nebeneinander. Jedoch wird von jedem Paar zunächst eine Fläche verteidigt, die dann immer kleiner wird, je mehr Möwen sich ansiedeln. Allmählich aber lernen sich Nachbarn kennen; sie dulden sich in einem oft sehr kleinen Bereich. Doch in einem Mindestabstand von etwa 40–50 cm werden auch Nachbarn nicht mehr toleriert. Solche festen Grenzen bestimmen letztlich dann auch den Mindestabstand der Nester in den dichtesten Teilen einer Kolonie. Die so stabilisierten nachbarschaftlichen Verhältnisse funktionieren gut bei der Abwehr von fremden Individuen: Da sich Nachbarn wenigstens im Außenbereich um ihre Nester tolerieren, wird ein Fremder, der sich zwischen die einzelnen Territorien niederläßt, gemeinsam vertrieben. Sind die Jungen geschlüpft, werden dann die jeweiligen Standorte der heranwachsenden und sich allmählich vom Nestplatz entfernenden Jungen verteidigt.

Die dunkle Gesichtsmaske hat als Verständigungssignal zwischen den Artgenossen eine wichtige Bedeutung. Bei den verschiedenen Drohhaltungen wird der Kopf mit Schnabel und Maske dem Gegner entgegengestreckt. Lachmöwen drohen im Unterschied zu vielen Großmöwen auch schwimmend mit vorgestrecktem Kopf. Für die Paarbildung ist wichtig, friedfertige Absichten und keine Neigung zum Angriff zu bekunden. Dies erreicht die Lachmöwe damit, daß sie den erhobenen Kopf mit ± gesenktem Schnabel ruckartig wegdreht und dem Partner den weißen Hinterkopf zuwendet. Dieses »Wegsehen« als Befriedungszeichen wird später zwischen den Partnern eines Paares zum regelmäßigen Begrüßungszeremoniell, ist aber

auch ein Signal zur Beendigung einer kämpferischen Auseinandersetzung. Wegsehen hat aber den Nachteil, daß man den anderen nicht mehr beobachten kann. Daher drehen wegsehende Möwen den Kopf nach einer kurzen Zeit wieder zum Gegner, jedenfalls ein kleines Stück, so daß sie ihn »verstohlen« beobachten. So entsteht dann ein mehrfaches Hin- und Herdrehen des Kopfes, das zumindest zu Beginn der Brutzeit die übliche Begrüßung zwischen Partnern darstellt.
Verschiedene Drohbewegungen signalisieren unterschiedliche Stufen der Aggression. Bei Koloniebrütern und so gut wie das ganze Jahr über in Gesellschaft lebenden Vögeln regelt meist ein recht kompliziertes Inventar an Bewegungen und Lauten die Beziehungen der Individuen untereinander. Nur so können Sozialverbände stabil bleiben und sich für die einzelnen Mitglieder auch die Vorteile der Geselligkeit auswirken.

Zwergmöwe

Larus minutus

K Kleiner als Lachmöwe; Flügelspitzen gerundet. Ad. Brutkleid mit schwarzer Kopfmaske bis zum oberen Nacken, keine weißen Augenflecken; Rücken und Oberflügel blaß bläulichgrau, sonst weiß. Unterflügel jedoch dunkel schiefer- bis schwarzgrau, mit breitem weißen Hinterrand. Im Ruhekleid nur kleine, schwärzliche Kappe auf dem Oberkopf, kleiner, dunkler Ohrfleck; markante Unterflügelfärbung wie Brutkleid. Juv. dunkle Augen und auffallend dunkler Ohrfleck, dunkler Oberkopf, helles Nackenband, dunkler Nacken und Vorderrücken; Hinterrücken schuppig schwärzlich. Schwanz weiß mit brauner Endbinde. Im Flug ein auffallendes dunkles Zickzackband über Flügel und Rücken (vgl. Dreizehenmöwe).
V Br. in Eurasien von Finnland bis nach Zentralasien, neuerdings auch in Nordamerika. ■ In Mitteleuropa heute einzelner Br. in den Niederlanden und in Schleswig-Holstein, r. nur im Osten (z.B. Polen). Sonst r. Durchzügler mit Zuggipfeln August/September und April/Mai, einzeln auch im Sommer bis Frühwinter.

Lachmöwen warten im Winter auf Futter.

Gast aus dem Mittelmeer ist die Schwarzkopfmöwe *(Larus melanocephalus)*, die auch schon vereinzelt in Mitteleuropa zu brüten versuchte.

Dreizehenmöwe

Rissa tridactyla

K Größe zwischen Lach- und Sturmmöwe; ziemlich kurze Beine; im Flug Schwanz schwach gegabelt bzw. gerade abgeschnitten. Ad. Brutkleid: Körper weiß, Rücken und Oberflügel dunkelgrau mit helleren Flügelspitzen. Äußerste Flügelspitze schwarz, ohne weißes Fenster. Ruhekleid wie Brutkleid, doch Ohrgegend und Halsseiten grau; oft kleiner, schwarzer Ohrfleck. Juv. mit dunklem Ohrfleck, schwärzlichem Halsring auf der Oberseite und dunklem Zickzackband quer über die Flügeloberseite sowie schwarzer Schwanzendbinde. Zeichnung erinnert an Zwergmöwe! Schnabel bei ad. grünlichgelb bis gelb, Füße schwarz. ■ Stimme außerhalb der Brutzeit wenig zu hören, in den Kolonien u.a. Rufe wie »kiti hääh«.

Dreizehenmöwe, Altvogel.

V Br. von der Hocharktis bis in die gemäßigte Zone an Meeresküsten, z.B. Nordamerika, Nord- und Westeuropa, Ostsibirien und Nordsibirien. ■ Mitteleuropa nur Br. auf Helgoland (s. unten); an der Küste r. Gast, im Binnenland nur ausnahmsweise und meist durch Stürme verschlagen. ■ Br. auf Felsküsten und nur zur Brutzeit überhaupt in Landnähe, sonst reine Hochseemöwe.

F Nest auf Felsbändern, Nestfundament meist aus Erde und Schlamm. ■ Legezeit Mai/Juni; 1 Jahresbrut. ■ 1–3, meist 2 Eier; Grundfarbe hellgrau bis bräunlich, variable Fleckenzeichnung. ■ ♂ und ♀ brüten 25–32 Tage; Küken werden bis über 30 Tage nach dem Schlüpfen von einem Altvogel bewacht, gesamte Nestlingsdauer 41–43 Tage, obwohl die Jungen bereits nach 30–35 Tagen einigermaßen flugfähig sind.

N Kleinfische der offenen See, Mollusken, kleine Krebstiere, Küchenabfälle, Aas usw.

Das Brüten auf steilen Felsklippen bedeutet besondere Sicherheit. Doch gibt es um solche Brutplätze Konkurrenten, so daß Dreizehenmöwen ihre Kolonien oft mit Trottellummen, Tordalken oder Eissturmvögeln teilen müssen. Lummen sind den

Dreizehenmöwen überlegen und verdrängen sie oft auf schmale Felsbänder. Doch sind andererseits viele Anpassungen nötig, um auf der sicheren Felswand erfolgreich zu brüten. Die von einem Paar verteidigten Bezirke sind winzig klein und meist

Dreizehenmöwe, Jugendkleid.

kaum größer als das Nest, so daß nach dem Nestbau meist nur ein Altvogel Platz hat. Die Jungen werden besonders lange bewacht, um ein Abstürzen möglichst zu verhindern. Im Gegensatz zu den Küken aller anderen Möwen, die man als Platzhokker bezeichnen kann, da sie sich nur im engen Nestterritorium herumbewegen, sind die jungen Dreizehenmöwen ausgesprochene Nesthokker. An einigen Stellen Norwegens und Großbritanniens sind auch Brutkolonien entstanden, deren Paare statt auf Felsbändern auf den Fenstersimsen und schmalen Vorsprüngen von Gebäudefassaden nisten.

Bei Dreizehenmöwen sind Fragen der Lebensdauer und der Sterblichkeit besonders gut bekannt. In einer Kolonie begannen die Vögel im Alter von 3–8 Jahren zum 1. Mal zu brüten. Im Durchschnitt waren die erstbrütenden Männchen 4,7, die Weibchen 5,1 Jahre alt. Noch größer aber waren die Unterschiede in der Lebenserwartung, denn für erstbrütende Weibchen ergaben sich 7,1, für Männchen dagegen nur 5,4 Jahre. Die Erklärung liegt möglicherweise darin, daß die Männchen von Januar bis März bei der Verteidigung des Nestes einem größeren Streß ausgesetzt sind. Teilweise hatten Männchen, die im Zentrum der Kolonie ein Nest verteidigten, höhere Überlebenschancen als periphere.

Von rund 100 Eiern werden etwa 24 Vögel 5jährig und damit fortpflanzungsfähig. Erfahrene Brutvögel haben eine etwas höhere Nachwuchsrate als Erstbrüter. In einer Kolonie brachten Erstbrüter nur 1,07 Junge zum Ausfliegen, erfahrene und vor allem sich in aufeinanderfolgenden Brutzeiten immer wieder zusammenfindende, zentral in der Kolonie brütende Paare dagegen 1,62. Andere Möwen, die 4 Eier legen, haben keinen höheren Bruterfolg. Das etwas mühselige Felsbrüten wird also durch verringerte Kosten bei der Eiproduktion wieder ausgeglichen.

Dreizehenmöwen sind ausgesprochene Felsbrüter.

Trauerseeschwalbe

Chlidonias niger

[K] Deutlich kleiner als Flußseeschwalbe. Ad. Brutkleid: Schwarzer Vorderkörper und besonders dunkler Kopf; Rücken und Flügeloberseite schiefergrau, Flügelunterseite hellgrau, hintere Körperunterseite schwarzgrau, Unterschwanzdecken weiß. Im Ruhekleid Oberseite dunkler grau, Unterseite weiß, dunkler Fleck auf den Seiten der Brust vor dem Flügelansatz, Oberkopf dunkel. In diesem Kleid sehr ähnlich mit Weißflügel- und Weißbartseeschwalbe (s. unten) und nur von Kennern sicher zu unterscheiden. ■ Im Flug rauhe Rufe wie »krreik«. ■ Gaukelnder und bogenförmiger Flug über dem Wasser, meist niedrig über der Oberfläche.

[V] Br. in Nordamerika und Eurasien. ■ In Mitteleuropa heute sehr selten geworden und nur geringe Brutbestände (s. unten); in der Bundesrepublik vom Aussterben bedroht. Als Durchzügler r. und teilweise auch häufig an vielen Binnengewässern. ■ Langstreckenzieher; Winterquartier vor den Küsten des tropischen Afrika; bei uns April/Oktober. ■ Br. in Niederungslandschaften, an stark verlandenden Gewässern mit üppiger Vegetation; auf dem Zug an Meeresküsten, an Brack- und Süßwasser.

[F] Nest meist im Wasser auf Pflanzenbülten oder Schwimmblättern, umgeknickten Schilf- und Rohrkolbenhorsten, auch auf schwimmenden Brettern usw.; Nistmaterial aus faulenden Wasserpflanzen. ■ Legezeit Mai/Juni; 1 Jahresbrut. ■ 3 Eier; hellbraun bis graugrün mit grober, schwarzbräunlicher Fleckung. ■ ♂ und ♀ brüten 20–22 Tage; Junge werden mit 25–28 Tagen flügge,

Trauerseeschwalben brüten in stillen bewachsenen Buchten von Binnengewässern.

aber dann noch von den ad. gefüttert.

N Zur Brutzeit vor allem wasserbewohnende Insekten und deren Larven, daneben auch andere Kleintiere (z.B. Kaulquappen). Auf dem Durchzug ins Winterquartier auch Kleinfische an der Küste.

Anders als die »weißen« Seeschwalben sind Trauerseeschwalben keine ausgesprochenen Stoßtaucher (vgl. S.177). Die meist kleinen Beutetiere werden im gaukelnden Bogenflug von der Wasseroberfläche abgepickt. Dabei bleiben die Vögel mitunter längere Zeit rüttelnd in der Luft stehen und fliegen sogar ein kleines Stückchen rückwärts. Auch fliegende Insekten werden niedrig über dem Wasser, aber auch hoch in der Luft gefangen.

Die Brutbestände in Mitteleuropa sind sehr klein geworden. In Belgien zählte man um 1980 noch etwa 10, in Schleswig-Holstein um 1945 noch 1600, jedoch 1981 nur noch 170 Brutpaare. Ende der 70er Jahre waren es im übrigen Norddeutschland noch etwa 150 Paare, um 1975 in den Niederlanden erfreulicherweise noch über 2000. Die Gefährdung hat einen plausiblen Grund: Die Nester werden in geschützten Buchten angelegt mit reichem Pflanzenwuchs als Nestunterlage; ein solches Angebot weisen nur noch wenige Gewässer auf.

In Mitteleuropa kann man auf dem Durchzug bzw. als Gast vor allem im Mai gelegentlich noch 2 weitere schwarzweiße Seeschwalben beobachten, Weißbart- und Weißflügelseeschwalbe. Beide sind in Ruhe- und Jugendkleidern (also im Spätsommer und Herbst) nur sehr schwer von der Trauerseeschwalbe zu unterscheiden.

Die Weißbartseeschwalbe *(Chlidonias hybridus)* ist etwas größer als die Trauerseeschwalbe und besitzt einen kräftigen Schnabel. Im Brutkleid ist die Unterseite hauptsächlich dunkelgrau, die Kopfseiten sind weiß gegen die schwarze Kopfplatte abgesetzt; übrige Oberseite hellgrau. Im Ruhekleid fehlt jede Andeutung eines Brustseitenflecks. Schnabel im Brutkleid dunkelrot. Brutvogel in wärmeren Ländern, z.B. Afrika, Vorderasien, Südwesteuropa; hat in neuerer Zeit in Belgien und in den Nieder-

Weißbartseeschwalben im Brutkleid (Mai bis Juli).

landen gebrütet und vielleicht auch im Burgenland/Österreich.

Die Weißflügelseeschwalbe *(Chlidonias leucopterus)* fällt im Brutkleid durch schwarzen Kopf, Rücken und Unterkörper auf; Oberflügeldecken, Bürzel und Schwanz heben sich weiß davon ab. Auch die Schwungfedern sind weißlich, doch die Unterflügeldecken schwarz. Im Ruhekleid tragen sie ebenfalls keinen schwarzen Brustseitenfleck. Brutvogel im Osten Mitteleuropas (z.B. Polen, CSSR).

Beide Arten fliegen wie Trauerseeschwalben oft im Bogenflug über dem Wasser, um Nahrung von der Wasseroberfläche aufzunehmen.

Flußseeschwalbe

Sterna hirundo

K Sehr ähnlich der Küstenseeschwalbe und nur von Kennern sicher davon zu unterscheiden. Ad. Oberseite hellgrau, Unterseite weiß; langer, tief gegabelter Schwanz. Brutkleid mit schwarzer Kopfkappe, im Ruhekleid und bei Jungvögeln Scheitel und Stirn weißlich, Hinterkopf schwarz. Schnabel bei juv. braunschwarz, mit fleischfarbener Basalhälfte; bei ad. orange bis scharlachrot, mit schwarzem Spitzenabschnitt, mitunter kann aber die schwarze Spitze fehlen. ■ Stimmfühlungsruf »kjik« oder »kick«, im Sommer auch ein heruntergezogenes »kierr« ± gereiht, vor allem am Brutplatz sehr schrill. Bei Beunruhigung auch »kekekek . . .«. ■ Fliegt mit weit ausholenden Flügelschlägen, wobei sich der Körper hebt und senkt. Suchflug mit senkrecht nach unten gerichtetem Schnabel, ein gewandter Stoßtaucher.

V Br. in Eurasien und Nordamerika. ■ In Mitteleuropa Hauptbrutbestände an der Küste, im Binnenland nur an einzelnen Stellen kleinere Vorkommen; in der Bundesrepublik stark bedroht (s. unten). Langstreckenzieher; Winterquartier in den Tropen und auf der Südhalbkugel; bei uns April/Oktober. ■ Br. an Flach- und Wattküsten, aber auch an naturnahen Flußläufen, auf Inseln, in Seen und Teichen; nimmt auch künstliche Brutplattformen (s. unten). Natürliche Brutplätze im Binnenland heute selten geworden. Nahrungssuche im Wasser als Stoßtaucher.

F Nest eine flache Mulde, mit Material aus der nächsten Umgebung mehr oder minder ausgekleidet. ■ Legezeit April/Anfang Juli; 1 Jahresbrut. ■ 3 Eier; grün bis bräunliche Grundfärbung mit dunkleren Flekken. ■ ♂ und ♀ brüten 20–26 Tage; Junge sind mit 23–27 Tagen flugfähig, werden aber dann noch mehrere Wochen gefüttert.

N Kleine Oberflächenfische; ferner Krebstiere, Insektenlarven.

Der Gesamtbestand der Flußseeschwalbe wird in Mitteleuropa gegenwärtig auf 20000–25000 Paare geschätzt. Die größten Brutkonzentrationen befinden sich natürlich an der Küste, doch sind auch hier Bestandsrückgänge zu registrieren. Für die Niederlande werden derzeit 10000, für Belgien 300, für die Bundesrepublik Deutschland 6200, für die DDR 1500, für Polen 1500, für die CSSR 200, für Ungarn 10, für Österreich 100 und für die Schweiz 300 Paare geschätzt. Schon darin zeigt sich, wie gering die Bestände heute im Binnenland noch sind. In ganz Bayern dürften z.B. noch 100 Paare brüten. Wie beim Flußregenpfeifer sind im Binnenland natürliche Brutplätze, z.B. Flußkiesbänke, äußerst selten geworden und zudem oft in den Sommermonaten von Badenden belagert. Nur an wenigen Stellen können Flußseeschwalben hier noch regelmäßig Junge großziehen, wobei oft genug solche Plätze noch bewacht werden müssen.
Dagegen hat man recht gute Erfolge erzielt mit künstlichen Nistflößen und Nistinseln für Flußseeschwalben. Man muß nur darauf achten, daß an

solchen Brutplätzen, die sofort angenommen werden und damit auch den Mangel an Brutplätzen dokumentieren, die Seeschwalben nicht z.B. durch Lachmöwen verdrängt werden oder leichter Zugang von tierischen Eierräubern den Bruterfolg zunichte macht.

An der Flußseeschwalbe läßt sich auch sehr schön eine typische Methode des Nahrungserwerbs der Seeschwalben beobachten, das Stoßtauchen. In einem langsamen Suchflug wird die Wasseroberfläche sorgfältig abgesucht; hat der Vogel eine Beute entdeckt, kippt er mit halbgeschlossenen Flügeln plötzlich in die Senkrechte um und stößt im steilen Winkel nach unten. Im Flachwasser ist dieser Stoßwinkel oft auch nur 45°. Der Vogel verschwindet beim Eintauchen vollständig im Wasser, kommt aber nach kurzer Zeit mit den Flügeln zuerst wieder an die Oberfläche. Alle anderen Methoden des Nahrungserwerbs, wie z.B. das Ansitzen (vgl. Eisvogel, Band 2, S.125) oder das Abpicken von Nahrungsteilchen von der Wasseroberfläche (vgl. Trauerseeschwalbe, S.175) haben bei der Flußseeschwalbe nur eine höchst untergeordnete Bedeutung.

Schon während der Balz kann man bei Flußseeschwalben das gegenseitige Füttern mit Fischen beobachten; zunächst tauschen beide Partner die Rollen ständig, so daß nicht nur das ♂ das ♀ füttert, sondern auch umgekehrt. Die Balz ist von vielen sehr komplizierten und langanhaltenden Flugspielen begleitet. Überhaupt spielt sich das Leben der Seeschwalben viel mehr im Flug ab als bei den Möwen. Man wird so gut wie nie eine Flußseeschwalbe wie etwa eine Lachmöwe auf dem Wasser schwimmen sehen. Auch an Land laufen Seeschwalben mit ihren kurzen Beinen nicht weit herum.

Flußseeschwalben sind zwar auch Langstreckenzieher, wandern jedoch nicht ganz so weit wie Küstenseeschwalben (S.179). Der Abzug beginnt nicht gleich nach dem Ausfliegen der Jungen, denn diese sind nach dem Flüggewerden noch nicht so rasch selbständig. Wie bei anderen Seeschwalben scheinen sie den sicheren Fischfang im Stoßtauchen erst allmählich durch Nachahmung lernen zu müssen. Sie fliegen hinter den Eltern her und führen oft auch Probestöße aus. Doch zunächst müssen die flüggen Jungen noch gefüttert werden; bis über 20 Tage kann dies sogar noch im Nestrevier stattfinden. Häufig wird das Füttern aber noch auf dem beginnenden Wegzug fortgesetzt. Zumindest auf dem Zwischenzug kann man also Flußseeschwalben noch im Familienverband beobachten, in dem die Jungen Futter erhalten. Dies zu wissen ist wichtig, damit durch solche Beobachtungen nicht auf nahegelegene Brutvorkommen geschlossen wird.

Flußseeschwalbe: Paarbalz am Brutplatz.

Der eigentliche Wegzug ins Winterquartier spielt sich hauptsächlich entlang der Küsten ab, die durch Wanderungen stromabwärts erreicht werden. Nur selten sieht man Fluß-

Natürliche Brutplätze der Flußseeschwalbe im Binnenland sind frisch bewachsene Kiesbänke.

seeschwalben im Binnenland abseits vom Wasser. Schon ab September tauchen die ersten europäischen Brutvögel z.B. in Senegal auf. Eine große Zahl zieht aber weiter und überwintert an den Küsten des südlichen Afrika. Möglicherweise schließen sich einzelne Flußseeschwalben auch ziehenden Küstenseeschwalben an und erreichen dadurch Gegenden weit außerhalb der normalen Zugrouten. So wurde eine schwedische und eine irische Flußseeschwalbe in Australien gefunden.

Die jährliche Sterblichkeit ist bei Flußseeschwalben wie bei anderen Seevögeln relativ gering und dürfte bei Altvögeln nur zwischen 10 und 15% pro Jahr liegen. In einer amerikanischen Kolonie waren mehr als 50% der Brutvögel mindestens 10jährig. Die ältesten Ringvögel sind 25 Jahre alt geworden. Bei der Küstenseeschwalbe liegen die Werte ähnlich, doch sind von ihr mehrfach über 27jährige Vögel festgestellt worden. Der bisherige Altersrekord liegt für diese Art bei 34 Jahren; der Vogel brütete noch!

Als Fischjäger sind Seeschwalben wichtige Indikatoren (Anzeiger) für langlebige Umweltgifte, die in Nahrungsketten des Wassers weitergegeben und angereichert werden. An der niederländischen Küste brach der Brutbestand der Flußseeschwalbe z.B. als Folge von pestizidhaltigen Abwässern zusammen und hat sich erst allmählich wieder erholt.

Küstenseeschwalbe

Sterna paradisea

K Sehr schwer von Flußseeschwalbe zu unterscheiden. Die meisten Färbungsmerkmale des Gefieders (s. spezielle Bestimmungsbücher) sind recht unsicher. Schwanz länger als bei Flußseeschwalbe; Schnabel bei ad. karminrot, ohne deutlichen schwarzen Spitzenabschnitt (vgl. Bild S. 178). ■ Stimmfühlungsruf nasal »bitt bitt«, deutlich verschieden vom härteren »kick« der Flußseeschwalbe. ■ Ausgesprochener Küstenvogel; Seeschwalben dieses Typs im Binnenland sind also in der Regel Flußseeschwalben.

V Br. zirkumpolar bis in die Hocharktis, Nordamerika, Nordwesteuropa bis Nordostsibirien. ■ In Mitteleuropa Br. an der Küste, z. B. Niederlande 1200–1500 Br. (1978), Schleswig-Holstein rd. 4000 und Niedersachsen rd. 1000 Paare (1979); in der Bundesrepublik bedroht. Im Binnenland ganz außergewöhnlicher Gast. Langstreckenzieher, der auf der Südhalbkugel überwintert, bei uns April/Oktober. ■ Br. an der Küste, fischt im Wattenmeer. Koloniebrüter. Verhalten ähnlich Flußseeschwalbe.

Die Küstenseeschwalbe ist wohl der Zugvogel mit den längsten Zugwegen. Ihre Winterquartiere reichen von den Küsten Chiles und Südafrikas bis an den Rand der antarktischen Packeiszone. So ziehen also z. B. Brutvögel vom Norden des Pazifischen Ozeans bis vor die Westküste Südamerikas. Die Brutvögel Sibiriens ziehen zunächst nach Norden ans Eismeer, dann der Küste entlang nach Westen in den Atlantik, um dann im Ostteil des Atlantiks an den Küsten von Europa und Afrika entlang bis über Südafrika hinauszuwandern. Die Brutvögel Grönlands und Kanadas überqueren den Atlantik nach Osten und treffen etwa zwischen Irland und Frankreich auf den Zugweg der Brutvögel Sibiriens und Nordeuropas. Einige lassen sich dann mit der Westwinddrift noch nach Südosten treiben und umrunden wohl die Antarktis, so daß Küstenseeschwalben eines ganz bestimmten Brutgebietes auf allen Weltmeeren im Laufe ihrer langen Wanderungen zu erwarten sind. Über 20 000 km werden dabei sicherlich in einem einzigen Jahr zurückgelegt.

Wie viele Brutvögel arktischer Gebiete hält sich auch die Küstenseeschwalbe den größten Teil des Jahres fern von ihren Brutplätzen auf. Erst im Mai, im äußersten Norden sogar nicht vor Anfang Juni, kehren die Brutvögel zurück, um bereits Ende Juli wieder abzuziehen. Die Besiedlung der Arktis und ihrer Randgebiete ist für viele Vögel nur mit Hilfe weltweiter Rastgebiete möglich.

Küstenseeschwalbe: Die Schwanzspieße sind hier besonders lang.

Küstenseeschwalben sind Flußseeschwalben außerordentlich ähnlich. Auf diesem Bild erkennt man: Schnabel ganz rot, Unterseite ganz hellgrau und weiß abgesetzter Backenstreif (vgl. auch Bild oben und Flußseeschwalbe S. 178 oben).

Brandseeschwalbe

Sterna sandvicensis

K Wenig kleiner als Lachmöwe, doch viel schlanker; Schwanz tiefer gegabelt als bei Lachseeschwalbe, doch weniger tief als bei Flußseeschwalbe; schwarze Füße und schwarzer Schnabel. Ad. schwarze Kopfplatte mit verlängerten, schwarzen Hinterkopffedern; im Ruhekleid weiße Stirn und Vorderscheitel (einzelne weiße Federn sind schon im Sommer zu sehen); Rücken und Oberflügel hell silbergrau, äußere Handschwingen dunkel. Bei juv. und immat. ist Kopfplatte braunscheckig, der Flügel oft braun gefleckt. ■ Häufigster Ruf »kirreck«, erinnert etwas an Rebhuhn.

V Br. an Meeresküsten Amerikas, Nordwesteuropas, im Mittelmeer, Schwarzen Meer und im Kaspigebiet. ■ In Mitteleuropa Br. der Nord- und Ostseeküste, im Binnenland nur ganz ausnahmsweise. Zugvogel mit Winterquartier im Atlantik von Südeuropa bis Südafrika (bei uns April/ Oktober). ■ Ganzjährig an Meeresküsten; Fischfang im Flachwasserbereich; Nester in Dünen in Kolonien, oft im Anschluß an andere Seeschwalben oder Lachmöwen.

F Nest flache Mulde auf weichem Boden. ■ Legezeit Mai; 1 Jahresbrut. ■ 2 Eier; weißlich bis hellbraun mit variabler dunkler Fleckenzeichnung. ■ ♂ und ♀ brüten 22–26 Tage; Junge, die den Nestplatz kaum verlassen, werden mit 35 Tagen flügge.

N Schlanke Kleinfische.

Brandseeschwalben, größtenteils im Winterkleid mit weißer Stirn.

Lachsee-schwalbe

Sterna nilotica

K Mittelgroße, relativ gedrungene Seeschwalbe mit kräftigem Schnabel; Schwanz nicht sehr tief gegabelt. Insgesamt ähnlich Brandseeschwalbe, doch schlanker. Ad. Brutkleid: Stirn, Oberkopf bis Nacken und Kopfseiten bis Augenoberrand schwarz; Oberseite einschließlich Schwanz hellgrau, Unterseite weiß, Flügelspitze mit dunklem Hinterrand. Ad. Ruhekleid: Stirn weiß, Scheitel und Nacken weißlich bis hellgrau, um das Auge dunkel. Juv: Ähnlich Ruhekleid, oft angedeutetes Nakkenband, Oberseite z.T. mit braunen Federrändern. Schnabel schwarz. ■ Nasaler 2silbiger Ruf »käwä«, bei Erregung rauhe Rufe, Alarmruf lachend »hähähä …«. ■ Bei uns meist einzeln, höchstens in kleinen Trupps.

V Br. in allen Erdteilen, doch meist nur an wenigen Stellen, z.B. mittelamerikanische Inseln, West- und Ostküste Nordamerikas, Atlantikküste Afrikas, Südostasien, Australien, sowie vor allem in den Halbwüsten und Steppengebieten Zentralasiens bis nach Indien. In Europa nur an wenigen Stellen (vor allem Südeuropa; um 1975/80 Gesamtbestand nur etwa 5000 Brutpaare). ■ In Mitteleuropa sehr seltener Br., in Niedersachsen und Schleswig-Holstein; vom Aussterben bedroht. Als Gast s. und einzeln an der Küste und im Binnenland. Langstreckenzieher, Winterquartier in den Tropen und Subtropen. In Mitteleuropa meist von April bis September. ■ Br. an Flachküsten, Lagunen, vor allem an Steppenseen, auch auf Sandbänken und an Süßwasserseen. Oft kleine Kolonien im Anschluß an andere Seeschwalben und Möwen. Nahrungssuche über Binnenseen, aber auch sehr viel über dem trockenen Land.

N Abweichend von anderen Seeschwalben hauptsächlich Landtiere, wie Insekten, Amphibien, kleine Eidechsen, Kleinsäuger, mitunter auch Regenwürmer; daneben Wassertiere von der Oberfläche.

Mitteleuropa liegt im Randbereich des Verbreitungsgebietes der Lachseeschwalbe. In solchen Gebieten machen sich Bestandsschwankungen oft besonders deutlich bemerkbar. Heute ist es z.B. kaum denkbar, daß es im 19. Jahrhundert bis in die erste Hälfte des 20. Jahrhunderts mehrere Brutkolonien im bayerischen Alpenvorland und an der Donau in Österreich gab. Flußregulierungen machten diesen Brutplätzen ein Ende.

Doch vorher haben vor allem Eiersammler die Kolonien heimgesucht und noch in den letzten Phasen der mittlerweile zur Rarität gewordenen Art Hunderte von Eiern für Sammlungszwecke geraubt. Auch heute noch tauchen Raritätenjäger an den Brutplätzen besonders bedrohter Arten auf, und Preislisten eines illegalen Handels zirkulieren.

Zwergseeschwalbe

Sterna albifrons

K Kleinste Seeschwalbe, nur etwas größer als Mauersegler; zierlich, schlankflügelig. Ad. Brutkleid: Schwarze Kopfkappe mit weißer Stirn, Vorderkante des Handflügels dunkel, Oberseite hell bis bläulich grau. Bürzel, Schwanz und Unterseite weiß. Im Ruhekleid Stirn und Scheitel weißlich, unscharf gegen den schwarzen Nacken abgegrenzt. Schnabel bei juv. bräunlich, bei ad. gelb mit schwarzer Spitze. ■ Heisere hohe Rufe, z.B. 1silbig kurz »bit« oder auch länger »pürrit pürrit« usw. ■ Rüttelt oft ausdauernd mit raschem Flügelschlag und Stoßen aus 5–6 m hohem Suchflug herunter.

V Br. in Eurasien und Nordafrika, auch in den Tropen Südostasiens, auf Neuguinea und in Nord- und Ostaustralien sowie im tropischen Westafrika und im Süden der USA, Mittelamerika. Gesamtbestand Europas einschließlich des Westens der UdSSR wurde um 1975 auf noch etwa 10000 Brutpaare geschätzt. ■ In Mitteleuropa vor allem Br. an der Küste; in der Bundesrepublik stark bedroht. Im Binnenland einzelner Gast, meist sehr ur.; Langstreckenzieher mit Winterquartier im tropischen Afrika; bei uns April/Oktober. ■ Brutplätze an vegetationsarmen Stellen der Küsten, meist nur in kleinen Kolonien, oft im Anschluß an andere Seeschwalben. Nahrungssuche im Flachwasser des Meeres bzw. stehender und langsam fließender Binnengewässer.

F Nest auf kahlem Untergrund; flache Mulde meist ohne Auskleidung. ■ Legezeit Mai/Juni; 1 Jahresbrut. ■ 2–3 grauweiße bis lehmfarbene Eier, mit dunklen Punkten und Flecken fein gezeichnet. ■ ♀ und ♂ brüten 20–22 Tage; Junge sind mit 28 Tagen flügge, werden aber noch bis zum Wegzug von den Eltern gefüttert.

N Kleinfische, Krebstiere, auch Insekten.

Zwergseeschwalben fischen gern im Seichtwasser und sind daher oft nahe dem Ufer, aber auch über seichten Prielen oder kleinen Gräben bei der Nahrungssuche zu beobachten. Rüttelnd bleiben die zierlichen Vögel jeweils für kurze Zeit in der Luft stehen, um dann mit angewinkelten Flügeln herunterzustoßen. Die Höhe, aus der die Seeschwalbe zum Stoß ansetzt, richtet sich nach der Wassertiefe. Aus 5–6 m taucht der Vogel bis etwa 50 cm tief ins Wasser; aus 8–10 m werden sogar maximal 80 cm Tauchtiefe erreicht. Der Erfolg solcher Stoßjagden liegt ganz allgemein bei Seeschwalben etwa um 20%, doch sind erst bei wenigen Arten eingehende Untersuchungen durchgeführt worden.

Zwergseeschwalben sind sehr ortstreu und kehren großenteils an ihre Geburts- bzw. Brutplätze wieder zurück. Auf der kleinen Insel Oldeoog, auf der einige Seevögel über viele Jahre hinweg untersucht wurden, ist eine Zwergseeschwalbe 22 Jahre lang beobachtet worden – der älteste bekannte Ringvogel dieser Art.

Raubseeschwalbe

Sterna caspia

K Größte Seeschwalbe, nur wenig kleiner als Silbermöwe; sehr kräftiger, aber meist leuchtend korallenroter Schnabel, Schwanz wenig tief gegabelt. Ad. Oberseite aschgrau, Oberschwanzdecken und Schwanz heller, Unterseite weiß, Flügelspitzen dunkler. Im Brutkleid schwarze, im Ruhekleid weiß gesprenkelte Kopfkappe. ■ Heisere Rufe, die an Reiher oder Rebhuhn erinnern, wie »chrää(i)«. ■ Bei uns nur einzeln oder in ganz kleinen Trupps, wirkt viel plumper als andere Seeschwalben.

V Br. in Nordamerika, Afrika, Australien und Eurasien, vielfach aber auf einige wenige Brutplätze beschränkt. ■ In Mitteleuropa lediglich einige Brutversuche im Bereich der Ostseeküste. Als Durchzügler und einzelner Sommergast etwa von April bis Oktober gelegentlich überall anzutreffen, doch insgesamt sehr s. ■ Br. an den Küsten und im Binnenland auf flachen Sandstränden; Fischfang vorwiegend im Seichtwasser, daher auf dem Zug auch vorübergehend an kleineren Binnengewässern.

Zwergseeschwalben am Gelege, kurz vor der Brutablösung (Beschreibung S. 182).

N Hauptnahrung Fische.

Auch bei der Raubseeschwalbe waren sicher Eiersammeln, Abschuß und Vernichtung von Brutplätzen schuld an einem Zusammenbruch europäischer Brutbestände, wenn auch wohl nicht alleinige Ursache.

Einen beachtlich großen Fisch bietet die Raubseeschwalbe ihrem kleinen Küken an.

Trottellumme

Uria aalge

K Etwa Stockentengröße; schlanker, spitzer Schnabel. Im Brutkleid Kopf und Hals sowie Oberseite braunschwarz, Brust und Bauch weiß; im geschlossenen Flügel eine bogenförmige, weiße Binde, im Flug weißer Hinterrand. Im Ruhekleid Oberseite ähnlich, doch am Kopf und Hals nur Oberseite schwarz; Kopf bis unter die Augen mit feiner, schwarzer, gebogener Linie über die Ohrgegend. ■ In der Kolonie laute Rufe u.a. harte Krählaute, wie »arrah o'orr« u.ä. ■ Fliegt mit raschen Flügelschlägen, kann sich vom Wasser erst nach längerem Anlauf erheben. Sitzt in aufrechter Haltung; taucht wie alle Alken sehr gut.

V Br. an den Küsten des Nordatlantik, der Barents-See und des Nordpazifik. ■ Bei uns nur auf dem berühmten Lummenfelsen Helgolands Br. mit 1250 Paaren im Jahr 1979. Im Binnenland höchstens einzeln verschlagen, sonst nie. ■ Meeresvogel, der nur zur Brutzeit an Land geht. Riesige Kolonien befinden sich an steilen Felsklippen, an denen die Vögel auf schmalen Felsbändern und kleinen Vorsprüngen brüten. Außerhalb der Brutzeit auf dem Meer, mehrere Kilometer von der Küste entfernt.

F Das Ei wird ohne Unterlage direkt auf den Fels abgelegt. ■ Eiablage meist im Mai; 1 Jahresbrut. ■ 1 Ei; stark kreiselförmig mit weißer grünlicher oder bräunlicher Grundfarbe und kompliziertem Flecken- und Kritzelmuster. ■ ♂ und ♀ brüten 30–35 Tage; Junge springen dann mit 18–24 Tagen ins Meer und werden dann noch von den Eltern geführt.

N Meeresfische, die nahe der Oberfläche in Schwärmen leben, z.B. Hering, Sprotte, Sandaale, Dorsche usw.

Eingehende Untersuchungen in Lummenkolonien haben ganz besondere Anpassungen an das Brüten in dichten Kolonien auf schmalen Felsvorsprüngen ergeben. Schon die stark kreiselförmige Figur der Eier erschwert ein Abrollen vom schmalen Brutsims. Die Brutablösung gestaltet sich besonders schwierig; die beiden Partner sind ständig bemüht, das Abrollen des Eies mit Schnabel oder ausgebreiteten Flügeln zu verhindern. Während des Brütens liegt das Ei auf dem Fuß. Auch die hohe Variabilität der Färbung und des Zeichnungsmusters der Lummeneier hat ihre Bedeutung: Der Brutvogel erkennt sein eigenes Ei aus vielen anderen heraus. Die verschiedenartige Eifärbung und -zeichnung verhindert auch, daß gewissermaßen »aus Versehen« das Ei des Nachbarn untergerollt und als eigenes betrachtet wird.

Um Abstürze zu vermeiden, müssen die Jungen unnötige Ortsbewegungen vermeiden. Sie sind daher ganz extreme Platzhocker, die die Abbruchkante ihres Brutgesimses meiden und Kontakt zur rückwärts gelegenen Felswand suchen. Wenn sie klein sind, halten sich die Jungen ausschließlich zwischen dem wachehaltenden und schützenden Altvogel und der rückwärtigen Felswand auf.

Erst mit etwa 18–24 Tagen ändert sich dies; die Küken streben jetzt nicht mehr der dunkelsten Stelle des Brutplatzes zu, sondern reagieren positiv auf Licht. Damit deutet sich der berühmte »Lummensprung« an. Die Jungen wandern vor allem in den Abendstunden ruhelos herum, beginnen mit den Flügeln zu schlagen und hopsen gegen die Felswand gerichtet empor. Sie nähern sich schließlich zögernd der Kante. Der Altvogel läßt krähende Laute hören und macht Verbeugungen von der Felskante gegen das Meer zu. So wird erreicht, daß der Lummensprung meistens in der Abenddämmerung stattfindet, wenn die Haupträuber, Großmöwen, nicht mehr aktiv sind, andererseits aber noch das Licht für die Lummen ausreicht. Plötzlich tritt das Junge an die Simskante heran, macht einige Verbeugungen und stößt sich mit über den Rücken erhobenen Flügeln ab. Der Fall in die Tiefe wird mit den noch fluguntauglichen flatternden Flügeln etwas gebremst. Vor allem wird dadurch auch erreicht, daß das Küken nicht senkrecht nach unten, sondern in einem Winkel von 45° das Meer erreicht. Erst wenn das Küken gesprungen ist, folgt auch der Altvogel nach, versucht während des Fluges nach unten durch Bremsen auf der Höhe des Jungen zu bleiben. Natürlich landen einige Küken auch noch auf Geröll oder auf Gras am Fuße einer Felswand, sie laufen dann vor und springen oder laufen erneut weiter. Es kann Stunden dauern, bis das Küken den Strand erreicht hat. Hier haben sich im Laufe des Abends immer mehr Altvögel gesammelt, rufen eifrig. Auch das Küken stößt seinen »Wasserruf« aus. Eltern und Junge erkennen sich gegenseitig am Ruf. Verliert das Küken den Anschluß, hat es wohl kaum eine Überlebenschance. Ist das Wasser erreicht, schwimmt das Küken mit erhobenem Kopf erregt hinter dem unten wartenden Elternteil auf das Meer hinaus. Es wird dort wahrscheinlich noch wochenlang geführt, denn die Jungen sind noch nicht flugfähig.

Dicht gedrängt brüten Lummen auf schmalen Felsbändern.

Literatur (s. auch Band 1, S. 186 und Band 2, S. 155)

Bergmann, H.-H. & H.-W. Helb (1982): Die Stimmen der Vögel Europas. BLV Verlagsgesellschaft, München, Wien, Zürich.

Bezzel, E. (1979): Wildenten. 2. Aufl.; BLV Verlagsgesellschaft, München, Wien, Zürich.

Bezzel, E. (1982): Mein Hobby: Vögel beobachten. BLV Verlagsgesellschaft, München, Wien, Zürich.

Biol. Station Rieselfelder Münster (1981): Die Rieselfelder Münster, Europareservat für Wat- und Wasservögel. Selbstverlag, Münster.

Busche, G. (1980): Vogelbestände des Wattenmeeres von Schleswig-Holstein. Kilda-Verlag, Greven.

Curry-Lindahl, K. (1982): Das große Buch vom Vogelzug. Verlag Paul Parey, Hamburg und Berlin.

Glutz v. Blotzheim, U., K. Bauer u.a. (1966–1983): Handbuch der Vögel Mitteleuropas. Band 1, 2, 3, 7 und 8. Aula Verlag, Wiesbaden.

Grant, P.J. (1982): Gulls, a guide to identification. Verlag T. & A.D. Poyser, Calton (England).

Haarmann, K. (1984): Feuchtgebiete internationaler Bedeutung und Europareservate in der Bundesrepublik Deutschland. Niederelbe-Verlag, Otterndorf.

Haarmann, K. & P. Pretscher (1976): Die Feuchtgebiete internationaler Bedeutung in der Bundesrepublik Deutschland. Kilda-Verlag, Greven.

Harrison, P. (1983): Seabirds, an identification guide. Croom Helm Ltd., Beckenham.

Heinzel, H., R. Fitter & J. Parslow (1983): Pareys Vogelbuch. 4. Auflage. Verlag Paul Parey, Hamburg und Berlin.

Kahl, P.M. (1981): Die Welt der Störche. Verlag Paul Parey, Hamburg und Berlin.

Keith, S. & J. Gooders (1982): BLV Vogelführer. BLV Verlagsgesellschaft, München, Wien, Zürich.

Kuschert, H. (1983): Wiesenvögel in Schleswig-Holstein. Husum GmbH, Husum.

Löhrl, H. (1984): Vögel in ihrer Welt. Franckh'sche Verlagshandlung, Stuttgart.

Ornithologische Arbeitsgemeinschaft Bodensee (1983): Die Vögel des Bodenseegebietes. Deutscher Bund für Vogelschutz, Stuttgart.

Prater, A.J. (1981): Estuary Birds of Britain and Ireland. Verlag T. & A.D. Poyser, Calton (England).

Reineking, B. & G. Vauk (1982): Seevögel – Opfer der Ölpest. Niederelbe-Verlag, Otterndorf.

Schildmacher, H. (1982): Einführung in die Ornithologie. Verlag Gustav Fischer, Stuttgart.

Schmid, G. (1982): Artenschutzsymposium Großer Brachvogel. Beih. Veröff. Naturschutz Landschaftspflege Baden-Württemberg 25. Karlsruhe, Landesanstalt für Umweltschutz.

Scott, D.A. (1982): Managing Wetlands and their Birds. Waterfowl Research Bureau, Slimbridge.

Smit, C.J. & W.J. Wolff (1980): Birds of the Wadden Sea. Brill, Leiden.

Tuck, G. & H. Heinzel (1980): Die Meeresvögel der Welt. Verlag Paul Parey, Hamburg und Berlin.

Wernicke, H. & K. (1982): ABC der See- und Küstenvögel. Edition Maritim, Hamburg.

Wolters, H.E. (1975–1982): Die Vogelarten der Erde. Verlag Paul Parey, Hamburg und Berlin.

Adressen

Ala. Schweizerische Gesellschaft für Vogelkunde und Vogelschutz, c/o M. Güntert, Winterthurerstr. 190, CH-8057 Zürich

Dachverband Deutscher Avifaunisten, c/o M. Harengerd, Auf der Horst 14, 4400 Münster (Viele regionale vogelkundliche Gesellschaften sind in diesem Verband zusammengeschlossen.)

Deutsche Ornithologen-Gesellschaft, c/o Dr. D. S. Peters, Senckenberganlage 25, 6000 Frankfurt

Deutscher Bund für Vogelschutz, Achalmstr. 33, 7014 Kornwestheim (mit Landesverbänden)

Deutscher Jugendbund für Naturbeobachtung, Buchenstr. 18, 2000 Hamburg 60

Forschungsinstitut Senckenberg, Senckenberganlage 25, 6000 Frankfurt/M.

Institut für Vogelforschung (»Vogelwarte Helgoland«), An der Vogelwarte 21, 2940 Wilhelmshaven-Rüstersiel (mit Außenstellen auf 2192 Helgoland, Inselstation, Postfach 1220 und in Braunschweig, Bauernstr. 14, 3302 Cremlingen 1)

Institut für Vogelkunde, Gsteigstr. 43, 8100 Garmisch-Partenkirchen (zuständig für Bayern)

Internationaler Rat für Vogelschutz, Deutsche Sektion, c/o Dr. G. Rheinwald, Museum Alexander Koenig, Adenauerallee 150–164, 5300 Bonn

Landesanstalt für Ökologie, Landschaftsentwicklung und Forstplanung, Ägidiusstr. 94, 4300 Essen 1

Landesanstalt für Umweltschutz Baden-Württemberg, Inst. für Ökologie und Naturschutz, Bannwaldallee 32, 7500 Karlsruhe 21

Landesbund für Vogelschutz in Bayern, Johann-Friedrich-Str. 12, 8543 Hilpoltstein

Niedersächsisches Landesverwaltungsamt. Naturschutz, Landschaftspflege, Vogelschutz, Postfach 107, 3000 Hannover 1

Österreichische Gesellschaft für Vogelkunde, Burgring 7, A-1010 Wien

Schweizerische Vogelwarte, CH-6204 Sempach

Staatliche Vogelschutzwarte für Hessen, Rheinland-Pfalz und Saarland, Steinauer Str. 44, 6000 Frankfurt/M. 61

Staatliche Vogelschutzwarte Hamburg, Hamburger Str. 45, 2000 Hamburg 76

Staatliche Vogelschutzwarte Schleswig-Holstein, Olshausenstr. 40–60, 2300 Kiel

Verband Schweizerischer Vogelschutzvereine (VSV), Fliederweg 2, CH-6430 Ibach

Verein Jordsand zum Schutze der Seevögel, 2070 Ahrensdorf

Vogelwarte Radolfzell, 7760 Radolfzell-Möggingen

Zoologische Staatssammlung, Postfach 65 00 20, 8000 München 65

Zoologisches Forschungsinstitut und Museum Alexander Koenig, Adenauerallee 150–164, 5300 Bonn

Register

Fettgedruckte Seitenzahlen verweisen darauf, auf welcher Seite die betreffende Art ausführlich und meist mit Bild abgehandelt ist.

Vogelnamen

Sachwortverzeichnis